大学体育
スポーツ学への招待
ワークブック

実践的な学びのために

編集

日本体育大学教授
関根　正美
日本体育大学教授
中里　浩一
日本体育大学教授
野井　真吾
日本体育大学教授
大石　健二
日本体育大学教授
鈴川　一宏
日本体育大学教授
小林　正利

NAP
Limited

■編　集

関根　正美　　日本体育大学　オリンピックスポーツ文化研究所　所長/体育学部　教授

中里　浩一　　日本体育大学　体育研究所　所長/保健医療学部　教授

野井　真吾　　日本体育大学　スポーツ危機管理研究所　所長/体育学部　教授

大石　健二　　日本体育大学　体育学部　教授

鈴川　一宏　　日本体育大学　体育学部　教授

小林　正利　　日本体育大学　体育学部　教授

■執　筆（執筆順）

髙尾　尚平　　日本体育大学　体育学部　助教

尾川　翔大　　日本体育大学　スポーツ危機管理研究所　助教

冨田　幸祐　　日本体育大学　オリンピックスポーツ文化研究所　助教

大田　崇央　　日本体育大学　体育研究所　助教

樫葉　公太　　日本体育大学　体育学部　助教

伊藤　雅広　　日本体育大学　大学院教育学研究科　助教

高橋　和孝　　日本体育大学　体育学部　助教

沼津　直樹　　日本体育大学　体育学部　助教

山口　雄大　　日本体育大学　体育学部　助教

小谷　鷹哉　　日本体育大学　体育研究所　助教

橋本　佑斗　　日本体育大学　大学院体育科学研究科　助教

槇野　陽介　　日本体育大学　ハイパフォーマンスセンター　助教

小林　靖長　　日本体育大学　スポーツ・トレーニングセンター　トレーニング指導員

苫米地伸泰　　日本体育大学　ハイパフォーマンスセンター　助教

中澤　　翔　　日本体育大学　一般研究員

田村　優樹　　日本体育大学　体育学部　助教

青木　　稜　　日本体育大学　体育学部　助教

山田　直子　　日本体育大学　体育学部　助教

堀　　彩夏　　日本体育大学　ハイパフォーマンスセンター　助教

髙橋　由衣　　日本体育大学　体育学部　助教

城所　哲宏　　日本体育大学　体育研究所　助教

佐藤　穂花　　日本体育大学　体育学部　助教

池上　　和　　日本体育大学　体育学部　助教

山田　満月　　日本体育大学　大学院体育科学研究科　大学院生

松田　知華　　日本体育大学　大学院体育科学研究科　大学院生

野村　由実　　日本体育大学　体育学部　助教，現 千葉工業大学　創造工学部教育センター　助教

鴻﨑香里奈　　日本体育大学　保健医療学部　助教

矢野　広明　　日本体育大学　コーチングエクセレンスセンター　助教

廣岡　大地　　日本体育大学　体育学部　助教

富永梨紗子　　日本体育大学　コーチングエクセレンスセンター　助教

まえがき

　本書は『大学体育・スポーツ学への招待』で体育学への入門を果たした2年生を念頭においている。大学2年生は難しい時期である。入学直後の緊張感が徐々に薄れ，かといって就職活動や採用試験のイメージも持ちづらく，なんとなく過ごしてしまう危険な時期といえる。ところが，これは間違いである。この時期は，むしろ君たちが大学で研究をスタートさせるための重要な時なのである。大学は教育機関であると同時に研究機関でもあり，君たちも研究機関としての大学の一員である。本書を編集，執筆したわれわれ教員は，体育学・スポーツ科学を研究する仲間として，君たちを本書に招待したいと思う。

　本書の特徴は各章に「研究例」と「課題」を配した点である。この「研究例」と「課題」こそが，本書での学びのポイントになる。研究とは問題を解くことではなく，問題を「探す・作る」側に立つことである。したがって，本書は体育・スポーツ・身体をめぐる問題に気づき，自分のテーマを見つけるための入門書となっている。現時点で君たちはまだ問題を解く側にいる。本書を突破したならば，卒業研究からは問題を作る側になる。本書は本格的な研究をスタートさせるための「練習試合」という位置づけになる。本書をもとに，とにかく試合を経験してみよう。

　スポーツはもともと遊びであり楽しいものだ。だからこそ，どんなに厳しいトレーニングにも耐えられるし，負けても再び試合をしようという気になる。スポーツは強制ではなく自分の意志で行うからこそ楽しいし，高いレベルに至ることができる。

　研究も同じである。研究の第1歩は自分が不思議がること，驚くことである。それは強制ではない。体育やスポーツさらには身体について，何か不思議なこと，わからないこと，変だと思うことがあれば，それが君たちの研究テーマに育ってゆく。どうすれば不思議がったり驚いたりできるのだろうか。不思議なことやわからないことを見つけるには，どうしたらいいのだろうか。このような問題意識で，「研究例」と「課題」に取り組んでみてほしい。そこにヒントが示されている。自分で何か不思議だと思ったり驚いたりすることがあれば，それを自分の中で大切に育ててほしい。いずれそれらが君たちの中で，卒業研究という形で花開き，孵化していくだろう。本書は練習試合であると同時に，来るべき卒業研究への道しるべでもある。

　体育学・スポーツ科学には，まだまだわからない問題が多い。それら厄介な問題を自分で探して解決するのが卒業研究なのである。研究の世界に入るために，本書で練習試合をしてみよう。

　付録として「体育・スポーツ学を学ぶ大学生のためのアカデミック・ライティング」がつけられている。これは研究論文執筆のいわばルールブックのようなものである。最初にすべて覚える必要はない。しかし常に傍らに置いて，研究論文を書く時に，これを見ながら進めて行ってほしい。ルールを守ってこそ，試合（研究）は成立するのである。

2022年4月

編者一同

目　次

1 体育とスポーツは どのように哲学されてきたか

髙尾　尚平

1. 哲学とは何か

　本章では，体育とスポーツについて哲学するための方法を学んでいく。とはいえ，本章は，「哲学の方法は○○である」というような一義的な答えを提示することはない。正確にいうと，哲学の方法を一義的に提示することは，もとより不可能なことである。哲学の問いには，方法それ自体を批判的に問いなおすことが含まれているからである。ここに，哲学を学ぶことの難しさがある。

　私たちは，漢字や計算式を覚えるのと同じように，哲学を学ぶことはできない。哲学は，それ自体として，「本当は何か」を問い深める活動だからである。漢字を学ぶ際には，「哲学は『てつがく』と読む」ということを暗記すればよい。だが，哲学を学ぶ際には，事情が異なってくる。

　哲学の歴史の中には，著名な哲学者が何人もいる。例えば，カントやニーチェといった哲学者の名前は，多くの人が知るところではないだろうか。では，「カントは○○と主張した」や「ニーチェは○○と述べた」といったことを暗記しさえすれば，哲学を学んだことになるのだろうか。答えは，否である。過去の哲学者の思想を暗記したとしても，自らが「本当は何か」を問い深めることがなければ，哲学を学んだことにはならないからである。哲学を真に学ぶためには，自らが実際に哲学してみるほかない。

　もっとも，私たちは何のヒントもなしに哲学することはできない。当然ながら，それはあまりにも無茶な要求である。では，私たちはいかにして哲学を学ぶことができるのか。端的にいってそれは，先達の哲学したことをヒントに，そこから自らが問いを抱いてみることによってである。つまり，哲学がこれまでどのようになされてきたのかを参照しつつ，そこから「本当は何か」を問い深めることによってのみ，私たちは哲学することを学ぶことができる。そこで本章では，体育やスポーツがどのように哲学されてきたのかを振り返りながら，哲学するためのヒントを探っていく。

1）知を愛する実践としての哲学

　哲学（philosophy）の歴史は，古代ギリシアから始まった。"philosophy"という言葉は，ギリシア語のフィロソフィア（philosophia）に由来する。フィロソフィア（philosophia）とは，「愛」を意味する"philos"と「知」を意味する"sophia"からなる言葉である[42]。読者の中にも，ソクラテスやプラトン，アリストテレスといった古代の哲学者の名前を知っている人がいるのではないだろうか。彼らは時代や他者と対話しながら，「善とは何か」や「美とは何か」「国家とは何か」「徳とは何か」といったことをただひたすらに問うた。彼らはまさしく，知を愛する哲学者であった。

　ここで注意すべきは，知を愛するいとなみとしての哲学は，自らの知識をひけらかすことを目的としていないということである。哲学の本質は，知識を所有することではなく，真理を探究することに

こそある [19]。つまり，哲学の本質は，「当たり前」とされていた知識を根底から問いなおし，「本当は何か」を問い深めるその過程にこそある。

このことは，一般に「無知の知」として知られるソクラテス（プラトンが描いたソクラテス）[注1]の哲学的態度からもうかがえる。なお，「無知の知」という表現は，厳密にいって不適切である [25]。ソクラテスその人は，「無知の知」という表現を一度も使ったことがない。「無知の知」という表現は，哲学の本質を捻じ曲げてしまう恐れすらある。「無知の知」という表現には，「知らない」ということに対する「知ったかぶり」の態度や「開き直り」の態度が見え隠れする。ソクラテスは，あくまで「自ら知らぬことを知っているとは思っていない」[17] といっただけである。彼が表明したかったのは，「自分は本当のことを知らないかもしれない」というような不知の自覚が哲学の出発点になるということである。

哲学することにおいて重要なことは，自分は何ごとかを「知っている」かもしれないが，しかし本当は「知らない」かもしれない可能性があり，このことを自覚しつつ，それでもなお「知らない」かもしれないことを探究していく態度にこそある。その意味では，哲学の問いは「知っていること」と「知らないこと」の狭間で生起する。

2）哲学の問い

哲学の問いは，私たちの身近なところに潜んでいる。私たちは，身近な「当たり前」を出発点に，「本当は何か」を問い深めることができる。

いま，読者の前には，確実に本書がある。読者は本書を読んでいるのだから，それは「当たり前」であるだろう。では，「本書がある」とは，どういうことだろうか。このような問いを抱く時，私たちは，「存在」に関する哲学的な問いに直面している。それは，「あるとは何か」をめぐる問いである。

いま少し，「本書がある」ということについて考えてみよう。少なくとも読者は，目の前にあるそれを本書として認識しているはずである。では，「本書がある」とは，「本書を認識する」ということだろうか。そのように考えるならば，私たちはさらに，「認識」に関する哲学的な問いに巻き込まれていく。「認識」とは，いったい何か。私たち人間は，何をどこまで「認識」することができるのだろうか。

私たちが「本書を認識する」ためには，少なくとも，「本書（ほんしょ）」という「言語」が私たちの間で共有されている必要があるだろう。なぜなら，日本語に精通していない外国人は，「本書（ほんしょ）」という「言語」から，何ごとも「認識」できないだろうからである。では，「認識」は「言語」の共有によって可能となるのだろうか。ここに，「言語」をめぐる哲学的な問いが生じる。「言語」とは，そもそも何か。「言語が通じる」とは，どのような事態を指すのだろうか。

さらに問い深めてみると，「認識」は「言語」によってのみ成り立っているわけではないことがわかってくる。いま，筆者の目の前には，「UCC BLACK」と書かれたアルミ缶がある。だが，「UCC BLACK」という「言語」が共有されるのみでは，多くの人は，それが何であるのかを「認識」することはできないだろう。それを飲んだことのある人は，「UCC BLACK」が缶コーヒーであることを「認識」できるだろうが，そうでない人は，それが何であるかを「認識」することはできないはずだからである。そうであるとすれば，私たちは，実際にこの目で見たり，触れてみたり，口にしてみたりし

注1） よく知られるように，ソクラテスその人は1冊も本を書き残していない。現代に伝えられているソクラテスの姿は，プラトンが描いたソクラテス像に多分に依拠している。プラトンが書き残した著作は，ソクラテスを主人公とした対話篇であり，ありし日のソクラテスを回顧しつつ，プラトンが自らの哲学を発展させるものであった。

たものでなければ「認識」できないのだろうか。このような見地に立つ時，私たちは，「身体」に関する哲学的な問いに出会うこととなる。対象を見たり，触れたり，口にしたりすることは，当然ながら，「身体」によって可能になる。このように考えると，「存在」や「認識」，「言語」の基底には「身体」の働きが関係しているように思えてくる。

「本書がある」ということをめぐっては，さらに次のような問いの発展もありうる。一般に，本を読むことは大切であるとされている。では，なぜ読者は，本書を読むべきなのか。あるいは，本書を読むことのよさとは何だろうか。こうした問いは，「倫理」にかかわる哲学的な問いである。「倫理」に関する問いは，「〜すべき」といったことの根拠や「よさ」そのものの本質を探究する。

上にあげてきた問いは，一見すると，あまりにも素朴なものに思われるかもしれない。だが，実のところ，上にあげたような問いは，いまより 2000 年以上も前から，様々な哲学者によって真剣に問い深められてきた問いである。上にあげたもののほかにも，哲学の問いには，「自己とは何か」や「他者とは何か」「社会とは何か」「暴力とは何か」「教育とは何か」「時間とは何か」といった数多くの論題がある。哲学の問いは，自らの知識を過信することなく，「当たり前」を「当たり前」と思わずに，本当の〈知〉を愛し求める人の数だけ多様に存在する。

2. 哲学の対象としての体育とスポーツ

1) 学問としての体育・スポーツ哲学

哲学の観点から体育やスポーツを研究する分野に，体育哲学やスポーツ哲学と呼ばれる学問領域がある。このことは，体育やスポーツが哲学の対象となりうることを示している。とはいえ，紀元前から続く諸学問の歴史と比べれば，学問としての体育哲学やスポーツ哲学の歴史はまだ浅い。

哲学（philosophy）が誕生したのは紀元前のことであり，わが国が西洋文化としての "philosophy" を受容し始めたのは，明治維新を経験した 19 世紀である。この 19 世紀は，西洋の学問にとっても革命的な時代であった。19 世紀は，連綿と受け継がれてきた諸学問が，大学や学会の中で制度化され，専門職としての社会的地位を本格的に確立し始めた時期だったからである[24]。しかしながら，諸学問が社会的地位を確立し始めた 19 世紀の趨勢の中には，体育哲学やスポーツ哲学の姿は見あたらない。

体育哲学やスポーツ哲学が学問として制度化され始めたのは，おおむね 20 世紀の中盤以降である。わが国では，1950 年に日本体育学会（現日本体育・スポーツ・健康学会）が誕生する。1962 年には，日本体育学会の中に体育原理専門分科会（現体育哲学専門領域）が設けられる。さらに，1978 年には，日本体育・スポーツ哲学会が発足する[5]。国外では，1972 年に北米の研究者らによって，Philosophic Society for the Study of Sport（PSSS）が設立される。この PSSS は，スポーツ哲学の門戸を世界に開くべく，1999 年に学会名を International Association for the Philosophy of Sport（IAPS）へ改変する。また，2002 年には，イギリスで British Philosophy of Sport Association（BPSA）が発足する。上記のほかにも，体育哲学やスポーツ哲学に関連する諸学会は次々と誕生しており，体育やスポーツに関する哲学的研究は，学術制度の中に拠点を獲得しつつある[注2]。

それぞれの学会は，定期的に学会大会を開催している。学会大会では，体育やスポーツに関する研究発表が行われ，活発な議論が交わされる。私たちは，学会大会に参加することで，体育やスポーツ

注2) ただし，世界中のすべての国に体育哲学やスポーツ哲学に関連する大学や学部，学会が存在しているわけではない。体育哲学やスポーツ哲学の国際的動向に関しては，文献 8 で網羅的に記述されている。

をめぐってどのような哲学的議論が交わされているのかを体感することができる。また，それぞれの学会は，定期的に論文雑誌を発行している。例えば，『体育学研究』（日本体育・スポーツ・健康学会）や『体育哲学年報（旧体育哲学研究・体育原理研究）』（体育哲学専門領域），『体育・スポーツ哲学研究』（日本体育・スポーツ哲学会），『Journal of the Philosophy of Sport』（IAPS），『Sport, Ethics and Philosophy』（BPSA）などがそれである。私たちは，こうした論文雑誌を参照することにより，体育やスポーツに関する哲学的研究がどのようになされているのかを知ることができる[注3]。こうしたことは，体育哲学やスポーツ哲学が制度化されたことの恩恵であるといってよい。

　もっとも，体育やスポーツは，20世紀中盤以降に初めて哲学の世界に現れたのではない。それ以前にも，体育（らしきもの）やスポーツ（らしきもの）は，哲学の世界に時おり顔をのぞかせていた。例えば，プラトンやアリストテレスは，若者を運動競技に取り組ませることや若者の健康を促進することが，調和のとれた人間を育てるうえで不可欠であると考えていた[21]。また，コメニウス（Comenius, JA）やロック（Locke, J），ルソー（Rousseau, JJ）といった著名な教育学者や哲学者も，教育における体育の必要性に目を向けていた[13]。20世紀に入ると，「スポーツ」という名辞が思想の世界に現れ始める。わが国では，1930年に「スポーツの美的要素」という論考が発表され，1933年には，「スポーツ気分の構造」という論文が発表される[18]。これらは，美学者の中井正一によって著されたものであり，哲学の対象としてスポーツを扱った日本初の著作であったといわれている[6]。また，1938年には，後のスポーツ哲学（および体育哲学）に多大な影響を及ぼす著作が発表される。それは，オランダのホイジンガ（Huizinga, J）によって著された『ホモ・ルーデンス』[31]である。ホイジンガは，遊戯論の視点から近代批判を展開する過程でスポーツに言及している。

　以上のほかにも，20世紀中盤以前に体育（らしきもの）やスポーツ（らしきもの）が哲学の文脈で語られていたことは，様々な文献から確認することができる。とはいえ，やはり体育やスポーツに関する哲学的研究が本格化するのは，20世紀中盤を待ってからである。体育やスポーツは，哲学の歴史の中に時おり出現していた。だが，その論じられ方は，あくまで断片的なものにとどまり，体育哲学やスポーツ哲学の学問体系をかたちづくるまでには至らなかった。では，体育哲学やスポーツ哲学が制度化された20世紀中盤以降では，体育やスポーツはどのように哲学されていったのか。

2）体育哲学の問い

　体育哲学の問いは，概して，体育の原理をめぐって展開されてきた。体育の原理とは，「体育がそれによって成り立つところの根拠，体育の体育たる根拠，さらには正しい体育のあり方を導くための根拠」[1]である。体育哲学の問いは，「体育とは何か」という認識に関する論点や，「体育はいかにあるべきか」といった倫理的な問題，さらには，「体育諸科学をいかに方向づけていくか」といった学問論的な領野に向けられている。体育哲学は，教育学や哲学の知見を積極的に取り入れながら，独自の学問領域をかたちづくってきた。

　体育哲学の問いは，科学研究の射程とは次元を異にする。科学研究が明らかにするのは，観察や実験によって実証される客観的（≒部分的）な知識である。科学研究は，例えば，観察や実験から，効

注3）　もちろん，体育哲学やスポーツ哲学に関する研究は，各学会の論文雑誌にのみ収録されているわけではない。各大学が発行する論文雑誌や複数人の研究者が独自に作成する論文集，各研究者が単独で執筆する著書なども，それらの研究成果の発信媒体である。したがって，体育哲学やスポーツ哲学の研究知見を幅広く収集したいのであれば，こうした媒体もチェックしておく必要がある。

率的な走り方や効果的な筋力の高め方などに関する知識を客観的に明らかにする。一方，体育哲学が問うのは，そうした知識の前提や科学研究の意味などである。体育哲学では，例えば，「『走る』とはそもそもどういう現象なのか」や「筋力を高めることは，体育においていかなる意味があるのか」といった原理的な問題を考察する。

　科学研究の成果を適切に体育へ役立てるためには，体育の原理に関する理解が不可欠となる。体育の原理を理解することなく，科学研究の成果をただ活用しようとすれば，トップランナーやボディビルダーを育成するような体育が行われてしまう恐れがあるからである。原理に関する理解を欠いた体育は，比喩的にいえば，「手足ばかり肥ってきて（体育の個別科学的研究），頭の小さくなっていく（原理的研究）姿」[2] を露呈することになりかねない。体育の方向性を見定めるためには，「体育とは何か」を問い深める必要がある。

　この「体育とは何か」という問いは，体育哲学が制度化された当初から，議論の対象とされてきた問いである[22]。それ以降，主な論点として浮上してきたのは，「教育」と「身体」に関する問いである。その理由は，体育が「教育」の一領域だからであり，その中でも「身体」にかかわる「教育」が体育だからである[注4]。体育の原理に関する問いは，かくして，「教育」と「身体」をめぐる問いへ発展していった。

　「教育」をめぐる論点は，それ自体として，広範な問いにまたがっている。「教育」とはそもそも何だろうか。体育では，児童・生徒の筋力や心肺機能を発達させさえすれば，「教育」が成立したとみなされうるだろうか。もしそうであれば，「教育」の機能はフィットネスジムで代替できることになる。しかしながら，フィットネスジムでのトレーニングを「教育」とみなすことには違和感があるだろう。「教育」であるからには，教師と児童・生徒の関係性や，人間形成や成長といった目標が必要であるように思えるからである。では，教師と児童・生徒の関係性は，いかにあるべきだろうか[16]。人間形成や成長とは，どのような事象を指すのだろうか[10,35]。こうした問いをめぐって，体育哲学の領域は，人間学や教育学などの知見を参照することで，体育についての本質的理解を進化・深化させてきた。

　「身体」をめぐる問いもまた，多くの論点を含み持っている。一般に，「身体」という言葉からイメージされるのは，人体模型のような，皮膚によって閉じられた肉体であるだろう。だが，他方で「身体」は，行為や認識の基盤となり，私たちが世界や他者に開かれるための媒体にもなっている。例えば，パスを受けるべくゴールへ走りこむ時，私たちは，ディフェンスの位置を「身体」で感じつつ，パスを出してほしい地点を「身体」で表現し，味方との連携を図る。この時，私たちの「身体」は，単なる肉体であるのではない。また，「パスを受けるべくゴールへ走りこむ」という「運動」は，物体の運動より以上の意味を有している。ここに，「身体」をめぐる哲学的問いが生じてくる。人間にとって「身体」や「運動」とは何か[32]。「身体」を育むことや「運動」を経験させることは，「教育」においてどのような意味があるのか[9,29]。こうした問いを経由しながら，体育哲学の領域では，現象学や身体論，運動学などの知見に学びつつ，体育が育むべき「身体」を模索してきた。

　体育哲学の問いには，他方で，「体育とは何であったのか」という歴史的な問いも含まれている。前節では，体育哲学が制度化される以前にも，過去の哲学者や教育学者が体育（らしきもの）に言及していたことを確認した。そうした哲学者や教育学者の思想を分析し，そこで語られている体育（ら

注4）　このことは，"physical education" という英語を参照するとわかりやすい。"physical education" は一般に「体育」と訳される語であるが，直訳すれば「身体教育」となる。"physical education" という言葉からは，体育が身体にかかわる教育であることがわかる。なお，この点に関する精緻な分析は，文献38を参照されたい。

しきもの）の内実を明らかにすることも，体育哲学の課題である[7,26,28]。過去に語られた体育（らしきもの）の思想の中には，現代に通ずるヒントが眠っているかもしれない。あるいは反対に，現代におけるそれとは程遠い体育の姿が明らかになる可能性もある。いずれにしても，それらの結果は，過去の体育思想を注意深く読解することによってしかみえてこない。体育が歴史的にどのようにとらえられてきたのかを読み解き，これからの体育を展望するための視座を用意することもまた，体育哲学の研究領域である。

　このように，学問としての体育哲学は，多角的な視点から体育の本質を探究してきた。もちろん，ここで取りあげた問いは，ほんの一例でしかない。また，体育哲学の議論は，体育のすべてを語り終えているわけでもない。例えば，健康に関する論点は，かつては問いの射程に含まれていたが[14]，昨今ではあまり議論の俎上にあげられていない。体育哲学は，いまなお，「本当は何か」を探究する途上にある。

3）スポーツ哲学の問い

　スポーツ哲学の問いは，時代とともに，その様相を変化させてきた。ノルウェーの研究者であるBreivik は，スポーツ哲学の問いが "philosophy of sport" から "philosophies of sports" へ変化してきたと指摘する[4]。この変化は，問いの対象と方法がスポーツ哲学において多様化してきたことを意味している。以下では，この変化の過程を追跡しつつ，スポーツがどのように哲学されてきたのかを確認していく。

　スポーツ哲学の古典的な議論には，「スポーツ（sport）とは何か」をめぐる問いがある。主な論題として取りあげられるのは，「プレイ（play）」「ゲーム（game）」「スポーツ（sport）」の概念についてである。この論題では，「ゲームをプレイするとはどういうことか」や「ゲームとスポーツはどのような位置関係にあるのか」といった問いが議論されてきた。こうした問いが明らかにしようとしたのは，サッカーや競泳といった個々のスポーツ（sports）に通底し，かつ，チェスや将棋などの「ゲーム」と隔てられる「スポーツ（sport）」の本質である。初期のスポーツ哲学では，「プレイ」「ゲーム」「スポーツ」の概念を分析哲学的に考察することで，スポーツの定義を判然とさせる試みがなされてきた[30]。

　スポーツ（sport）それ自体に関する問いは，しばらくの間，スポーツ哲学の議論を席巻する。スポーツにおける「競争」の概念も，議論の主題となった。「競争」は，スポーツのみならず，戦争やケンカにも含まれる。一般に「競争」は，一方が勝利し他方が敗北するゼロ・サムゲームであると考えられるだろう。では，スポーツにおける「競争」もまた，ゼロ・サムゲームでしかないのだろうか。圧倒的な格下から勝利を収めるだけの「競争」は，スポーツにおいて価値を持つのだろうか。こうした問いのもと，スポーツ哲学の領域では，スポーツにおける「競争」の本質をめぐる議論が展開されていった[27]。

　「競争」をめぐる議論は，「フェアプレイ」に関する問いへ接続されていく[12]。スポーツにおける「競争」は，人間を成長させる契機となる反面，時に人間の醜い姿を惹起する。スポーツの試合では，しばしば，公平さや対戦相手へのリスペクトを欠いたふるまいが発露する。では，公平であるとは，そもそもどういうことだろうか。競技者は，なぜ，対戦相手をリスペクトする必要があるのだろうか。勝利のために意図的にファウルを行うことは，「フェアプレイ」に反するのだろうか。こうした「フェアプレイ」をめぐる問いは，スポーツという特殊世界の倫理を考えるうえで，避けては通れない論点であった。

「フェアプレイ」をめぐる問いは，「ルール」に関する問いと緊密に結びついている[20]。当然ながら，スポーツの世界では，「ルール」に反する行為に相応のペナルティが与えられる。この点に鑑みると，「ルール」の機能は，反則を規制することにあると考えられる。しかし，「ルール」の機能は本当にそれだけだろうか。「ルール」こそが，ゲームやスポーツを構成しているとも考えられないだろうか。ここに生じているのは，「ルール」の存在根拠にかかわる問いである。「ルール」と「フェアネス」をめぐる議論は，社会哲学や法哲学，ひいては言語論などの知見を積極的に取り入れることで，それらの本質を探究してきた。

さて，ここまで紹介してきたのは，スポーツ哲学において主要な論点となってきたいくつかの問いである。スポーツ哲学の伝統的な問いは，個別のスポーツ（sports）ではなくスポーツ一般（sport）[注5]を対象としており，スポーツ（sport）に通底する論理や倫理を分析的に考察してきた。その考察の主役は，あくまでスポーツ（sport）であったといえる。だが，スポーツ哲学の問いは次第に広がりをみせていく。

昨今のスポーツ哲学には，スポーツ（sport）を出発点にするのではなく，個々のスポーツ（sports）を出発点とした研究動向がある[3,34]。こうした研究が着目するのは，具体的な運動経験である。例えば，スカイダイビングは，一見すると上空から落下するだけの運動に思える。だが，本当にそうだろうか。上空から身を投げることは，大きな不安を伴いつつも，人間が自らの生を強く実感する経験となるのではないだろうか。こうした点を問い深めることで，個々のスポーツ（sports）を出発点とする研究は，スポーツにおける運動経験を現象学的に考察してきた。そのことにより，スポーツ（sport）や身体運動，ひいては人間を反省的にとらえ返すことが，スポーツ（sports）を出発点とした哲学の強みである[注6]。

スポーツ哲学の問いの射程は，さらに，スポーツにかかわる「人間」の考察へと広がっている。「よいコーチとは何か」といったコーチの「よさ（virtue）」に関する問いは，今日では，スポーツ哲学の主要なトピックスの1つとなりつつある[36]。また，これと同様に，「よい競技者とは何か」といった競技者に関する論点も，スポーツ哲学の問いとなっている[37]。競技者をめぐる問いには，このほかにも，自己との競争に関する論点[15]や敗北の意味に関する論点[40]などがある。このように，昨今のスポーツ哲学では，倫理学や実存哲学の知見を積極的に吸収しながら，スポーツにおいて—あるいは，スポーツを通して—「人間」が善く生きることを問い深めようとする動向がある。

もちろん，スポーツに現れる「人間」の姿は，美しい面ばかりではない。スポーツの世界には，あってはならないはずの暴力（体罰）がいまだに存在し，ドーピングの問題は，取り締まりとすり抜けのいたちごっこを繰り返している。では，なぜ，あってはならないはずの暴力がスポーツでは発露するのだろうか[23]。そもそも，ドーピングの何がいけないのだろうか[39]。こうしたスポーツの負の部分をめぐる問いもまた，昨今では，スポーツ哲学の重要な論点となってきている。

ここまで参照してきた問いは，スポーツ哲学の論点の一部でしかない。だが，少なくとも，学問としてのスポーツ哲学が，問いの射程を拡張しながら着実に歩を進めてきたことは確認できるだろう。では，蓄積されてきたスポーツ哲学の〈知〉は，一般的な哲学の議論に対してどのような視座を用意しうるだろうか。スポーツ哲学のさらなる課題は，スポーツの視点から，伝統的な人間理解や社会の

注5) もっとも，スポーツ哲学が伝統的に問題としてきたのは，主として競技スポーツ（competitive sport）であり，アダプテッド・スポーツやリスク・スポーツといったそのほかのスポーツが議題にあげられ始めたのは最近のことである。

注6) スポーツから人間をとらえ返す試みそれ自体は，すでに1970年代から哲学者のレンク（Lenk, H）によってなされていた。だが，そうした論点は，スポーツ哲学の主流にはならなかった。とはいえ，以下で取りあげるように，昨今ではスポーツから人間をとらえ返す研究が再燃しているように思える。なお，レンクのスポーツ哲学については関根[41]に詳しい。

とらえ方を更新していくことにある。

3. 体育とスポーツを哲学するために

1）体育・スポーツの哲学的研究へ向けて

　前節までに確認してきたとおり，体育哲学とスポーツ哲学は，地道な問いの繰り返しによって体育やスポーツの本質を探究してきた。実のところ，こうしたプロセスは，体育やスポーツについて哲学するための方法を示唆している。体育やスポーツについて哲学するための方法は，「思索と対話」[11]の繰り返しによって，体育やスポーツの本質に1歩ずつ迫っていくことにこそある。なお，ここでの「対話」とは，教員や友人，チームメイトといった他者との議論に加え，先達の著作を批判的に読解することも含まれている。以下に，体育・スポーツの哲学的研究の大まかなステップを示しておく。

ステップ1：先行研究の検討と研究目的の設定

　まずは，自分の興味のあるトピックスがこれまでどのように論じられてきたのかを確認してみよう。例えば，オリンピックの価値に興味を持ったなら，オリンピックの価値がこれまでの研究（論文や著作など）において，どのように論じられてきたのかを調べてみる。それにより，これまでの研究史において，オリンピックについて「明らかにされている領域」と「明らかにされていない領域」が浮かびあがってくるだろう。そして，この「明らかにされていない領域」のうち，自分が強く関心を抱いた問いが研究の目的となる。ここでは，オリンピックのコア・バリューの1つである「フレンドシップ」の概念に興味を持ち，先行研究をレビューした結果，「フレンドシップ」という概念の本質が明らかにされていなかったとしよう。この場合，「フレンドシップとは何か」を問うことが研究の目的として設定される。

ステップ2-a：方法の検討と主要文献の読解

　次のステップは，研究方法を検討する段階に入る。この段階では，どの角度から目的を明らかにするのかを検討する。例えば「フレンドシップ」という言葉の構成に着目するなら，「フレンド（friend）」と「シップ（ship）」という2つのキーワードが浮上する。そして，「シップ（ship）」は，状態や性質を表わす接尾語であるから，「フレンドシップ」に関しては，「フレンドの状態・性質」というひとまずの理解が得られ，「フレンド」の概念が主要な考察対象となる。そうしたら，「フレンド」について論じた哲学書を収集・読解し，これまでの哲学の歴史の中で，「フレンド」の概念がどのように考えられてきたのかを把握する。もちろん，「フレンドとは何か」を直接的に論じた哲学書がある場合もあれば，ない場合もある。ない場合には，守備範囲を広げ，「友好」や「歓待」，「倫理」などといった関連しそうなキーワードから文献の検索を行い，少しでも「フレンド」に関連する思想や概念が見つかったなら，その哲学書を批判的に読み解いていく。体育・スポーツの哲学的研究では，過去の哲学思想を批判的に読み解き，それらと対話しながら思索と吟味を繰り返していく作業が研究の方法となる。

ステップ2-b：方法の検討と主要文献の読解

　思想研究の場合には，ステップ2の手続きが微妙に異なってくる。思想研究とは，ある思想の中

で特定の概念がどのように用いられているのかを明らかにする研究である。例えば，「フレンドシップ」の概念であれば，近代オリンピックの父と目されるクーベルタン（Coubertin, P）の著作や言表のなかに「フレンドシップ」の思想的根拠が眠っている可能性がある。その場合，クーベルタンの思想において「フレンドシップ」がどのようにとらえられてきたか，どのような影響から「フレンドシップ」の思想が構築されてきたか，クーベルタンの思想においてどのような論理が「フレンドシップ」の概念を貫いているのか，といった点を明らかにし，クーベルタンが論じた「フレンドシップ」の概念を浮き彫りにしていく。

ステップ 3：考察と結論

　このステップでは，ステップ 2 によって明らかになったことがらを批判的に考察し，一定の結論を導出する。すなわち，「フレンドシップとは何か」という当初の問いに対して，「フレンドシップとは，○○である」と結論づける段階がステップ 3 である。ステップ 2-a の研究方法の場合には，参照した哲学書をうのみにするだけではなく，その哲学書とともに「フレンドシップ」について考え，その哲学書を超えて自らが導いた回答が研究の結論となる。また，ステップ 2-b の場合には，クーベルタンの主張を羅列するのではなく，クーベルタンとともに考えながら，クーベルタンが語りたかったであろう「フレンドシップ」の概念を語り直すことが研究の結論となる。ステップ 1 ～ 3 の研究の過程では，自らの「フレンドシップ」に対する考え方が大きく変化し，鮮明になっていくことだろう。この思考の変化の過程を明確化し，論理的に文章化したものが，体育・スポーツの哲学的研究となる。

4. 研究例

　以下に，体育・スポーツの哲学的研究の実践例を 2 つ紹介する[注7]。

研究例（サンプル）1

運動嫌いを減らすための運動指導とはなにか
―「運動ができる」に関する現象学的考察―

【問題の所在】

　今日では，体育における「運動嫌い」の子どもの増加が問題となっている。実際に筆者は，教育実習で多くの運動嫌いの子どもたちに出会ってきた。

　運動嫌いの問題については，さまざまな研究で解決策が検討されている。例えば，子どもに劣等意識を植えつけないことや学習カードを用いて子どもの運動意欲を高めることを提案する研究などがある。これまでの運動嫌いに関する諸研究は，主に，子どもの心理的側面へのアプローチを推奨するものであったといえる。

　しかしながら，心理的側面への配慮だけでは，体育の目的である「身体を育てること」がなおざり

注7） 研究例 1 は文献 33 に，研究例 2 は文献 26 に，それぞれ基づいて作成した。興味を持った人は，それらの文献を参照してみてほしい。

にされてしまう恐れがある。筆者の立場としては,「運動ができるようになる」ということは,体育において置き去りにされてはならない課題であると考える。では,運動嫌いを生みださずに,子どもたちが「運動ができるようになる」ためには,どのような指導が大切なのだろうか。

【目的と方法】

そこで本研究では,運動嫌いの子どもを減らすためには,どのような運動指導が必要であるのかを明らかにする。その際,本研究では,哲学者の E. フッサールの現象学の考えかたを参考にしながら考察を進めてゆく。本研究では,「運動ができる」という事象を現象学的に考察することで,上記の目的にアプローチする。

【現象学的アプローチとはなにか】

まずは,現象学的アプローチが事象をどのようにとらえるのかを考察する。フッサールによると,現象学の立場では,現象学的還元という方法によって事象を把握するという。現象学的還元とは,主体に現れる現象を意識の流れに則して厳密に分析することであるようだ。この現象学的還元は,客観的な事象の把握方法とは根本的に異なっている。例えば,「走る」という事象を客観的に把握しようとする時,私たちは,「腕を振る動作」や「足を動かす動作」といった外面的情報に着目する。一方,現象学的還元にもとづけば,「走る」という事象は,「スタートの合図を予期し,勢いよく腕を振り,対戦相手に負けじとゴールラインの 10 m 先をめがけて駆け抜けること」といった具合に把握される。こうした理解が現象学的な事象のとらえかたである。

【「運動ができる」に関する現象学的考察】

前章の考察を踏まえれば,「運動ができる」という事象は,2 つの観点から理解することができる。1 つ目は,タイムやできばえなどによって把握される客観的な「運動ができる」である。本研究では,これを「運動が『できる』」と表記したい。2 つ目は,主体の意識としての「運動ができる」である。本研究では,これを「運動が〈できる〉」と表記する。この「運動が〈できる〉」は,「予期(先取り)」としての主体の意識であるといえる。たとえばそれは,「なんだかできそうな気がする」や「たぶんできる」,「まだできないけどやってみたい」といった意識である。フッサールによると,「予期」としての意識は,身体に帰属するものであり,主体の意志の発生根拠となりうるものであるそうだ。つまり,人間は,「運動が〈できる〉」という身体感覚を有しているからこそ,実際に鉄棒に手をかけてみるのであり,反対に,「運動が〈できる〉」という身体感覚がなければ,鉄棒をやってみたいという意志を持つことすらできないということである。

【「運動嫌い」に関する現象学的考察】

以上の考察からは,「運動が〈できる〉」という身体感覚がなければ,子どもたちは運動を好きになることができないということがわかる。「運動が『できる』」を評価するだけでは,子どもたちは,何ができそうで何ができなそうかを理解することすらできない。運動嫌いの根本的な原因は,「運動が〈できる〉」をはぐくむことなしに,客観的なできばえとしての「運動が『できる』」を子どもたちに求めすぎた結果であるといえそうである。したがって,「運動嫌い」をなくすためには,「運動が〈できる〉」をはぐくむ指導が大切である。この「運動が〈できる〉」があるからこそ,子どもたちは意欲的に運

動に取り組むことができるのであり，結果として，「運動ができるようになる」と考えられる。

【結　論】

　本研究の目的は，運動嫌いの子どもを減らすためには，どのような運動指導が必要であるのかを明らかにすることであった。本研究の考察からは，この問いに対して，次のように回答することができる。運動嫌いの子どもを減らすための運動指導とは，子どもたちの「運動が〈できる〉」を丁寧にはぐくんでゆく指導である。筆者は，今後，そのための具体的な方法を幅広く学んでゆきたい。

研究例（サンプル）2

オリンピズムの根本原則に関する哲学的研究
―オリンピズムはいかなる意味で生き方の哲学なのか―

【はじめに】

　オリンピズムは，生き方の哲学であるといわれている。私は，このオリンピズムに強く関心を持っている。それは，私自身がオリンピックに出場することを目指しているからであり，哲学にも興味を持っているからである。

　そこで私は，オリンピズムに関連する研究を一通り読んでみた。その結果，オリンピズムは，スポーツを通した卓越性の追求やスポーツによる教育および世界平和の実現などを目指した思想であることがわかった。しかし，その一方で，オリンピズムは，あくまで空論であって，哲学と呼べるものではないとの批判的な見解もあった。確かに，近代オリンピックの父と呼ばれるピエール・ド・クーベルタン自身も，オリンピズムを明確に定義することはできなかったと回顧している。

　では，オリンピズムは，やはり空論でしかなく，哲学的な意義を持ちえないのだろうか。反対に，オリンピズムが哲学的な意義を持ちうるとすれば，それは，どのような意味においてだろうか。

【目的と方法】

　本研究の目的は，オリンピズムがどのような点で哲学的であるのかを明らかにすることである。本研究では，とりわけ，オリンピズムにおける卓越性と教育の概念に論点を絞って考察を展開する。本研究では，IOC（International Olympic Committee）が公表する「オリンピック憲章」とクーベルタン関連の著作を中心的に分析し，オリンピズムの内実を探ってゆく。

【オリンピズムにおける卓越性の概念について】

　「オリンピック憲章」を分析した結果，オリンピズムにおける卓越性の概念は，主に，身体と意志と精神の調和的発展との関連で用いられていることが明らかになった。したがって，卓越性の概念は，単に競技力の高さを意味するのではないといえる。身体と意志と精神を調和的にとらえる考え方は，クーベルタンの思想に由来するものであり，精神を特権化する人間観とは対極をなすものである。身体と意志と精神を調和的にとらえるオリンピズムの人間観は，古代のギリシア哲学における徳の概念と結節点が認められる。徳は，善き人間に備わるものとされる概念である。それは，心身の卓越性で

あり，強さの資源でもあり，美しい運動をも包括する概念であったようだ。クーベルタンは，古代ギリシアの歴史や文学に精通していたといわれているから，徳に代表される古代ギリシアの人間観を参考にした可能性がある。オリンピズムの卓越性の概念は，身体と意志と精神が調和した徳のある生き方をスポーツから促そうとする哲学であるといえる。

【オリンピズムにおける教育の概念について】

　「オリンピック憲章」を分析した結果，オリンピズムにおける教育の概念は，競技者に模範であることを求めるものであることがわかった。この「模範であること」は，「より速く，より高く，より強く」というオリンピック・モットーに象徴される姿であるが，その意味は，勝利者になることや記録を樹立することとイコールではない。このことは，オリンピック・クリードの内容からうかがえる。オリンピック・クリードとは，クーベルタンの主張をもとにしたオリンピックの信条である。オリンピック・クリードでは，オリンピックで重要なことは，勝つことではなく参加することであるとされており，人生で最も重要なことは勝利ではなく努力であると明言されている。そのため，「模範であること」は，勝利者であることを誇示することではなく，卓越性を求めて努力する姿を体現することであると解釈することができる。オリンピズムにおける教育の概念は，努力を積み重ねることで徳に向かっていく生き方を，競技者を介して広く普及させようとする哲学であるといえる。

【まとめ】

　本研究の目的は，オリンピズムがどのような点で哲学的であるのかを明らかにすることであった。本研究では，考察の範囲を卓越性と教育の概念に絞り，上記の点について考察した。本研究の成果は，次のようにまとめられる。

①オリンピズムの卓越性の概念は，身体と意志と精神が調和した徳のある生き方をスポーツから促そうとする哲学である。

②オリンピズムにおける教育の概念は，努力を積み重ねることで徳に向かってゆく生き方を，競技者を介して広く普及させようとする哲学である。

　以上の点に鑑みると，オリンピズムは，スポーツそれ自体の価値を誇称した思想というよりは，スポーツを通して善い生き方を創造しようとする哲学であるといえるだろう。

---

5. 課　題

　以下の論文雑誌一覧に掲載されている論文雑誌の中から，自身が興味のある論文を2つ以上選定し，その選定理由をそれぞれ記述しなさい。その際，同一の論文雑誌から選定できる論文は1つまでとする。したがって，選定する論文は，別々の論文雑誌から選び出す必要がある。ただし，3つ以上の論文を選定する場合には，同一の論文雑誌から2つ以上の論文を選定することを認める。選定した論文の記載方法については，次のルールにしたがうこととする。

論文情報の記載方法

　著者名（発表年）論文タイトル，雑誌タイトル，巻（号），総ページ数.

論文雑誌一覧

- 体育哲学年報（体育哲学研究・体育原理研究も可）
- 体育・スポーツ哲学研究
- Journal of the Philosophy of Sport
- Sport, Ethics and Philosophy

回答例 ※以下の論文は，架空のものである。

論文１

日体四郎（1992）アメリカンフットボールにおける「悪質なタックル」の問題点に関する倫理学的研究：フェアネスの観点と指導者の権力の問題に着目して，体育・スポーツ哲学研究，34（2），pp.44-56.

論文２

Huber, N. (2017) A philosophic inquiry of learning democracy through team sports in physical education: the possibilities and limits, Sport, Ethics and Philosophy, 21(1), pp.13-27.

選定理由

　私は，アメフトにおける危険タックルや野球における報復死球といった相手を傷つけるようなプレーが，なぜスポーツの試合では生じるのかが気になっていた。こうした問題は，選手の倫理観のなさに原因があると思った一方で，指導者がそうさせているのではないかという疑問も抱いていた。そのため，スポーツにおける悪質なプレーの問題点を知りたいと思い，論文１を選択した。

　私は，運動部活動でチームスポーツをやってきたため，チームスポーツは教育によいものであると考えてきた。しかし，その一方で，上にあげたような悪質なプレーがチームスポーツにおいて起きていることも事実である。こうしたことから，チームスポーツは，本当に教育のためになるのかが気になった。論文２のアブストラクトには，チームスポーツによる教育の可能性のみならず，その限界についても論じていると書いてあったため，論文２は私の関心を強く引くものとなった。

参考文献

1) 阿部悟郎：体育哲学−プロトレプティコス，不昧堂出版，東京，p.75, 2018.
2) 阿部　忍：附録Ⅰ 体育原理研究の歩み．In: 体育原理研究会 編，体育の原理，不昧堂出版，東京，p.130, 1965.
3) Breivik G: Being-in-the-void: a Heideggerian analysis of skydiving. Journal of the Philosophy of Sport, 37: 29-46, 2010.
4) Breivik G: From 'philosophy of sport' to 'philosophies of sports'? history, identity and diversification of sport philosophy. Journal of the Philosophy of Sport, 46: 301-320, 2019.
5) 畑　孝幸：体育・スポーツの哲学的研究 40 年の歩み．体育・スポーツ哲学研究，40: 2-6, 2018.
6) Hata T, Sekine M: Philosophy of sport and physical education in Japan: its history, characteristics and prospects. Journal of the Philosophy of Sport, 37: 217, 2012.
7) 林　英彰：第 1 章 古代ギリシアにおけるギュムナスティケーの成立とその体育思想史的展開．In: 片岡暁夫 他 編，体育原理Ⅲ 体育の概念，不昧堂出版，東京，pp.18-40, 1995.
8) Hopsicker PM, Jirásek I: Sport philosophy around the world. In: Torres CR ed, The Bloomsbury Companion to the Philosophy of Sport, Bloomsbury, London, pp.320-337, 2014.
9) 石垣健二：身体教育と間身体性—道徳性の礎として，不昧堂出版，東京，pp.1-429, 2020.
10) 神野周太郎：体育学における成長概念の検討—デューイの教育学を中心として．体育・スポーツ哲学研究，37: 29-44, 2015.
11) 片岡暁夫：体育原理とは何か．In: 中村敏雄，高橋健夫 編，体育原理講義，大修館書店，東京，p.21, 1987.
12) 片岡暁夫 他訳（レンク H，ピルツ GA 著）：フェアネスの裏と表，不昧堂出版，東京，pp.33-50, 2000.
13) 加藤橘夫：第 1 部 総論．In: 日本体育学会 編，体育学研究法，杏林書院，東京，pp.1-2, 1957.

14) 川村英男：改訂 体育原理，杏林書院，東京，pp.107-111, 1985.

15) Kim JH: Research on the existence of victory in competition against oneself (VICAO). Journal of the Philosophy of Sport and Physical Education, 42: 83-96, 2020.

16) 久保正秋：体育・スポーツの哲学的見方，東海大学出版部，神奈川，pp.23-81, 2015.

17) 久保 勉 訳（プラトン 著）：ソクラテスの弁明・クリトン，岩波書店，東京，p.25, 1927.

18) 久野 収 編：中井正一全集 第1巻 哲学と美学の接点，美術出版社，東京，pp.393-421, 1981.

19) 草薙正夫 訳（ヤスパース K 著）：哲学入門，新潮文庫，東京，p.16, 1954.

20) Loland S.: Fair play. In: McNamee M, Morgan WJ eds, Routledge Handbook of the Philosophy of Sport, Routledge, London, New York, pp.333-350, 2015.

21) Lunt D, Dyreson M: A history of philosophic ideas about sport. In: Torres CR ed, The Bloomsbury Companion to the Philosophy of Sport, Bloomsbury, London, pp.20-26, 2014.

22) 前川峯雄：体育学原論，世界社，東京，pp.43-47, 1950.

23) 松田太希：体罰・暴力・いじめ スポーツと学校の社会哲学，青弓社，東京，pp.1-253, 2019.

24) 野家啓一：科学哲学への招待，筑摩書房，東京，pp.93-109, 2015.

25) 納富信留：哲学の誕生 ソクラテスとは何者か，筑摩書房，東京，pp.272-299, 2017.

26) Reid HL: Olympism–a philosophy of sport?. In: McNamee M, Morgan WJ eds, Routledge Handbook of the Philosophy of Sport, Routledge, London, New York, pp.368-382, 2015.

27) Simon RL: Sports and Social Values, Prentice-Hall, New Jersey, pp.13-34, 1985.

28) 佐々木究：J.J. ルソーにおける身体と教育：公教育論に着目して．体育学研究，54: 279-291, 2009.

29) Standal ØF, Aggerholm K: Habits, skills and embodied experiences: a contribution to philosophy of physical education. In: Breivik G ed, Skills, Knowledge and Expertise in Sport, Routledge, New York, pp.53-66, 2018.

30) Suits B: The elements of sport. In: William JM, Klaus VM, eds, Philosophic Inquiry in Sport, 2nd ed, Human Kinetics, Champaign, pp.8-15, 1988.

31) 高橋英夫 訳（ホイジンガ J 著）：ホモ・ルーデンス，中央公論新社，東京，pp.1-477, 1973.

32) 瀧澤文雄：身体の論理，不昧堂出版，東京，pp.1-307, 1995.

33) 田中 愛：身体的可能感についての現象学的考察：〈できる〉と〈できない〉の相互作用に着目して．体育学研究，65: 997-1014, 2020.

34) 田中 愛：スポーツ身体論の現象学的考察―アダプテッド・スポーツ実践に生じる「意味」としての身体に着目して．体育・スポーツ哲学研究，38: 37-50, 2016.

35) 友添秀則：体育の人間形成論，大修館書店，東京，pp.1-372, 2009.

36) 佐良土茂樹：コーチングの哲学 スポーツと美徳，青土社，東京，pp.1-340, 2021.

37) 佐藤 洋：競技者の「よい」行為とはなにか–賞賛される「行為」と「選択」の議論を巡って．日本体育大学スポーツ科学研究，5: 29-39, 2016.

38) 佐藤臣彦：身体教育を哲学する―体育哲学叙説，北樹出版，東京，pp.60-72, 1993.

39) 竹村瑞穂：競技スポーツにおける身体的エンハンスメントに関する倫理学的研究．体育学研究，59: 53-66, 2014.

40) Tuncel Y: Defeat, loss, death, and sacrifice in sports. Journal of the Philosophy of Sport, 42: 409-423, 2015.

41) 関根正美：スポーツの哲学的研究―ハンス・レンクの達成思想，不昧堂出版，東京，pp.1-335, 1999.

42) 渡邊二郎：哲学．In: 廣松 渉，子安信邦 他編，岩波 哲学・思想事典．岩波書店，東京，p.1119, 1998.

2 スポーツ歴史学の思考法—史料・資料の収集と解読

尾川　翔大

はじめに

　スポーツ歴史学における研究方法の主要な要素は，史料・資料を集めて，それをいかに解読するのかである，といってもよい。日本でこれを紹介するものとしては，古典と名高い岸野雄三の手になる『体育史—体育史学への試論』[8]や，稲垣正浩や谷釜了正たちの壮大な構想を披歴した『スポーツ史講義』[4]などがある。一方，イギリススポーツ歴史学者のポリー（Martin Polley）による入門書『Sports History：A Practical Guide』[15]や，ヴァンプリュー（Wray Vamplew）とデイ（Dave Day）の編集による『Methodology in Sports History』[22]という本も多彩な方法を紹介している。いずれもスポーツ歴史学の世界へのよき導きとなるのだが，その成果の深まりや社会の変化とともに，いくつものスポーツの歴史をつまびらかにするための方法が開拓され，紹介されている。

　まずはスポーツの歴史について自分の興味・関心はどこにあるのかを確認してみるとよい。そのために，時代や年代，場所や地域，対象や種目，視点や領域を考えることになる。まずは，オーソドックスな型として，試みに**表2-1**を参照しながら——ここにあがっているものだけではないのだが——，時代や年代を○，場所や地域を△，対象や種目を□，視点や領域を☆として「○の△における□の歴史—☆として」に自分の興味・関心をあてはめてみてもらいたい。ここにあがっているもの以外の言葉をあてはめることは，むしろ積極的に推奨する。この型に言葉をはめてみると——アレンジされてよいのだが——，自分の興味・関心の輪郭が浮かび上がるのではないだろうか。皆さんと同じように，いまや学者といわれるスポーツの歴史に関心を寄せる者たちは，個々人の自由な関心に基づいてオリジナルな○△□☆をイメージしているはずである。そこからできあがる具体的なタイトルは様々になるのだが，1人ひとりの個性を源泉としてユニークなスポーツの歴史が数多く描かれていった。

　スポーツの歴史をつまびらかにするための大学制度や学術団体が，世界の各国や各地域で整えられていくのは，1970年代のことである。これに先立つ1960年代，オリンピックの拡大やスポーツに親しむ人々の増加により，スポーツは世界的な規模での共通語となり，より多くの人が共有できるものとなった。こうした社会におけるスポーツの広がりを受け，いくつかの学術的な専門分野はスポーツを俎上にのせ，逆にスポーツの現場では，現実の問題を解決するには科学的な成果が役に立つと考えるようになった。スポーツは，それを行うこと自体の興味や魅力からだけでなく，徐々に学問の対象として注目され追求され始めるようになったのである[9]。

　こうしたスポーツへの社会的関心の高まりを鋭敏に感じ取る人たちは，「スポーツ史への開眼」として「スポーツという名のもとに，その人間的意味を追求」するようになった[8]。草創期の日本におけるスポーツ歴史学は，「スポーツ社会史」という潮流，「スポーツ歴史民族学」への拡張，「スポーツ技術史」の開拓などをはじめとする様々な試みを通じて，そのありようを模索していた。今日のスポーツ歴史学の動向としては対象，関心，方法を押し広げ，歴史認識の可能性についてまでを含む理

表2-1　スポーツ歴史学の研究対象と研究領域			
スポーツ歴史学			
時代や年代	場所や地域	対象や種目	視点や領域
古代	イギリス	オリンピック	健康スポーツ史
中世	フランス	パラリンピック	スポーツ宗教史
近世	ドイツ	学校体育	医療スポーツ史
近代	…	運動部活動	民族スポーツ史
現代	欧州	武道	スポーツ形態史
…	北米	…	スポーツ産業史
明治	中南米	アマチュアリズム	スポーツ技術史
大正	大洋州	スポーツマンシップ	スポーツ戦術史
昭和	アジア	オリンピズム	スポーツ修錬史
平成	中東	アスレティシズム	スポーツコーチング史
…	アフリカ	…	スポーツ用語史
18世紀	…	野球	スポーツ用具・施設史
19世紀	北海道	サッカー	スポーツ教育史
20世紀	東北	剣道	スポーツ法制史
…	関東	蹴鞠	スポーツ人物史
戦間期	中部	綱引き	スポーツ思想史
総力戦体制期	近畿	チンロン	スポーツ学説史
戦時期	四国	セパタクロー	アダプテッドスポーツ史
占領期	九州	…	…
…	…	嘉納治五郎	
	静岡県	ピエール・ド・クーベルタン	
	浜松市	ベーブ・ルース	
	浜名湖	ジェームズ・ネイスミス	
	…	…	

（文献17を参考に作成）

論的な諸問題を，反省的に考え直すことに及んでいる[1,16]。草創期から今日に至るスポーツ歴史学は，時に哲学，時に人類学，時に社会学など，これらにとどまらない様々な領域との対話を重ねながら，新たな可能性の探究を続けている。

　研究の対象，関心，方法の拡張とともに，スポーツ歴史学で用いる史料・資料の範囲も拡大していくことになる。過去のスポーツをつまびらかにするための手がかりの多くは，過去の痕跡に求められる。その意味で，日本体育大学図書館は，体育・スポーツ・武道に関連する過去の痕跡の宝庫である。日体大図書館は，外部からのコピー依頼や貸し出しの件数も数多い。過去の体育・スポーツ・武道に魅せられる人びとは，日体大図書館に依頼したり，足を運んだりしているのである。日体大に在籍する者にとって，灯台下暗しとはこのことなのであろう。岸野雄三氏，木下秀明氏，中村民雄氏をはじめとする碩学の文庫も併設されている[10]。

　もちろん史料・資料は，国立国会図書館や各地の図書館，資料館，博物館などをはじめとして，国内外のいたるところに眠っている[注1]。東京ドームに併設されている「野球殿堂博物館」，芦屋市立図書館に併設されている「田尾スポーツ文庫」，本章の執筆時には閉館中の「秩父宮記念スポーツ博物館・

注1）　史資料の所在については，いくつかの冊子[11～13]が参考になる

図書館」などが，スポーツについては有名である。有名な選手の名前を冠する記念館も史料・資料の宝庫である。自ら掘り出しものを探そうとするならば，東京都千代田区神保町の古書店街を歩き回って確かめてみるとよい。彩り豊かな古書店が並んでいる。こうした場所に出向き，多彩な史料・資料の1つひとつを手にとって読み進めていくと，豊かなスポーツの歴史に導かれることになる。

　本章では，スポーツ歴史学の対象や関心を参照しながら，方法として史料・資料をどのように収集し，解読したらよいのかについての考え方を提示することにしよう。言い換えてみるなら，スポーツ歴史学の方法論である。そうはいっても，きわめて多様に展開してきたスポーツの歴史をつまびらかにする方法をすべて紹介することは，主に近代日本におけるスポーツの歴史に関心を寄せてきた私の力量からしても，紙幅の関係からしてもできようもない。それゆえに，私なりにとらえた最近のスポーツ歴史学の方法論に関する興味深い到達点や，それを導いた考え方を提示してみることにしよう[注2]。

1. 問いの性質と多様な史料・資料

1）史資料と問いの対応関係

　「しりょう」と聞いて，想起するのは「資料」のほうではないだろうか。「史料」と「資料」，同じ発音の違った単語であるが，分野によっては「資料」と一括りにすることもある。しかし，歴史学では「史料」という単語にこだわっている。ここでいう「史料」とは，基本的に文字で書かれた情報源である。これに対して「資料」とは史料より広い概念で，物体や映像さらには発話まで含まれており，情報を持つものすべてとみなす考え方もある。定義が厳密に共有されているわけではないのだが，日本では，歴史の「しりょう」を史料と書く慣習が定着している。非常に大まかには，歴史性をどのように考えるのかが，史料と資料を分かつ要素の1つである。このような点を念頭に置きつつ，ここからは史料と資料を合わせる場合は「史資料」と表記する。

　いずれも，歴史に迫るための材料であるのだが，歴史学には史料論として古文書学，史料調査法や史料整理論などの領域があるし，大規模災害時の被災歴史資料や災害資料を考える分野もある。これらは，史資料の保存・記録・活用などを考えるのだが，時代によって，史資料の残り方も様々になる。意図的に残された史資料もあれば，意図せずして残される史資料もある。史資料を集める時，まずは，この史資料はなぜ残されているのかを考える必要がある。

　絶えず産出される史資料を逐一チェックし，網羅しておくことは容易なことではない。それでも，史資料を可能な限り網羅する一覧をつくり，発行年，著者，頁数などの基本的な情報を記載する取り組みは，スポーツ歴史学でも行われている[7]。こうした取り組みを足掛かりにして，1つひとつの史資料を手にとってみるのもよい。さらには，膨大に収集されてきたスポーツの史資料の散逸を防ごうとする取り組みにも力が注がれている[注3]。もちろん，すべての史資料を記録して保存することは不可能である。それでも，後世の歴史家の仕事は，今を生きている人たちの史資料の保存いかんとかか

注2) 本章で紹介するアイディアについては，文献14，20などをはじめとする史料論の世界における様々な論点，そして，歴史学の入門書として定評のある文献2に関する考え方を参考にしている。史料論をより理解しようとするならば，これらはよき導きの糸となる。

注3) 今日でいえば，秩父宮記念スポーツ博物館・図書館に所蔵されている史資料の問題がある。旧国立競技場が東京2020オリンピック・パラリンピック大会のために造り替えられるにあたり，それまで旧国立競技場に併設されていた秩父宮記念スポーツ博物館・図書館は新国立競技場から姿を消すことになった。その行方は不透明な状況である。そのため，今後のための取り組みが精力的に行われている。

わってくる。

　スポーツ歴史学における問いの対象と性格が多様化してくると，手がかりとしての史資料もまた，多様化する。スポーツと政治がかかわるスポーツ政策史やスポーツ制度史などで用いる史資料と，スポーツを実践する人間の姿を描き出すスポーツ技術史やスポーツ練習史などで用いる史資料とは，大きく異なってくる。

　スポーツと政治がかかわる歴史を問おうとする場合，史資料は，省庁の刊行物，または，政治家や官僚の発言などが重要になってくる。政治家や官僚の個人的な史資料も重要であり，近代以降のそれは国立国会図書館の憲政資料室や個々人の記念館などに所蔵されている。これらの公的な性格をもつ史資料は，国政とのかかわりがあるため比較的残りやすかった。史資料が豊富ということもあり，スポーツと政治がどのようにかかわっているのかに関する歴史学研究は草創期から蓄積されてきたが，そこでは人間がスポーツに込めた政治的な意図が問われている。

　一方，人びとが日常においてどのようにスポーツを実践していたのかを描き出そうという試みは，社会史のカテゴリーにあり，後発の部類である。この場合，スポーツ雑誌や新聞などは，まず目を通してよいものである。これらに掲載されるのは，試合結果をはじめとしておよそ有名な選手たちである。有名な選手については，伝記や関係者の見聞録をはじめとして史資料が残りやすい場合もある。けれども，名の知れない人びとの日常的なスポーツに接近しようとすれば，史資料がまとまった形で残されていないこともまた多いのである。そうした人びとによるスポーツの痕跡を明るみに出すには，人目につかない史資料を発掘する必要がある。同人誌や個人日記などの史資料を探しあてることも目指されるが，これについては深められているとはいえないのが現状である。

　どのようにスポーツの実践をしていたのかを調べる場合にも，観点や取り上げ方によって史資料の扱い方も変化してくる。例えば，スポーツ技術を調べる場合，コーチによる指導書の類に記されている技術は，「理想の動き」であって，「実際の動き」とは限らない。指導書に書かれている技術が試合で実現する場面は限られている。どのような場面でも，理想は実態ではないという，ごく当然の認識を忘れないようにすることである。また，観た者の主観性は否めないにせよ，「新聞記事」や「雑誌記事」から試合で用いられた技術の様相を垣間見ることができる。さらに，現役選手による技術論があれば，それはより実践感覚を伴っている。史資料から「実際の動き」に迫ろうとすれば，その作成者が「する人」なのか「見る人」なのか「教える人」なのかが視野に入ってくる。スポーツの実践を論じようとする時に用いる史資料は，読み手が実践感覚を備えてスポーツを理解していなければ読み切れない部分があることも考慮しておく必要がある。

　何を問うのかによって，多様な史資料にも複層性が生まれて序列化されることになる。史資料の利用にタブーはないが，多様な史資料の探索と突き合わせが重要で，自分の視点や関心に照らしていかに適切な史資料を見出せるかが，歴史を考える感性を磨くのである。

2) 叙述の性質と根拠としての史資料

　かつての体育史からスポーツ歴史学へと拡張する中で，この地球のどこにでも，あるいは，いつの時代の人類であっても，そこにはスポーツらしき活動の歴史が存在するという壮大な構想が育まれていった。この壮大な構想に基づいてスポーツ歴史学における問いが多様化してきたのである。といっても，その問いに対応した手がかりがまったくなければ，過去の痕跡に迫りようもない。歴史を描けるか否かは，基本的に史資料の残存状況に規定されている。

　スポーツ研究では，いくつかの歴史を描く分野があり，スポーツ歴史学に近しいところでいえば，スポーツ歴史社会学，スポーツ歴史人類学などがある。これらは社会学や人類学などの関心，方法を用いて歴史を描こうとする。いずれも過去の世界へと誘ってくれるという意味で魅力的なものである。しかし，これらは字面こそ似ているように思うかもしれないが，同じ歴史を描くにしても，叙述の性質や史資料の取り扱いに違いがある。

　歴史学者と人類学者や社会学者とでは，同じ歴史を扱ったとしても，何を描き出したいのかが異なってくる。歴史学者が描き出したいことは，基本的に時間の流れによる変化である。取り上げる事柄を事細かに時系列で並べた時に浮かび上がってくる時代のありようとその変化，そして変化の要因を明るみに出そうとする。人類学者が「○○の人類史」のような大きな歴史を描くこともあれば，社会学者が近代と前近代を取り上げてその構造の違いを説明する場合もある。しかし，それらはいずれも最終的には人類学や社会学として何らかの理論を練り上げることを志向していて，歴史学のように細かい史実の叙述自体が主たる関心というわけではない。人類学や社会学において，歴史は基本的に理論や解釈の根拠や実例として扱われる。これらに比べると，1回だけのできごとや事件を事細かに描き出し，そこに人物や年号が欠かせないのも歴史学の特徴である。

　豊饒な歴史を考えるために，歴史学と人類学や社会学は，どこが同じで，どこが違っているのか，どう協力できるのか，という点は重要である。それぞれは排除しあうのではなく，協力関係にある。最終的に提示される歴史像を価値のあるものにするために，それぞれが持っているよさと限界を意識しながら，協力関係を結んでいくことである。歴史学として過去を再構成するためには，史資料とともに人類学や社会学，あるいは他の様々なデータを活用することは，取り扱い方を間違えなければ有益である。

　歴史学では，史資料によって歴史を描けるかどうかを確認する必要がある。歴史学では，基本的に歴史的事実として確認されたものを扱うことになる。その場合，人間観やスポーツ観など色々なものが解釈の中に入ってきても，提示される歴史像はあくまでも歴史的事実から逸脱しないということが前提になる。そのため，古代の神話とか伝説は，史資料としての価値がないというわけではないのだが，歴史的事実として扱うことは難しくなる。あるいは，歴史的知識や取材で得た情報を背景とする歴史小説のように，物語をよりおもしろくするための史資料に登場しない，つまり架空の人物やできごとを挿入することもない。

　歴史学では，実在しない人物やできごとを挿入してはならないし，存在の確証がとれないものは推定であることを明示しなければならない。新たな歴史像を描くにしても，自らの叙述や議論を成り立たせている史資料が実在しなければならないし，それなくして歴史学は成立しない。もちろん，探偵のごとく史資料を集めて状況証拠を積み上げることを通して推理や推論をしてみることは重要である。歴史像を提示するにあたっては，解釈が不可欠につきまとう以上，推理や推論できる歴史学的センスが必要である。しかし，情報源としての史資料には，常に断片的でしばしば間接的という意味での限界があり，その中でしか歴史学は歴史を描けないという制約がある。

　そのために，歴史学者の書き物には多くの注釈がある。これは，確かな史資料に支えられて書かれたことを示すものであるが，書き手にとっては証拠であり，読み手にとっては検証するための素材である。読み手は素材となった1つひとつの史資料を確認し，提示された歴史像が確かなものであるのかを考えることができる。場合によっては，素材となった史資料を確認していくうちに重要な発見をし，新たな歴史像を展望することに繋がることもある。

大切なことは，問いと史資料は対応する関係にあるということである。歴史学と歴史人類学や歴史社会学では，明らかにできる範囲が異なるのであり，それにより史資料の扱い方も異なってくる。歴史を描くためにふさわしい史資料を選び取る感性が求められる。

2. 非文献史料の可能性

1) 多様な史資料の分類

歴史学において史資料は命ともいうべきものであるが，今日のそれは多様化している。20世紀初頭，フランスのアナール学派によって社会史への道が拓かれ，歴史叙述における対象や地域の拡大が図られていき，論拠として求める史資料の範囲にも広がりがみられるようになった。日本において，この潮流を受けたのは民俗学であったが，やがて日本歴史学にも取り入れられた。1970年代以降の日本歴史学は，これまで主たる論拠としてきた文字史料だけではなく，図像も史資料として用いるようになった。写真も史資料の範疇にある。文字史料のみでは浮かび上がらせることができない過去の痕跡を映し出す図像は，貴重な史資料である。

スポーツの歴史を描く方法を考える場合，史資料をどのように分類するのかは，避けては通れない問題である。スポーツを実践するための道具や施設，動きを描いた図像などの非文献資料も，重要な情報源である。一口に史資料といっても，くまなく探しているうちに様々な種類のものが見つかるようになる。1つひとつ分類してみるとよい。もちろん，関心の寄せ方によって分類の基準や位置づけは様々になろう。谷釜尋徳が試みとして大正末期から昭和初期の日本におけるバスケットボールの技術史研究を念頭において，史資料の分類を試みた表を作成しているので，ここに掲載しておきたい（**表2-2**）[18]。もちろん，時代によって残される史資料は異なるし，同じ時代であっても種目が異なれば別の項目が設定されることになる。みなさんも分類表を考えてみてほしい。

情報源としての史資料は，まず大きく分けると，人間が何らかの手を加えた結果として生み出され，残された人工物と，そうではない自然にかかわるものとに二分してみると考える幅が広がってくる。自然が資料とは違和感を抱くかもしれないが，自然環境下で行われるスポーツを念頭に置けば，その条件に呼応する形で1つひとつのスポーツのあり方が形づくられ，技術や道具が具現化されていることがわかるだろう。

表2-2　バスケットボールの技術史研究に関する史料分類

史料分類	媒体	一次史料の具体例
文献史料	文字	指導書
		雑誌記事
		新聞記事
		記念誌
		メモ書き
		ルールブック
		スコアブック
		大会プログラム
		カタログや広告のキャッチコピーなど
準文献史料	静止画	指導者の写真やイラスト
		雑誌記事の写真やイラスト
		新聞記事の写真やイラスト
		カタログや広告の写真やイラスト
		絵葉書
		スナップ写真など
	動画	試合や練習を撮影したVTRなど
非文献史料	記憶	インタビュー資料など
	音声	ラジオの実況中継など
	施設・用具（原物）	ボール
		シューズ
		ウェア
		ゴール
		コートなど

（文献18より引用）

スポーツの舞台となった場所の地形や気候といった自然地理的な条件がスポーツの実践を規定する面がある。さらには，動物も自然と括るならば，闘鶏や闘牛をはじめとする動物スポーツについても，人と自然のかかわり方をつまびらかにするものである。その1つひとつの土地で動物をどのように考えかかわっているのかが，動物スポーツの実践に反映されている。

　人間が自然条件に働きかけた結果としてできあがったスポーツの環境は，人為的なものと自然的なものの双方が混在する境界的な場とみなすこともできる。例えば，スキー場やスケート場の開発によって，その場の景観が変わり，土地柄も変容していくことになる。また，人工降雪機により人為的に雪を再現する技術も駆使されるようになり，自然環境を人工的に作り出したうえでスポーツを行うことができるようになって久しい。今では，エクストリームスポーツという名のもとに，自然環境下でリスキーなスポーツを実践する姿に惹かれることもあるだろう。人間がスポーツの名を掲げて開発する中で，環境がどのように変化し，そこに住まう人びとに影響を及ぼしてきたのか，それは今日，持続可能性（sustainability）という言葉と切り結ぶかたちで問われている。

2) モノに問いかける

　スポーツを実践しようとする手前で，ふと辺りを見回してみると，「モノ」に囲まれていることを改めて実感する。それらは，ひとりでに何かを語ってくれるものではないのだが，それに問いかけることができれば，持ちうる情報を提供してくれるものである。具体的な物体としての「モノ」が歴史を読み解く手がかりになる，ということである。スポーツの実践は，つくられた施設の中で，道具を用いて具体的に展開されている。

　スポーツを実践するためのスタジアムや空間の配置などは，物理的空間としてのモノである。それらは人工的につくられたモノである以上，そこから歴史的な変遷を読み取ったり，支配者の政治的な意図，宗教観などに迫る手がかりになったりする。例えば，古代ローマでは「パンとサーカス（panem et circenses）」といわれるように，円形闘技場で支配者が市民にスペクテイター・スポーツを提供した[6]。また，古代エジプトでは，王や貴族がショー・スポーツを楽しんだ[21]。スタジアムのつくりから，設計者が集まった人に何をみせようとしたのかを浮かび上がらせることができる。これらの一部は現存しているので，ぜひ実物をみてもらいたいのだが，歴史的な建築物がそれぞれの時代の技術や思想を考えるための重要な手掛かりにもなる。

　練習の環境がどうなっていたのか，その設備の状況や空間の配置のあり方が，そこでスポーツをする人びとのスポーツ観，あるいは技術や身体能力にかかわる重要な要素になってくる。とりわけ，スポーツの競技性が重要になった近代以降，試合と表裏一体のものとして練習にも時間がかけられるようになり，そのための日常的な練習の環境が整備されるようになった。また，移動手段の整備状況は，チーム同士の練習試合や合同練習をはじめとする遠征の可否を規定し，その接触が道具や技術の交換の機会になりもする。もちろん，諸外国への遠征の可否も考えねばならない。外部の人との接触があるのかないのか，接触するとすればどの程度の距離と頻度が可能になるのかは，いずれもスポーツ観や技術を歴史的に問ううえで重要な要素になってくる。

　もちろんスポーツの道具も重要である。それぞれの時代に，それぞれの社会が，あるいはそれぞれの社会層が，どのような道具や材料を利用できたのかは，人びとのスポーツ活動の可能性や限界にかかわる重要な要素であり，手がかりである。例えば，蹴鞠のボールは，近代工業技術が生み出したサッカー，バスケットボール，バレーボール，テニスなどの専用球のように，内部の空気圧が外部の気圧

より高いわけではなく，表皮も頑丈ではなかった。そのために，巧みな足さばきでボールを地面につけずに上空に蹴り上げるプレーには耐えられても，ボールをバウンドさせたり，打具や手で強打したり，激しい奪い合いのようなエキサイティングなプレーには不向きであった[19]。ボールゲームのプレーは，使用球の構造や性能によって制限されている。道具の大量生産が可能なのかどうかもスポーツの拡がり方を浮かび上がらせる。ある特定の人びととの間でのみ実践されるのであれば，そのプレースタイルにはその人々の価値観が反映されることになる。

しかし，日常的に使用するような道具は消耗品である。人は，将来の人がそれを手掛かりにして歴史を考えると思うことは少ない。そのため，道具は傷めば捨てられてしまうのである。物好きでもなければ，意識的に収集し保存することもない。けれども，残された道具には確かな使用の痕跡がある。野球のグラブには捕球の痕が残っている。剣道の竹刀には打突の痕が残っている。触れてみると，過去の人がどのように道具を使用していたのかを想像することができる。それは，人間が道具をどのように使用していたのかを理解するための深度とふくらみをもたらすものである。

モノが製造されるには，職人といった担い手や，工場といった場所も関係してくる。モノ自体は，それらが生産される仕組みや技術に関係しており，それらの使用のために必要となる社会の仕組みにかかわっている。モノを製造するための材料がどこから仕入れられているのか，さらには，製造されたモノがどのように人の手に渡っているのか，というモノがどのような経路を通って流通しているのかという問題もある。

3. 史資料を解読するにあたり

1）図像資料から歴史を読む

スポーツを映し出す図像資料は，多彩な情報をもっている。それを眺める者には，歴史の知識や他の史資料と突き合わせながら，その1つひとつを歴史的に読み取っていく作業が必要になる。図像資料は，文字によってしか知りえないものを具体的にイメージしたり，実感を与えてくれるものである[注4]。

スポーツらしき活動を描いたものは，これまでにも数多く確認されている。壺に描かれた古代ギリシアのスタディオン走をはじめとして，平安末期の貴族の蹴鞠や，江戸時代の綱引きなど様々である。絵画の場合，もちろん抽象画が現実を描き出すわけではないが，描かれたものをそのまま受け取ってよいわけではない。逆に，写実的なものであっても，それを描いた人の意図に想像を巡らせる必要がある。それぞれの時代や社会で，描き方の規範や作法があり，さらには道具も描き手を拘束している。何に描かれているのかも重要である。絵画がいかにして描き出されるのかへの理解がなければ，そこから史実を引き出すことは難しい。あるいは，史実ではないものが描かれている可能性もあるとすれば，それを描いた人間の意図が問題になってくる。

では，写真ならば現実を写すものとして信頼しきってよいかといえば，これも慎重に取り扱わなければならない。ここでも写真を撮った人物の意志が介在していることを忘れることはできない。写真を写した人がどのような立場なのかで，撮影可能な被写体は変わってくる。さらに，カメラアングル，レンズの種類，シャッタースピードといったカメラの性能によって，写真のできばえは変わってこよ

注4）スポーツの歴史を物語る豊富な図像資料については，文献3を参照。

う。動きを分析する場合，連写が可能なカメラなのかといった性能もかかわってくる。静止したポーズを繋ぎ合わせて連続写真とする場合と，静止することなく動きのままの連続写真を可能とする場合とでは「動きの時間」の有無が発生する。そこでは，運動経過やスピード感といった実践感覚がかかわってくる。

運動具店のカタログや雑誌広告などに掲載された写真は，道具の実態に迫るための要素として活用できるものでもある。例えば，スポーツという言葉が社会に浸透し始めるとともに，スポーツ雑誌が増加する日本の 1920 年代になると，そこには運動具店から見栄えのよい道具が掲載され，商品の宣伝に力が入れられるようになる。道具の流通という面をとらえることができるが，一方で，写真のみでは道具がどのように使用されたのかという部分にまで迫ることは難しい。ボールであれば「やわらかさ」や「かたさ」を写真から判断することは難しい。そのため，道具の実態は同時代の使用者の実感と併せて検討される必要がある。

映像を資料として活用しようという構想も生み出されている。スポーツの実践を映し出すものは，特に技術史・戦術史にとっては貴重な情報源である。写真では「読み取る」ことができない運動経過やスピード感を眼でみて確かめることができるし，「動きの時間」をつかむことにも繋がる。ただし，今のところ，映像を巧みに用いてスポーツの実践を歴史学として明るみに出すことは，未開拓な領域であることから，多様な史資料との突き合わせが必要であることに変わりない。

スポーツをするための競技場の設計図からは，設計者がスポーツをどのように魅力あるものとして演出しようとしていたのかがみえてくる。そこには，経営者や支援者がスポーツをどのように活用しようとしているのかという戦略も入ってくるだろう。もちろん，種目による競技特性を鑑みる必要性も出てこようが，観客を惹きつけるための諸条件を設計図から浮かび上がらせることができる。あるいは，街づくりと連動するかたちで競技場がどのような場所に配置されるのかという点も重要である。この場合，地図を読むことになるのだが，どのような人を競技場に誘おうとしたのか，そこには時どきの社会の移動手段もかかわってくる。それぞれの行政機関や自治体の首長のビジョンや，現場で実際に動く担当者の足跡も視野に入ってこよう。

2) 文字史料の解読

非文献資料の取り扱いに様々な注意が必要であるのと同様，文字史料の活用にも前提となるいくつかの注意事項がある。まずは，手にとった史資料の性格をはっきりさせる必要がある。いつ，どこで，誰によって，何を目的として，どのような書式や媒体，手続きのもとに記されたのか，文字史料が生み出された脈絡が問われると同時に，どのような脈絡で残ったのか，あるいは残されたのかについても考える必要がある。文字史料を残す側が，どのような考え方のもと，何のために，誰に向けて書いたのかも，文字史料を読むうえで欠かせない。もちろん，たまたま残ったということもあろうが，意図的に残されたり，意図的に捏造されたり，消去されたりすることもある。文字史料にかかわる人の意志を汲み取らねばならない。文字史料がない，ということも，「ない理由」を探ることを通して歴史を考えることにもなる。

グーテンベルク革命などといわれるように，活版印刷がもたらした文書作成の技術革新の影響はとても大きかった。特に機械化が進む 19 世紀以降ともなれば，紙の安価な量産とあいまって，作成される文書の量は飛躍的に増加した。一点物でしかなかった文字史料は量産されるようになった。新聞社をはじめとする文献史料を産出する人や機関が増加してくると，1 つのできごとに対して，それぞ

れが見解を書き連ねるようになる。立場が異なれば見え方が変わるという当然の認識も，抜きにすることはできない。そのために，書き手が基本的な事実を誤って記述してしまうこともあり，あるできごとが起こった年月日が史資料ごとに異なってしまっていることもある。可能な限り，多様な史資料に目を通し，確定可能な基本的事実を押さえなければならない。

文字史料が残される／残されない要因の1つには，国家間や地域間の関係性がある。大英帝国が世界進出を図り植民地主義が世界を覆う19世紀，この国に由来するフットボールやラグビーなどのスポーツが世界に伝播していった[5]。この時，宗主国側の言語，つまり英語で書かれた文字史料が比較的多く作成され，残りやすかったことも事実である。大英帝国の植民地とされた国や地域の言語で残された文字史料の残り方は，それとは対照的な状況となる。1つひとつの文字史料は，誰が書けたのか，なぜ残せたのか，といった諸点を考えてみる必要がある。すべての人が文字を残せてきたのではない。

文献史料がどのような性質をもつものかを分類することは，基準の立て方によって異なるため，なかなか簡単にはいかない。スポーツと政治の歴史を論じようとするならば，省庁発行物や講演録などの公文書と，日記や書簡などの私文書という分類が有効な場合もある。人は自らの立場を自覚し，場に応じた発言の内容を考えるため，公的発言と私的発言のように分けて考えられる場合もある。しかし，人はそれほど簡単に割り切れるものではない。1つひとつの文献史料には公と私が混ざり合っていると考えることも重要である。

残された文字を読むにしても，それを，今を生きている私の感覚で理解してはなるまい。1つひとつの言葉の意味は，時代ごとに異なっている。例えば，戦後の日本語国語辞典の『広辞苑』は，1955年に第1版が出版されたが，機会あるごとに改訂され，2018年に第7版が出版されている[注5]。およそ60年の短い間に日本語は変化し続けているのだから，それよりも前の言葉の意味を，今を生きている人が容易に理解できるわけではない。時代や地域が異なれば，それは一層顕著になる。勝手な思いつきでは言葉の意味は解釈できないし，正確に理解しなければ過去を生きた人たちに対する冒涜になるだろう。

関連して，言葉の意味は，その1つひとつの言葉が置かれた文脈を理解して初めて浮かび上がらせることができる。歴史学は，ある視点や関心に基づいて歴史を再構成するために，すべての史資料を用いることはせず，言葉を切り取ることになる。ただし，その言葉を発した人の意図や作成者の考えを抜きにして，都合よく言葉を切り取って解釈してよいわけではない。自らが抱く先入観にあてはまるものや，都合のよいもののみを組み合わせていくと，過去は歪められていくことになる。文字史料として言葉を紡いだ者がみていること，考えていること，置かれた状況を基点にして，言葉に込められた意味を理解することを心掛けねばならない。

かつては，史資料を持っているということが，歴史学を志す者にとって重要な要素になっていた。従来は，資料館や図書館などに行かない限り，希少な史資料や絶版の書籍を手元に置くことは容易ではなかったためである。しかし，インターネットによる史資料の検索，デジタル化された史資料の閲覧が可能になって久しい。場合によってはテーマごとに分類整理されたものが参照可能になるなど，歴史学の史資料を取り巻く状況はかなりの速度で変化している。遠い場所に所蔵されている史資料に，出向かずともアクセスできる環境が整えられている。特に，コロナ禍は史資料の公開を急速に後押しした。それらを有効に活用しない手はない。

注5）2017年の『広辞苑』の第7版に「オリンピズム」という言葉が初めて収録された。この言葉の日本での受容については，文献23を参照。

しかし，史資料の収集は歴史を考える者にとって重要な要素であるが，それで終わりというわけではない。必要な一部の史資料のみを閲覧して収集するということにもなりやすく，視野狭窄に陥りかねない面もある。可能な限り多くの史資料を収集し，それを解読し，そこから新たな歴史像を提示するという，最終的な目的を見失ってはならない。

4. 研究例

研究例（サンプル）
1920〜1930年代における東京六大学野球に関する歴史学的研究
—選手側の史資料からみる練習を中心に—

【はじめに】

　近代以降，スポーツ実践において練習が重要視されるようになった。スポーツ歴史学として練習の実践を論じることは，ねらいや方法がどのように変遷してきたのかを具体的に描くことである。

　これまでのスポーツ実践の歴史を論じる研究の多くは，一方で練習の成果を発揮する試合を取り上げ，他方で指導者側の書き残したものを主要な史資料としてきた。しかし，練習は試合に向かうものでありつつも日々のスポーツ実践を考えれば試合はその一局面であるし，指導者の主張は実態を踏まえつつもそれとは位相の異なるスポーツ実践の理想像が記されることが多くなる。そこでスポーツ実践により接近しようとするならば，実践者側としての選手の書き物を中心的な史資料にして練習を辿ることも方法の1つではないだろうか。

　そこで本研究では，草創期から1920〜30年代の東京六大学野球を対象にして，選手側の史資料を用いることで，練習する選手たちの諸相を浮かび上がらせることを目的とする。

【草創期の大学野球部の練習】

　1902（明治35）年に早大に入学した泉谷祐勝は「組織立つた野球部もなく，各中學から集つた連中が寄合世帯の如く狭い運動場で球投げ球拾ひをやつてゐる有様だった」という。また，早大は「揃つた練習などは一度もやらない。個人々々の力倆は充分あつても，チームとしての實力は疑わしい」という状態であった。慶大の「野球部の第一回卒業生」の渡辺万次郎は「当時の慶応の野球のグランドは稲荷山にあって，これも正規のものでなく，細長い形をしたもの」であり，部費が十分ではなかったため「傷んだボールや他の道具は部員が皆してつくろったりして使った」と回顧している。

【1920〜30年代における東京六大学野球の練習】

　1920年代に入ると，東京六大学野球は「我が國で行はれる野球の内で，一番技術の點に於て發達」しているといわれるようになった。

　慶大の川瀬進は「殊に捕球は練習をすればする程確實になつて行くもの」と言い，早大の伊達正男は「バッティングに於ける上達はただ研究と努力と練習を於いて他にはありません」と主張している。強豪とみなされていなかった立大の太田清一郎は「どうも毎度／＼負けてばかりいてもはじまらない。隙をねらって勝ってやらう等と思ひ始めまして，練習にも気勢が違って来ました」という。

　そして，練習は試合での役割に基づいて行われるようになる。早大の水原義明は，一番打者は「毎日の練習に於きまして細心の注意を拂ひ，確實なるバッティングを行ふ様にしなければなりません」と主張している。明大の中村峯雄は「私はカーヴやストレートへ投球の練習をする以前から」補助運動やランニングを行い，春のトレーニングのための準備として「これを毎日毎日必ず實行いたしました」としている。

【おわりに】

　練習は 1920 ～ 1930 年代になると内容・環境が整えられ，試合の準備という性格を強めながら日常化した。そこで選手の役割が明確化し，練習の内容は体系化されていった。選手は日々の練習の只中で試行錯誤しているのであり，ここに競技水準が向上する素地の 1 つがあると考えられる。

【主要な参考文献】

岸野雄三 他編：スポーツの技術史―近代日本のスポーツ技術の歩みー，大修館書店，東京，1972.
慶応義塾野球部史編纂委員会編：慶応義塾野球部史，慶應義塾体育会野球部，1960.
飛田穂州：早稲田大学野球部五十年史，早稲田大学野球部，1950.
神吉英三 監：誠文堂野球叢書（全 8 巻），誠文堂，1931.

5. 課　題

1）文字の史料・資料を解読するにあたり，重要な事柄は何だろうか。

2）モノや図像の史料・資料を活用するにあたり重要な事柄は何だろうか。

3）身の回りにある貴重と考える史資料を 1 つ挙げ，その特徴について説明しなさい。

参考文献

1) Delheye P, ed.：Making Sport History：Disciplines, Identities and the Historiography of Sport, Routledge, London, 2014.
2) 福井憲彦：第 2 章 証拠としての史料・資料. In: 歴史学入門，新版，岩波書店，東京，2019.
3) 稲垣正浩 他編：図説スポーツの歴史―「世界スポーツ史」へのアプローチ，大修館書店，東京，1996.
4) 稲垣正浩，谷釜了正 編：スポーツ史講義，大修館書店，東京，1995.
5) 石井昌幸 他訳（アレン・グットマン 著）：スポーツと帝国―近代スポーツと文化帝国主義，昭和堂，京都，1997.
6) 鎌田博夫 訳（ポール・ヴェーヌ 著）：パンと競技場―ギリシア・ローマ時代の政治と都市の社会学的歴史，法政大学出版局，東京，1998.
7) 木下秀明 他編：体育・スポーツ書解題，不昧堂，東京，1981.
8) 岸野雄三：体育史―体育史学への試論ー，大修館書店，東京，1973.
9) 岸野雄三：スポーツ科学とは何か. In: 朝比奈一男，水野忠文，岸野雄三 編，スポーツの科学的原理，大修館書店，東京，p.79，1977.
10) 宮原柔太郎：日本体育大学図書館の活動とこれから―体育スポーツを支える図書館を目指して. 現代の図書館，58(2)：73-81，2020.
11) 日本博物館協会 編：特集 スポーツと博物館. 博物館研究，55(7)，6-27，2020.
12) 日本図書館協会 編：特集 スポーツと図書館. 現代の図書館，58(2)，67-99，2020.
13) 日本図書館協会 編：特集 図書館とオリンピック. 図書館雑誌，114(5)，235-253，2020.
14) 大津透 他編：岩波講座 日本歴史 第 21 巻 史料論，岩波書店，東京，2015.
15) Polley M：Sports History：A Practical Guide. Palgrave, Basingstoke, 2007.
16) Pringle R, Phillips M, eds.：Examining Sport Histories: Power, Paradigms, and Reflexivity, Fitness Information Technology, Morgantown, 2013.

17) 谷釜尋徳：バスケットボール競技史の対象と領域．In：谷釜了正 監，バスケットボール競技史概論，流通経済大学出版会，茨城，p.13，2018．

18) 谷釜尋徳：バスケットボールの技術史研究に関する一考察—日本を対象とした研究の場合．バスケットボール研究，1：87-98，2015．

19) 谷釜尋徳：ボールと日本人—する，みる，つくる，ボールゲーム王国ニッポン，晃洋書房，東京，p.32，2021．

20) 東京大学教養学部歴史学部会 編：史料学入門，岩波書店，東京，2006．

21) 津山拓也 訳（ヴォルフガング・デッカー 著）：古代エジプトの遊びとスポーツ，法政大学出版局，東京，1995．

22) Vamplew W, Day D eds.：Methodology in Sports History. Routledge, London, 2018.

23) 和田浩一：オリンピズムという思想—新しいオリンピズムの構想への序章．現代スポーツ評論，23: 62-71，2010．

3 私たちの社会にスポーツがある意味について調べる

冨田　幸祐

1. 問題だらけの現代スポーツ？

　私たちが生きる 21 世紀は日本中，いや世界中にスポーツが溢れているといっても過言ではない。見るスポーツ，読むスポーツ，支えるスポーツといったように様々な文化領域と結びついている [2]。つい 50 年ほど前に遡れば，ここまで多くの人にスポーツを実践する機会が存在していたとはいいがたい。スポーツに対するイメージや認知度はあっても，スポーツにかかわることを職業とするのが非常に難しかった。その頃から比べれば，現代社会はスポーツをめぐる環境が格段に向上してきているといっても大げさではない。しかし，スポーツを取り巻く社会状況がこれ以上の発展を望めないほど成熟し，満足できるものとなっているだろうか。私たちが暮らすこの社会において，スポーツは完璧な環境下におかれ，誰もが不平不満もなく，楽しく，そのよろこびを享受することができているだろうか。もっとシンプルに問いかけよう。

　「スポーツはこのままの形でよいと思いますか」

　東京 2020 オリンピック・パラリンピック競技大会（以下，東京 2020 大会）直前に，私たちが直面した新型コロナ感染症という世界規模の災禍は，有無をいわさずに，私たちから「スポーツがある日常」を奪っていった。しかしそのまま世界中からスポーツがなくなってしまったわけではない。感染症対策が講じられる中で，スポーツは早い段階から再開が模索され，コロナ禍により延期となった東京 2020 大会も 2021 年夏に開催された。

　一方で，コロナ禍が長引く中で，こうしたスポーツ大会の開催，そして何より東京 2020 大会開催の是非については，開催直前，そして開催されてからも喧々諤々と議論が続いていた。コロナ禍という状況下で，それでもスポーツは求められたともいえるし，こんな状況では求められなかったともいえる。相反するスポーツへの見方の存在（特にスポーツに対する否定的な見解）が，これまで以上に可視化され，「なぜ私たちにスポーツが必要なのか」という問いを強烈な形で突きつけることとなった。

　『大学体育・スポーツ学への招待』[12] 第 3 章では，現代社会におけるスポーツのありようとその問題点について取り上げた。政治的な緊張関係にある国同士のスポーツ交流が行われる際の政治介入の別という原則，そして政治介入の行使。性差・性別によるスポーツのあり方。メディアにのって社会に広がるスポーツと，メディアによる統制を受けるスポーツの姿。

　コロナ禍におけるスポーツをめぐる様々な声，そして 3 つの事例を通して見えるのは，社会におけるスポーツのあり方には多くの課題が山積しているということではないだろうか。先ほどの問いかけに戻れば，答えは「ノー」だ。スポーツを取り巻く環境や社会との関係には，解決しなければなら

ない課題や問題点がまだまだ多くある。そして課題や問題点は目にみえているものだけではない。いまだ私たちの目に届かず，発見すらされていない課題や問題点がザラにある。

　スポーツを取り巻く環境のよりよい将来のためにも，スポーツと社会の関係について考えること。すなわち，その可能性や限界，享受できている恩恵，課せられた制約を解き明かすことは，体育・スポーツ学にとって重要な営為といってよい。スポーツが現代社会においてどのような立場に置かれているのかがわかれば，今後の展望に多様な選択肢を見出すことができる（ただし，そのためには体育・スポーツにかかわる人々の主体的で意欲のある活動は不可欠である）。ではスポーツと社会についてどのように考えればよいのだろうか。

2. スポーツを考える方法としての「社会」

　スポーツと社会についてどのように考えるか。ここで大事になるのは，当然，「社会」をどのように考えるかである。そもそも「社会」とは何だろうか。ごく一般的な意味内容を示せば，人間の共同生活の総称や，人間の集団による実践や組織的な営みをいう。あるいは世間であるとか，他と区別される人々の集合を指す言葉である。「社会」とは，何らかの人々の集まりを指す。続いて，その「社会」を考える学問として「社会学」や「社会科学」と呼ばれるものがある。

　社会科学は「人間集団（社会）に関する科学」と理解される[7]。1つの学問領域を指すのではなく，政治学，経済学，法学，社会学などの領域の総称である。社会学は社会科学の一領域である。この後，本章では，社会学という学問領域に限定しない形で話が進んで行くことになる。どちらかといえば「社会科学」を念頭に置いている。学問的な限定にとらわれすぎずに，スポーツと社会を考える方法についてみていきたい（が，社会における問題をとらえるという考え方は，社会学においてより顕著であるということは一言加えておく）[4]。

　私たちが生きる「社会」は様々な制度や慣習，常識といったものが複雑に絡んで成立している。そして私たちは意識的に，あるいは無意識的に，それぞれの立場や見方で「社会」に生き，日々過ごしている。その立場や見方はどれとして1つではない（とはいえ，もちろん共有できる価値観は多くある）。このことが意味するのは，課題や問題点のみえ方，ある現象に対する認識の仕方も人それぞれだということである。何か1つの方法や見方でスポーツと社会の関係をすべて解き明かせるわけではない。それぞれの興味，関心といったものからみえてくるスポーツと社会の関係に，浮かび上がる課題や問題点はおそらく無数にあるのである。

　スポーツと社会についてどのように考えるか。このことに対し，本章が準備する答えは，方法だけでなく，その立場や見方を含めて，無数にあるということを理解してほしいということである。

　スポーツと社会の関係にメスを入れるためのやり方は，自ら選び取る必要がある。本章に限ることではないが，この時に大事になってくるのは自身の「問題意識」や「問い」といわれるものになってくる。「興味・関心」という言葉を用いてもかまわない。スポーツを取り巻く環境を自分の眼でみて，肌で感じる中で，自分で解き明かしたい，問題だと感じることを出発点として考えることこそが大事なのである。研究や調査という行為に，こうした動機というのは必要不可欠な要素である。何が知りたいか，なぜそのことを取り上げるかというのは，人から与えられる以上に自分の中から出てくるものであってほしい。そして，それを自分以外の人にも共有してもらうために，研究というコミュニケーション方法を使うのである。

表3-1 日本体育・スポーツ・健康学会 関連領域
体育哲学
体育史
体育社会学
体育経営管理
体育科教育学
スポーツ人類学
アダプテッド・スポーツ科学
スポーツ政策

表3-2 スポーツと社会に関連する学会
スポーツ史学会
体育史学会
日本スポーツ社会学会
日本スポーツ人類学会
日本スポーツ教育学会
日本スポーツとジェンダー学会
日本スポーツマネジメント学会
日本体育・スポーツ経営学会
日本体育・スポーツ政策学会
日本アダプテッド体育・スポーツ学会
日本武道学会
日本野外教育学会

続いて，どのような立場や見方，そして方法が代表的なものとしてあるのかを紹介する。

3. あなたの関心と結びつく領域はあるだろうか

スポーツと社会について考える際にどのような選択肢があるのだろうか。選択肢について知るうえでまず着目するべきは，学会の存在である。スポーツと社会の関係を探っている人たちは，どのような学会に所属しているのだろうか。日本体育・スポーツ・健康学会の専門領域のうち，スポーツと社会について考えることのできる領域として**表3-1**のものがあげられる[9]。また，日本スポーツ体育健康科学学術連合の加盟学術団体一覧をみてみると，**表3-2**のような学会があることも確認できる[10]。このうち，体育哲学（第1章）と体育・スポーツ史（第2章）については，具体的な実践を含めて紹介済みだが，その他にスポーツ社会学，スポーツ人類学，スポーツ政策学，スポーツ経営管理学，体育科教育学，スポーツ教育学，アダプテッド・スポーツ，ジェンダー，スポーツマネジメント，武道，野外教育といった分野があげられる。

これだけスポーツと社会を考えることのできる領域が成立している。裏返せば，それだけスポーツと社会の関係は複雑に絡まりながら成立していることを示している。これらの中から自身の問題関心と重なり合うものを探してみよう。スポーツの推進には国家や地方自治体の存在が欠かせないと考えるなら，国家や地方自治体のスポーツ政策の展開を研究すればよい。それには，スポーツ政策学やスポーツ社会学といった領域がよいだろう。そうではなく，人々のスポーツ実践を個々の事例の中からとらえてスポーツと社会の課題や問題点をとらえたいなら，スポーツ社会学やスポーツ人類学になる。国家や地方自治体といった官公庁だけでなく民間企業によるスポーツを用いた活動や展開も視野に含めたいなら，いわゆるビジネスやマーケティング，あるいはその団体の運営のあり方などを知りたいなら，スポーツ経営管理学やスポーツマネジメントになる。スポーツによる教育，あるいはスポーツを通じた教育について考えるのであれば，体育科教育学，スポーツ教育学，野外教育が当てはまる。そして，日本における独自の身体文化について考えるのであれば，武道は格好の対象だ。パラリンピックに代表されるような障がい者のスポーツについてなら，アダプテッド・スポーツがある。スポーツにおける性別や性差の問題なら，ジェンダーということになってくる。簡単に各領域について列挙したが，皆さんはどの立場からスポーツと社会の関係を考えていきたいだろうか。

4. 読むか，取るか，尋ねるか

自らの立場が決まったとしても，まだ研究に着手することはできない。多岐にわたる領域の中から自らの立場を決めた後，実際にどのように研究を進めていくのか，その方法が必要になってくる。

方法としてあげられるのは，文献調査と社会調査（統計的調査，記述的調査）だろう。

　文献調査については，スポーツ歴史学の方法論として第2章で詳細に紹介されている。文字で書かれた情報源である史資料（第2章参照）を駆使することによって，スポーツと社会の関係を解き明かす。

　文献調査の方法について，日本のスポーツ政策を事例に考えてみよう。日本では現在，どのようにスポーツ政策が推進されているだろうか。そのためにはスポーツにかかわる国の政策文書をあたる必要がある。スポーツ基本法やスポーツ庁による政策文書などをあたり，スポーツ政策の現状や，いつどのようにして政策が変わったのか，スポーツ政策の重要な論点とは何か，書かれている内容から解き明かしていく。スポーツ政策にかかわる主体には，政府だけでなく地方自治体もある。そして，その政策による展開を享受するのは私たち市民である。市民がスポーツ政策の現状をどのように考えているのかを文献調査によって知りたいのなら，まず押さえておきたいのは新聞や雑誌の記事である。官公庁や地方自治体のホームページや，図書館，公文書館，資料館などから該当する史資料を探してみよう。

　続いて社会調査である。社会調査とは「一定の社会または社会集団における社会事象に関して，科学的に，現地調査により直接的に，データを収集し，記述（かつ分析）する過程，およびその方法」[1]のことをいい，統計的（量的）調査と記述的（質的）調査の2つの方法があげられる。統計的調査は，主としてアンケートによって行われる。質問項目を作成し，対象者に回答を依頼する。その方法は，全体を対象とする全数調査と，部分を対象とする標本調査に分けることができる。回答の収集方法としては配票調査，面接調査，集合調査，郵送調査，郵送回収調査，託送調査，電話調査，インターネット調査などがあげられる。全数調査はその字のとおり，調査したい事柄の対象となるすべての人を調査することを意味する。標本調査は，そのうちの一部の人に対して行うものである。例えば，A市におけるスポーツ実施率を調査したいと考えた時に，A市に在住するすべての人にアンケート調査を行うとすれば，それは全数調査に該当する。全数調査を行えば，A市の正確なスポーツ実施率が明らかとなるだろう。しかし，日本のスポーツ実施率について調べたいとなった時，その調査対象はおよそ1億2500万人になる。日本では国勢調査といわれる全国民を対象とした全数調査が実施されているが，これは政府の事業として実施されているものであり，一個人の研究として実施するとなるとスケールとして相当難しい。そこで，用いられるのが標本調査である。標本調査は，対象となる集団（母集団）の規模が大きく全数調査が難しい時に，母集団を代表するようにサンプリングを行い，調査を実施する方法である。この標本の抽出方法には「有意抽出法」と「無作為抽出法」の2つがある。有意抽出法だと母集団の代表的な事例となり，無作為抽出法の場合はある程度多数の標本を集めると推計の結果が安定し精度の高い集計結果が得られる。なお統計的調査には，こうしたアンケートによって得られるデータをもとにする方法だけでなく，官公庁や調査会社などが発表する統計データを用いて二次分析を行う方法もある。記述的調査は，アンケートから統計的に対象の特徴や性質をつかむのではなく，インタビューや聞き取り，参与観察，フィールドワークなどと呼ばれる方法によって，実際に対象となる集団や人物の「話を聞きに行く」ことで得られたデータをもとに分析を行う方法である。先ほどA市におけるスポーツ実施率調査を統計的調査の例としてあげたが，A市のスポーツ実施にある人物や団体が大きな影響を持っていた時，関係者に話を聞いたり，どのような活動を行っているのかを直接みた方が，より正確で細部にわたる情報を直接手に入れることができる。アンケートではみえづらい細部についてみていきたい時，記述的調査は有効となる[8]。

　以上，文献調査，社会調査（統計的調査，記述的調査）の方法について概観してきた。多くの文献

を漁り，その中から課題や問題点を見つけるのか。大規模にアンケートを実施して，その結果から課題や問題点を把握するのか。個別具体的な事例を自分の目で見て，耳で聞いて，足で稼いで調査して，そこから課題や問題点を把握するのか。どの方法も，スポーツと社会の関係を考えるうえでなくてはならないものである。また，場合によってはどれか1つの方法を選ぶのではなく，これらの方法を合わせて駆使しながら，1つの課題をクリアしていくようなこともある。自身の問題関心と照らし合わせて，適切な領域と方法を選び取り，スポーツと社会の関係を探求する営みは続けられる。あなたの問題関心を解決するにはどの方法が適切だろうか。あるいはどの方法を使ってみたいだろうか。

5. テーマに潜む多面性を知る

『大学体育・スポーツ学への招待』[12] 第3章では，スポーツと社会を考えるトピックとして政治やメディア，女子野球選手を取り上げた。その他にも，例えば地域スポーツ，運動部活動，オリンピック，開発など，スポーツと社会の関係を取り巻くトピックはあげればキリがない。繰り返しになるが，トピックが無数にあるだけでなく，そのトピックを調査する方法も無数にある。自身の問題関心との相性で適切な立場と見方を見つける必要がある。ここでは，オリンピックを取り上げてそのキリのなさをみていくことにしたい。オリンピックという誰もが知るメガイベントを，スポーツと社会について考える素材とした時に，その立場と見方によって多くの研究方法が浮かび上がってくる。

初発の動機として「オリンピックの影響について研究したい」と考えたとしよう。しかしこの動機だけでは不十分だ。問いが非常に抽象的である。「影響」と一口にいっても「何の」影響なのか，「誰に対しての」影響なのか，といった具合に言葉が足りていない。上記の問いだけでは研究の要旨をつかむことはできない。例えば，「①オリンピック開催によってもたらされる経済の影響について研究したい」や「②オリンピックが人々に与える影響について研究したい」「③オリンピックが開催地に与える影響を知りたい」といったように，もう少し具体的な研究テーマを設定していく必要がある。ただ①〜③の設定ではまだ絞り切れていない。上記3つのテーマについてそれぞれ考えてみよう。

1) オリンピック開催によってもたらされる経済の影響について研究したい

「経済の影響」という言葉からまず連想されるのは，経済（波及）効果だろう。そこで「オリンピックが開催国・開催都市にもたらす経済効果」というようにテーマを設定してみる。用いる方法は文献調査としてみよう。経済効果をどうとらえるべきかを検討する必要がある。オリンピックにおける経済効果の範囲である。経済効果は，単にオリンピック観戦に来た人からもたらされるものだけではない。施設会場の建設・改修や移動網の整備，選手・役員・観客の宿泊施設運営管理などの準備に使用される費用も巡りめぐって経済効果となって現れるからだ。これまでのオリンピックに関して，開催都市や大会組織委員会，民間の調査会社による報告書がいくつも出ている。そうした報告書の中で，どのような分析がなされているのかを調べるという方法もある。項目や金額を1つひとつ検証することで経済効果の範囲を検討してみたり，いくつかの報告書を比較して，その違いを分析するなどの方法があげられる[6]。

2) オリンピックが人々に与える影響について研究したい

「人々に与える影響」といっても，例えば開催国の国民とそれ以外では影響も違うだろうことは容

易に想像できる。そこで「オリンピック開催の結果，開催国の国民がどのような認識を持つか明らかにしたい」というようなテーマ設定をしてみる。オリンピックを開催した結果，開催国の国民はどのような印象を持ったのか。国民全体の認識を知りたいのであればアンケート調査が妥当だろう。そのうえで，全数調査を行うのか，サンプリングをして標本調査を行うのか決定し，質問事項を決める。また，もしすでにそうした調査が行われているのであれば，調査会社などのデータを用いて分析を主に行えばよい。国民1人ひとりの認識を細かく知りたいのであれば，決められた質問に答えるアンケートを用いた統計的調査ではなく，記述的調査を行い，個々に具体的に話を聞く中でデータを収集するのがよいだろう [5,13]。

3) オリンピックが開催地に与える影響を知りたい

「開催地に与える影響」として考えられることは何だろうか。その1つに大会会場施設の準備があげられる。オリンピック開催は開催地の施設整備を活発化させる。多くの場合，既存の設備状況のまま開催を迎えることは難しい。そのため，オリンピックの開催地ではいくつものスポーツ施設が新設または改修される。文献調査を用いれば，どのような計画のもとで施設整備が進んでいるのかを解き明かすことができる。また，記述的調査を行えば，施設整備に際してその現場に顕在化する問題点に出くわすことができるし，大会終了後であればその後の施設利用の状況を調査することができる [3,11]。

6. スポーツの社会（科）学

アスリートが「自らの能力」を極限まで高めるために選ぶのは，1つの方法だけではないのと同じように，「スポーツと社会」の関係について理解するための立場，見方，方法も1つではない。スポーツと社会のよりよい，望ましい将来を見据えるにあたり，あなたはどのような立場，見方，方法でスポーツと社会の現場について考えてみたいだろうか。何事も自分で選ぶことのできる楽しさに，味わい深さを感じられるのであれば，この領域はあなたにとても魅力的な時間を提供してくれるに違いない。

7. 研究例

研究例（サンプル）

東京2020オリンピック・パラリンピック競技大会の開催是非に関する研究
オリンピック反対デモ運動の現場から

【はじめに】

本研究の目的は，東京2020オリンピック・パラリンピック競技大会（以下，東京2020大会）の反対運動の実態について明らかにすることである。

東京2020大会は，開催の是非について大会直前まで議論が交わされていた。新型コロナ感染症拡大という世界規模の災禍という状況下で，大規模な人の移動を伴う国際メガイベントの開催に，疑問を投げかける人が多くいたからに他ならない。日本でも開催を求めるアスリートや識者の意見と並んで開催反対の声が届けられていた。東京商工リサーチによる調査結果によれば東京2020大会開

幕まで1ヵ月となった2021年6月の時点で開催賛成が35.9％に対し，中止が34.7％と開催可否が拮抗する状況となっていた（**図1**）。

こうした東京2020大会開催の可否をめぐる統計的な状況については佐野（2021）がNHK放送文化研究所や新聞各社の世論調査を駆使して，コロナ禍以前からの開催可否に関する世論の変遷を描いている。こうした世論として示される東京2020大会に対する延期や中止の社会運動としての1つの現れが，東京2020大会反対デモ運動であった。

本研究では，反対デモ運動の実態を明らかにするために，デモ運動の当日のスケジュール，運動の規模，運動参加者へのインタビュー，周囲の反応の調査を行った。

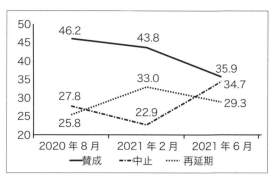

図1 東京商工リサーチによる調査結果
（文献14のデータをもとに作成）

図2 反対デモ運動の様子（7月23日）

【調査地】

国立競技場および明治神宮外苑

【調査日】

2021年7月23日（金）　東京オリンピック開会式
2021年8月8日（日）　東京オリンピック閉会式
2021年8月24日（火）　東京パラリンピック開会式
2021年9月5日（日）　東京パラリンピック閉会式

【調査結果】

東京オリンピックおよびパラリンピックの開会式，閉会式当日，すべてにおいて反対デモ運動が実施されていた。7月23日の反対デモ運動は外苑西通り仙寿院交差点付近で行われたが，交通規制によって，それ以降はスタジアム通りのラグビー場前信号付近にて実施となった。

反対デモ運動は40人ほどの規模で行われていて，幟などを掲げる人やシュプレヒコールを先導する人など役割分担が行われていた。オリンピックやパラリンピック開催に対する説明責任が果たされていないことを強く主張していた（**図2**）。

【参考文献】

小笠原博毅，山本敦久：やっぱりいらない東京オリンピック，岩波書店，2019.
佐野慎輔：巨大メディア・イベントを揺るがす「空気」の考察．オリンピックスポーツ文化研究，6：25-40，2021.

8. 課　題

次の３つのテーマについて調査するのに最も適切な方法をそれぞれ選択し，その理由を答えなさい。

1) 日本におけるスポーツの競技種目別実施率の調査
2) オリンピック開催にかかわる政府による支援の実施状況の調査
3) 日本体育大学体育研究発表実演会の参加者の実態に関する調査

参考文献

1) 濱嶋　朗，竹内郁郎，石川晃弘 編：社会学小辞典，新版増補版，有斐閣，東京，p. 260，2005．
2) 井上　俊，菊　幸一：よくわかるスポーツ文化論，改訂版，ミネルヴァ書房，東京，p. 5，2020．
3) 石田智佳：国立競技場の再開発とアパート住民の立ち退き．スポーツ社会学研究，28: 57-72，2020．
4) 岸　政彦，石岡丈昇，丸山里美：質的社会調査の方法，有斐閣，東京，pp. 4-5，2016．
5) 松瀬　学，阿部征大，清宮孝文：大学指導者がオリンピック出場から受けた影響：レガシー研究に向けた基礎的考察．オリンピックスポーツ文化研究，4: 19-36，2019．
6) 宮本勝浩：東京オリンピックと経済効果．現代スポーツ評論，30: 38-51，2014．
7) 文部科学省：学術研究推進部会 人文学及び社会科学の振興に関する委員会（第5回）配付資料3　人文学及び社会科学の振興に関する委員会における主な意見，2007年7月6日．https://www.mext.go.jp/b_menu/shingi/gijyutu/gijyutu4/015/siryo/attach/1343158.htm（2021年10月31日最終確認）
8) 日本体育大学体育研究所 編：日本体育大学スポーツ研究 A・B，ナップ，東京，pp. 121-122，2015．
9) 日本体育・スポーツ・健康学会：https://taiiku-gakkai.or.jp/director（2021年10月31日最終確認）
10) 日本スポーツ体育健康科学学術連合：https://jaaspehs.com/memorg/（2021年10月31日最終確認）
11) 佐野昌行：アテネオリンピック競技大会における大会会場の活用状況に関する一考察．オリンピックスポーツ文化研究，1: 25-34，2016．
12) 関根正美，中里浩一，野井真吾 他編：大学体育・スポーツ学への招待，ナップ，東京，2021．
13) 下窪卓也：オリンピック競技大会招致開催の経験がナショナルプライドに与える長期的影響—社会調査データの二次分析による世代効果の検証を通じた一考察．スポーツ社会学研究，29: 41-54，2021．
14) 東京商工リサーチ：第3回「東京五輪・パラリンピックに関するアンケート」調査～6割以上の企業が「中止」「延期」を望む～．https://www.tsr-net.co.jp/news/analysis/20210615_03.html（2022年2月9日最終確認）

4 スポーツと健康

大田　崇央，樫葉　公太

はじめに―「健康」を探る学問的立ち位置

　WHOによって定義される「健康」とはWHO憲章に記載されている以下の一文である。「健康とは，単に病気あるいは虚弱でないというだけでなく，肉体的，精神的および社会的に完全に良好な状態である」。この一文はWHO憲章だけでなく，我々が中学・高校時代に修学した保健体育の教科書にも記載されるとおり，広く一般的な常識としてとらえられているといえる。

　今日まで我々の健康を支えてきた学術領域は多岐にわたる。医学，公衆衛生学，理学，生物学，薬学，工学などの自然科学分野，地理学，教育学，心理学などの人文科学分野，統計学，経済学，社会学などの社会科学分野といったように，あらゆる学問が今日の健康政策の根底に存在している。本書において紹介される体育・スポーツ分野に特化したスポーツ哲学，スポーツ社会学，スポーツ生理学，スポーツ栄養学といった学術領域もそれぞれ独立，時に交互作用を生じながら体育・スポーツ学を発展させ，健康政策の一翼を担っている。

　さて，本章は先述した伝統的な体育・スポーツ学領域にはあまり馴染みのない「運動（スポーツ）疫学」を紹介する。疫学は公衆衛生学の中核をなす学問であり，「疾病頻度の分布と決定要因に関する学問」や，もっと簡単に「病気の発生に関する学問」と定義されている。疫学に関する定義は他にも様々あるが，どの定義においても「集団を対象にする」こと，そして，「因果関係（決定要因）を明らかにする」ことが共通している。さらに「健康課題の解決を図る方法論を提供する」だけでなく，「実践に結びつける」学問であることから，「集団科学（ポピュレーションサイエンス）」とも呼ばれる。近代疫学の発展は1854年のコレラ大流行に立ち向かったスノウ（Snow, J）医師らの活躍まで遡り，コレラ菌が発見されるより前に，感染の原因が「水」にあることを突き止めたその功績は，現代においても特に優れた疫学研究デザインであったと再評価されている（**図4-1**）[18]。そして現代では感染症のみならず，非感染性疾患や多くの健康関連事象にも適用され，研究手法の多様化とともに今日の健康政策の下支えとなっている。「運動疫学」は，こうして発展してきた疫学的研究手法を用いて，「どのような運動・身体活動をどのくらい行えば健康増進につながるか」と「どうしたらより多くの人々が運動・身体活動を実践するか」という2つの課題をもった学問である。

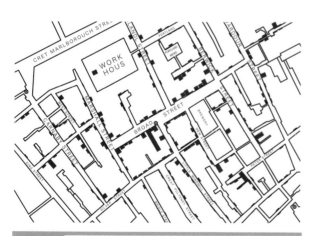

図4-1　スノウ医師が実際に脚で稼いだ貴重な情報。黒い印は，その家庭でコレラによって亡くなった人の数を示している。（文献18より引用）

　本章では，伝統的な疫学的研究手法について解説し，その実例も併せて紹介し，研究計画を立案するための要点を概説する。加えて，運動疫学研究の今後の展望についても述べる。

1. 「健康」を科学的にとらえるために発展してきた疫学的研究手法

　本項では疫学的研究手法について紹介する。疫学的研究手法の根底にある概念は「科学的な比較」による因果推論である。2つの事象に因果関係がありそうか，なさそうか，これらの関係に白黒をつける学問といってもよい。本項の内容理解度を高めるために，「筋力トレーニング（以下，筋トレ）」と「体脂肪率」という事象の関連について架空データをもとに紹介していく。

1) 代表的な研究手法
　疫学分野における代表的な研究手法について，ここでは4つの方法を紹介していく。

(1) 横断研究
例：N大学の全学生（6,500名）を対象に，通常の1週間の筋トレ頻度と現在の体脂肪率，および生活習慣（飲酒，食事内容，身体活動量など）について調査した。1,000名からの有効回答があり，その結果，「筋トレ実施頻度」が多い集団ほど「体脂肪率」が低いことが明らかとなった。

　このように，ある一時点における2つの事象の関係を明らかにする研究手法を「横断研究」という。
　横断研究のメリットは，一度に大量のデータを収集できる点，2つの事象の関連について明らかにできる点，他の研究手法（後述）と比較しコストがかからない点などがある。
　その一方で，一時点の2つの事象の関連を明らかにすることは単なる相関関係であり，因果関係までは言及できない。したがって，「筋トレ」しているから「体脂肪率」が低いのか，「体脂肪率」が低い人がたまたま「筋トレ」していたのかは不明なままである。

(2) 前向きコホート研究
例：N大学の全入学生（1,000名）を対象に，通常の1週間の筋トレ実施頻度と現在の体脂肪率，および生活習慣（飲酒，食事内容，身体活動量など）について調査した。3年後，4年生となった全学生に再び体脂肪率の調査を行い，入学時の体脂肪率から「減少」「変化なし」「増加」の3群に分類した。その結果，入学時点の「筋トレ実施頻度」が多い集団ほど，4年時の「体脂肪率」が「減少」または「変化なし」であることがわかった。その一方で，入学時の「筋トレ実施頻度」が少ない集団では「体脂肪率」の「増加」が明らかとなった。

　このように，2つの事象，2つの時点での関連を明らかにする研究手法を「（前向き）コホート研究」という。
　前向きコホート研究のメリットは，2つの事象の関連を明らかにすることで両者の縦断的な関連（≒因果関係）を明らかにすることができる点である。今回の例であれば，入学時の筋トレ習慣が4年時の体脂肪率に影響するかどうかが明らかになり，「筋トレ」の健康における重要性が示された。因果関係を明らかにする研究手法として最も一般的であるものの，追跡におけるドロップアウト率や追跡期間を考慮して研究を立案する必要がある。また多数の参加者を同時に追跡することができるものの，それぞれの参加者は独立した1人のヒトであり，各々の背景因子が統一されているわけではない。

したがって，追跡する集団において様々な外的環境に曝されることが統制できないという限界点も併せ持つ。

(3) ランダム化比較試験

例：N大学の2年生（100名）を無作為（ランダム）に介入群と対照群の2つの群に分け，3ヵ月のトレーニング介入実験を行った。介入群では1週間に3回の全身の筋トレを実施し，対照群には特別な指示はしなかった。両群ともに普段の運動に関する制限は設けなかった。3ヵ月の実験中に両群とも体重増加が認められたが，対照群と比較し介入群で有意に体重増加が観察された。「体脂肪率」については，3ヵ月で介入群において有意に減少，対照群では変化がみられなかった。また両群間に有意な差が認められた。したがって，週3回の「筋トレ」は体重の増加と「体脂肪率」の減少に有効な運動であることが明らかとなった。

このように対象となる参加者を無作為に2つ以上の群に分け，特定の介入（今回は筋トレ）の効果を明らかにする実験方法を「ランダム化比較試験（無作為化比較試験）」という。

参加者をランダムに群分けすることによって，あらゆる背景因子（交絡因子という）の影響が同等であると仮定できるため，介入効果を評価する手段としては最も有効といわれている。もし参加者のランダム化をせずに介入を行った場合，今回の例であれば介入群に陸上部や重量挙げ部，または男子学生が多く集まり，対照群に非運動部の学生や女子学生が集まってしまう可能性がある。このような群分けでは「筋トレ」の真の効果が参加者の属性によって薄められて現れることがあるため，結果の解釈が歪められる可能性がある。

ランダム化比較試験は医療・経済学分野において重宝される研究手法であり，医薬品が承認される過程で行われる「治験」はまさしく，ランダムに参加者を募りランダム割り付けをして介入研究が行われる，ランダム化比較試験である。そのため結果の質的評価は高く，エビデンスレベル（後述）においても上位に君臨する（動物実験などの基礎実験はデザインの特性上究極のランダム化比較試験といえるが，実験室内での実験動物を対象とした成果となるため，エビデンスレベルでは上位になれない性質を持つ）。

しかし，人件費などコストが非常にかかり，介入期間にも制約が生まれ，求めるアウトカム[注1]にも制限が生まれるなどの条件を抱えることとなる。

(4) システマティックレビュー＆メタアナリシス

例：N大学で行われた「筋トレ」と「体脂肪率」に関するランダム化比較試験に類似する研究を，文献検索データベースから検索した。その結果，欧米人を対象とした文献が5報，アジア人を対象とした文献が3報該当した。そのうち中高齢者が参加者となっていた文献が6報，2報が青年期を対象とした介入研究であった。上記に該当した論文から総合的な結果を導くために，結果を統合し，1つのデータとしてまとめた。該当した8報の文献のうち，6報は「筋トレ」が「体脂肪率」にポジティブな影響があると結論づけ，残り2報は両者の明確な関連が認められないとしたが，統合された結果では「筋トレ」は「体脂肪率」減少に向けた有効な手段であることが示された。

注1）アウトカム：結果，または研究やプロジェクトの成果。

	一次研究	一次研究	一次研究	二次研究
研究の方法	観察研究	観察研究	介入研究	総説
研究の種類	横断研究	コホート研究	ランダム化比較試験	システマティックレビュー＆メタアナリシス
定義	ある集団の，ある一時点での疾病（症状）の有無と要因の保持状況（頻度）を同時に調査し，2つの関連を明らかにする方法	目的とする疾病（症状）を有していない集団を対象として，要因を持つ集団と持たない集団を追跡し将来的な疾病発生状況を比較する方法	ある要因（介入・治療）以外の条件が公平となるように，ある集団を2つ以上（介入群＋対照群など）に分け，介入効果を測定し，比較する方法	リサーチクエスチョン*を決め，それに的確な文献を系統的に集積しまとめる。（システマティックレビュー）。まとめられた研究の結果を統合し，1つの見解を導き出す方法（メタアナリシス）
因果推論	×	〇	〇	〇（デザインによる）
調査の視点	現在	将来（過去）	（近い）将来	―
調査期間	（比較的）短期間	疾病の発症など調査する場合，長期間（数年～）	数ヶ月～数年	短期間
対象人数	多い	多い	少ない	多い（統合されるため）
費用	小さい	大きい	大きい	小さい
労力	小さい	大きい	大きい	大きい（作業量）
エビデンスレベル	中	やや高い	高い	最も高い
使用される場面	問題提起（ある要因とある事象に関連があるかどうか不明な時に用いられる）	ある要因と事象の間に何らかの関連が認められた場合，両者に因果関係があるかどうかを明らかにする時に用いられる	治験など（トレーニング実験も含まれる）ある要因（介入）が特定の効果を示すことが期待される場合，既知の方法と比較する際に用いられる	診断ガイドラインなど（ガイドライン策定以外にも研究室単位で情報の整理を目的として行われることもある）
参考声明	STROBE 声明[21]	STROBE 声明[21]	CONSORT 声明[17]	PRISMA-S 声明[10]

表4-1　分析疫学の種類と特徴

*リサーチクエスチョン：研究課題，または研究を通して明らかにしたいこと。

　今回の例である「筋トレ」と「体脂肪率」に関する研究は世界的に数多行われている（可能性がある）。システマティックレビュー（系統的総説）とは，既存の論文を系統的に集約し，総合的な結論を示すことを指す。システマティックレビューで系統的に集約された論文を再評価して，1つの結果を導き出すことをメタアナリシスという。メタアナリシスはサンプルサイズの大きさを考慮しながら結果の統合が行われるため，現在では因果関係を示すために最も重用される手法である。

　これまでの臨床研究においてはランダム化比較試験のシステマティックレビュー＆メタアナリシスが因果関係を示す手段として多く用いられ，診断・治療ガイドラインに活かされてきた。近年では横断研究やコホート研究のシステマティックレビュー＆メタアナリシスも行われることが増えており，政策や健康づくりを支えるガイドラインにも活用されている。これらの研究手法は手元に生データがなくても研究を行える利点があるものの，複数名で行うことが望ましいとされる。

　以上の研究手法まとめたものを**表4-1**に示した。

　その他にも，症例対照研究や後ろ向きコホート研究などといった研究手法が存在するが，ここでは割愛する。

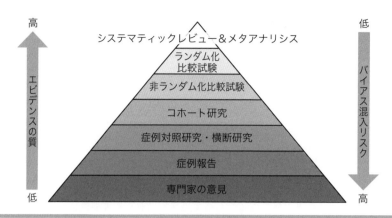

図4-2 エビデンスレベルの概念図

2) エビデンスレベルの考え方

　エビデンスレベルとは，重視される研究方法を類型化して信頼度を示したものである。主にガイドラインの策定時に取り込まれる研究の質を評価する際に用いられることが多く，実際にエビデンスレベルを付して解説しているものもある（**図4-2**）。エビデンスレベルの考え方は，実際に研究を立案する際に，自身の研究デザインがどのエビデンスレベルに相当するのか，または文献検索においても重要な道標となる。特にガイドラインを読み進めていくと，「質の高い研究が少なかった」などの記載が稀にみられる。そのような場合，ガイドラインの推奨だけをうのみにするのではなく，不足している知見を補強する研究を構築するだけでも，十分インパクト[注2]の高い研究デザインになりうる。

3) 疫学研究を立案する

　疫学研究は一見とても簡単そうに思われがちであるが，よくトレーニングを受けていないと，とんでもない勘違いを起こす可能性がある。

> 例：Aさんは卒業研究で「〈年収が高い〉人の特性を解明する」というテーマをもとに，国内の企業にアンケート調査を行った。国内50以上の上場企業から5,000名を超える回答があった（平均年齢45歳）。アンケートの結果をもとにAさんは以下のように解釈した。
> 発見：高年収の人ほど頭髪が薄い人が多かった。
> 解釈：薄毛の人ほど出世する。

　このAさんの解釈は的確だろうか。もし「薄毛の人ほど出世する」のであれば美容業界に激震が走ることだろう。「薄毛」と「高年収」に果たして因果関係があるといえるのだろうか（**図4-3**）。実際に両者には相関関係が認められるはずである。勘の鋭い人はお気づきだろうが，年収の多寡は，頭髪の多寡ではなく年齢に拠るところが非常に大きい。日本古来の年功序列制度にも関連するだろうが，勤続年数が積み重ねられるにつれ，できる

図4-3 薄毛と高年収に因果関係があるのだろうか

注2）インパクト：ここでは社会に与える影響という意味。

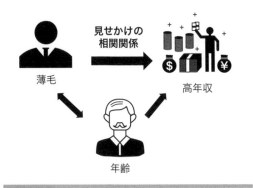

図4-4　年齢は薄毛と高年収の交絡因子である。

表4-2　交絡因子の条件

1	「結果」の「原因」の1つである
2	「原因」と関連する
3	「原因」と「結果」の中間因子ではない

表4-3　PI（E）CO

PI（E）CO	説　明
Participant（参加者）	どのような参加者に
Intervention（介入）/ Exposure/（曝露〔検査〕）*	どのような介入/検査をすると
Comparison（比較対照）	何と比較して
Outcome（結果）	どのような結果になるか

*: intervention（介入）は介入研究, exposure（曝露）は観察研究で用いられる。

仕事の範囲とレベルが向上していく。つまり，薄毛は高年収と見せかけの相関があるということになる（**図4-4**）。このように，2つの事柄の関連の解釈を歪めてしまう可能性のある要因を，「交絡因子」と呼ぶ。交絡因子となる条件は**表4-2**のとおりである。交絡因子を事前に特定（推定）しあらかじめ測定しておかなければ，真の関連を観察することはできない。交絡因子の特定方法としては，①先行研究を読み漁る，②専門家に意見を求める（今回の件であれば，経済などの専門家が妥当か）といった方法がある。

4) PI（E）CO を明確にする

　PI（E）CO とは，参加者，介入方法（曝露[注3]方法），比較対照，期待される結果の英単語の頭文字をとったものであり，研究のリサーチクエスチョンを明確にする際にしばしば用いられる（**表4-3**）。この概念は，疫学研究のみならずありとあらゆる実験，研究で使用することが推奨される。PI（E）COのどの部分であっても，これまでの先行研究との相違点がみられれば，その部分はその研究の「新規性」たる可能性を秘めているからである。また，研究の立案時だけでなく文献検索を進めるうえでも解釈の手助けとなるため，必要な作業の1つである。

2. 健康に関するこれまでの疫学研究の変遷

　健康政策の発展は疫学研究の進歩とともに歩んできたといっても過言ではない。運動疫学研究でしばしば用いられる曝露因子は「身体活動」または「体力」である。前者は「安静にしている状態よりも多くのエネルギーを消費するすべての活動（詳細は第11章を参照）」と定義される。一方，後者は行動体力と防衛体力に分類され，そのうち行動体力は「習慣的な身体活動の客観的指標」でもあり，筋力・持久力・柔軟性など行動の基礎となる身体的能力の総称である。さらに，前述した要素に身体組成を加えたものを「健康関連体力」ともいう。本項では，偉人達の残した運動疫学研究の一部を「身体活動」を扱ったものと「健康関連体力」を扱ったものに分けて紹介する。

注3）曝露：ある要因に接すること，曝されること。

図4-5 ロンドンバス会社によって運営されているロンドンバス。その歴史は1829年(当時は馬車)まで遡る。
(写真:Dave Kim on Unsplash)

1) 身体活動を扱った研究の例

(1) ロンドンバス研究

　身体活動の本格的な研究は，1953年に発表されたMorrisらのロンドンバス(図4-5)の運転士と車掌を対象に行ったコホート研究が始まりとされる[7]。この研究の着眼点は，運転士(仕事中座りっぱなし)と車掌(2階建バスの1階と2階を行き来する)の冠動脈疾患死亡率の比較を行ったことにある。総計31,000人のロンドンバス従業員が参加したこの研究では，運転士の冠動脈疾患発症率が車掌に比べ2倍高いことが報告された。ロンドンバス研究をきっかけに，職業を身体活動の指標として用いた研究が増えていくことになる。加えて，現代の社会問題である「座りすぎ」の課題に70年余り前から取り組んでいたことも指摘しておきたい。

(2) ハーバード大学・ペンシルベニア大学卒業生研究

　ハーバード大学・ペンシルベニア大学の卒業生研究[8,9]は，身体活動が循環器疾患発症に予防的に関連することについての先駆的な研究となった。喫煙習慣や過体重，高い血圧は冠動脈疾患による死亡を予測する危険因子であることが明らかになったほか，習慣的な運動への参加が疾患発症に予防的に働くことも，新たに知見として明らかにされた。さらに当時，身体活動量を定量的に評価する確立された質問紙がない中，Paffenbargerらは歩行(何ブロック歩いているか)，階段昇降(何段登っているか)，スポーツへの参加(強度別)をそれぞれ質問紙に回答させ，消費エネルギー量を算出した。その結果，身体活動量(〜2,000 kcal/週)と総死亡率の間には量反応関係[注4]が認められた。Paffenbargerの「身体活動は長生きにつながる」という発見は，現在まで脈々と，疫学者のみならず全人類に受け継がれている財産ともいえる。

　上記以外にも，身体活動量を扱った数多の疫学研究が存在し，我々の健康づくりに活かされている。今回はスペースの都合上割愛する。

2) 健康関連体力を扱った研究の例

(1) エアロビクスセンター縦断研究

　エアロビクスセンター縦断研究は，身体活動量，全身持久力と心血管疾患などの健康アウトカムとの関連について，1970年から調査してきた観察疫学研究である。拠点となったのはテキサス州ダラスにあるクーパークリニックで，参加者は全米50州から集まった。エアロビクスセンター縦断研究の特徴は，参加者1人ひとりに健康診断(≒人間ドック)を行い，同時に全身持久力を測定した点である。加えて，単独の縦断研究コホートとしては最大の参加者数(11万人以上)を誇る。特筆すべき成果は，1989年のBlairらによる「全身持久力と総死亡率」を明らかにしたコホート研究である[3]。1万人以上を約8年間追跡した結果，全身持久力が高ければ高いほど総死亡率が低いというものであり，運動疫学研究のランドマーク的存在となっている。その他にも，心血管疾患と総死亡率[2]，がん

注4) 量反応関係:ここでは，身体活動や体力の量と，健康事象(死亡や疾病の発症など)との間にみられる関係を指す。

による死亡[5]，高血圧罹患[1]，2型糖尿病罹患[22]（**図4-6**）に対して，高い全身持久力は予防的に働くことを示している。また「エアロビクス：有酸素運動」の語源となったのもクーパークリニックの成果の1つである。

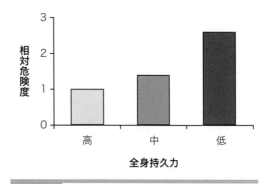

図4-6 全身持久力と2型糖尿病罹患率の相対危険度。調整変数：年齢, 体力, 肥満度（body mass index：BMI）, 血圧, コレステロール, 両親の糖尿病, 喫煙, 飲酒, 追跡年数（文献22より引用）

(2) UKバイオバンク研究

2006年より始まったUKバイオバンク（UK Biobank）は，英国の中高年（46〜69歳）50万人が登録された，長期大規模コホートである。UKバイオバンクに登録されている参加者の情報は，健康状態をはじめ，生活習慣（食事内容），形態，体力（握力，全身持久力など），骨密度や遺伝子，血液，尿といった生化学データなど多岐にわたる。データは各地の医療センターで採取され，英国国民健康サービス（National Health Service：NHS）に集約されており，匿名化した状態で世界中の研究者がアクセスできるシステムとなっている。匿名化された個人情報は，英国の他のデータベースと連結されており，入院情報やがんの件数，死亡まで記されたデータベースとなっている。参加者は2010年までに50万人に到達したため，募集は打ち切られている。今後は少なくとも30年以上の追跡を行う予定である[20]。

UKバイオバンクの特徴である遺伝的要因を用いた研究では，心血管疾患に関連する遺伝的マーカーが高いリスクを示していても，全身持久力が高ければ，心血管疾患発症リスクが低くなることを示した報告がある（**図4-7**）[19]。その他にも，身体活動量と死亡率の関連には体力要素（握力や全身持久力）が調整役になっていることや[4]，歩行速度が遅い集団ほど総死亡率，心血管疾患リスクが高いことなど[23]，様々な報告がされている。白人の高所得者層が多く含まれる集団ではあるが，50万人以上を対象とした大規模な集団は世界に数えるほどしかなく，貴重なコホートであることには変わりない。オープンソースであることからも，世界をリードするUKバイオバンク研究を今後も注目しておくことを推奨する[6]。

(3) 東京ガス研究

東京ガス研究は，わが国の運動疫学研究創成期を支えた職域コホート研究である。東京ガス株式会社の従業員が対象であり，いわば固定された集団を追跡できることから，厳密な追跡がしやすい特徴を持つ。東京ガス研究は，エアロビクスセンター縦断研究と同じく，健康診断に加え，全身持久力の測定を行っている。男性従業員約9,000名を対象に，16年から20数年と長期にわたって追跡した前向きコホート研究が

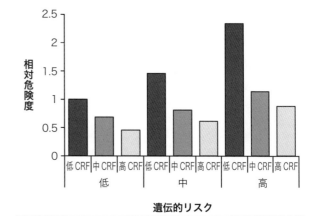

図4-7 全身持久力と心血管疾患罹患率の相対危険度。調整変数：性別, 年齢, 登録地域, BMI, 人種, 血圧, コレステロール, 糖尿病, 喫煙, 飲酒, 追跡年数, 握力または身体活動量。CRF：cardiorespiratory fitness：全身持久力（文献19より引用）

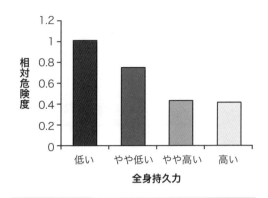

図4-8 全身持久力とがん死亡率＊の相対危険度。調整変数：年齢，BMI，血圧，喫煙，飲酒。＊がん：肺がん，胃がん，肝臓がん，結腸がん，食道がん，直腸がん
（文献15より引用）

数例報告されており，そのいずれもインパクトが高く，国民の健康づくりのためのガイドラインに生かされている。代表的な成果は，高い全身持久力が総死亡率[16]，2型糖尿病罹患率[14]，がん死亡率（図4-8）[15]，高血圧罹患[13]に予防的に働くことを明らかにしたことである。東京ガス研究以前には，国内の疫学研究，とりわけ体力と健康事象に関する報告は，ほぼ皆無であった。したがって，不足していた日本人を対象とした科学的根拠を世界に初めて公開した功績は，未来永劫語り継がれるべき成果である。しかし課題点として，対象となった参加者が東京ガス株式会社の男性従業員のみである点から，日本人という母集団を完全に反映した結果ではないことに留意したい。このことを次項で取り上げる。

3. これまでの研究が抱える課題―疫学は最強の学問か

疫学研究は，多数の参加者をリクルートし，交絡因子を調整することで「真実」に最も近い因果推論を行うことができる手法を確立しており，治療薬の治験や，経済学，社会学にも応用され，あたかも最強の学問としてとらえられることがしばしばある。疫学的研究思考，例えば交絡因子の測定・調整や統計モデルの応用などは，スポーツ科学研究においても重要な手段であることから，その点ではある意味「最強」の側面をのぞかせているのかもしれない。しかし，先述した疫学研究にも課題点（限界点）は必ず存在する。本項では疫学研究の課題について解説していく。

1)「一般化」可能性の問題

疫学研究の成果はしばしば，国の施策やガイドライン策定に活かされている。単独の研究であっても，対象とする参加者の数が多ければインパクトがより大きくなる。しかし，ハーバード大学卒業生研究は，ハーバード大学に入学できるほどの学力と経済力があり，英語が堪能であるなどの参加者の背景が存在する。東京ガス研究も同じように，東京ガス株式会社というインフラ企業で働くことのできる限られた男性従業員であり，関東圏に在住していることなどの条件がある。いずれも参加者は1万人を超える単独の研究であるが，その結果を世界の人々に当てはめることには慎重にならなければならない。これを「一般化」または「外的妥当性」の課題という。例えば，ハーバード大学卒業生研究の結果をアフリカの農村住民に当てはめることはできないし，東京ガス研究の結果を地方農村部の高齢女性に当てはめることはできない。

ランダム化比較試験のように厳格に統制された実験室実験のような研究は，結果の再現性が高い（内的妥当性が高い＝因果関係が強い）といわれるが，外的妥当性は高くない。その一方で，観察研究は，因果推論には慎重にならざるをえないが，外的妥当性はランダム化比較試験よりは高い。しかし，さらにより多くの集団への妥当性について言及するには，さらなる統計的アプローチが必要となる。それがシステマティックレビュー＆メタアナリシスである。人種や性別，年齢，国籍など参加者の背景を完全に排除しながら結果を集約するため，解析結果の外的妥当性は非常に高い。したがってガイド

ラインづくりに必要な研究となっている。しかし，万能とも思えるシステマティックレビュー＆メタアナリシス，およびその成果であるガイドラインをよく読み進めていくと，研究成果が不足している集団が多く存在することもまた明らかである。このように，疫学研究は常に「一般化」の課題とも戦いながら挑戦する学問であるともいえる。

2)「健康」を「測ること」の問題

　WHO の定義する健康「単に病気あるいは虚弱でないというだけでなく，肉体的，精神的および社会的に完全に良好な状態」を直接評価することは不可能である。時にハーバード大学・ペンシルベニア大学の卒業生研究や UK バイオバンク研究，東京ガス研究は「総死亡」という尺度を健康の指標の1つにしてきた。これはいかなる死因であれ，要因が寿命に影響するかどうかを明らかにする研究デザインであり，最もインパクトのある指標である。しかし，健康寿命の考え方が浸透して以降，生活習慣病である冠動脈疾患，2型糖尿病やがんといった総死亡に直接的に関連する指標が多く用いられるようになってきた。そうすることで，死亡までの長期にわたる追跡を行わなくてもよい利点があるが，医師の診断という新たなハードルも生まれてくる。病院や官と連携した研究体制が構築できるならば，前述したハードアウトカム[注5]を積極的に採用した研究を立案すべきである。そうではない環境下に置かれた場合，どのように「健康アウトカム」を測定できるのか，紹介する。

(1) 健康診断

　健康診断は学校保健安全法および労働安全衛生法に基づいて，すべての学生や労働者に義務づけられている。検査内容には形態や血液・尿などの生化学，心電図や胸部 X 線などに加え，医師の診察が付随している。

a. メリット

　血液マーカーや心電図のデータから，生活習慣病やそれに関連する疾患，疾病のスクリーニングが可能である。

b. デメリット

　健康情報は高度な個人情報であるため，容易に収集できるものではない。また分子マーカーを使用する際，解析時には多重比較の問題が生じる可能性がある。

(2) 質問紙調査

　質問紙調査は多岐にわたり，栄養摂取状況，認知機能，うつ尺度，身体活動量，QOL（生活の質）や社会経済状況（収入，起居など）などを尋ねることができる。

a. メリット

　質問紙調査は，安価に，多数の参加者に対して同時に多くの項目を調査することが可能である。

注5）ハードアウトカム：死亡や医師の診断による発症と定義されるもの。

b. デメリット

　信頼性や妥当性が必ずしも高いわけではないことや，思い出しバイアス[注6]が混入しやすい。また，欠測が生じやすいことも特徴の１つである。さらに，質問紙は同一分野でも数種類あるため，どの質問紙を用いるか検討する必要がある。例えば，身体活動質問紙として，国際標準化身体活動質問票（International Physical Activity Questionnaire: IPAQ），世界標準化身体活動質問票（Global Physical Activity Questionnaire: GPAQ）などがある。詳細は第 11 章を参照されたい。

4.「ポピュレーションアプローチ」から「精密運動医学」へ

　疫学は常に公衆衛生とともに発展してきた。より多くの参加者を対象とし，集団の血糖値，コレステロール値，血圧，体重を少しでも改善しようと知見が積み重ねられてきた。集団の健康の改善は，特に超高齢社会に突入したわが国において，社会・経済的に喫緊の課題なのである。このように集団に対して働きかけ，集団の山を少しでも低いリスクの方へ移動させる取り組みのことを「ポピュレーションアプローチ」という。ポピュレーションアプローチの具体的戦略や事例は，健康教室やイベント，定期健康診断の推奨など多岐にわたるため，本稿での紹介は避けたいが，日本全国の都市単位，行政区単位で，細々とした取り組みから大規模な取り組みまでが，集団の平均値を改善させるために行われている。

　その一方で，これまでの運動疫学研究が示してきた体力の有効性（特に全身持久力）について，とりわけ個人内の反応は軽視されてきた。理由として考えられるのは，上述したように，集団の体力の改善が公衆衛生的に重要な課題であったからである。しかし，運動（身体活動）による体力の向上反応については個人差が大きく，標準化された運動内容であっても，ガイドラインで推奨されている基準値では体力が改善されない個人が報告されている[11]。この反応のばらつきの根底に存在する主たる要因が，遺伝的要素であることはすでに明らかにされている。したがって，標準化された運動プログラムを作成することは公衆衛生的に非常に有益なアプローチ方法であるものの，個々人を指導するような場合にはより注意が必要となる。より精密な運動プログラムを開発するためには，さらに正確なランダム化比較試験をデザインする必要があることに加え，緻密な統計手法を構築し，駆使することが必要となる場合もある。このような precision exercise medicine（直訳すると精密運動医学または精密運動療法）の発展が，より多くの人々のさらなる健康寿命の延伸につながるだろう[12]。

5. 研究例

　運動疫学的研究手法を用いた研究要旨の一例を以下に示す。

注6）　思い出しバイアス：過去のできごとや経験を想起させて得られる解答に生じる，正確性や完全性との系統誤差。

研究例（サンプル）

筋力トレーニングの実施頻度と肥満の関連：大学生を対象とした横断研究

【目　　的】

　肥満は，2型糖尿病，心血管疾患や総死亡率の危険因子とされ，取り組むべき公衆衛生上の課題の1つとされ，とりわけ近年において若年層の肥満が深刻化している。一般的に肥満の危険因子には遺伝的要因，摂取エネルギーの過多の他，身体活動不足がある。特に若年層においては身体活動のうち，運動の実施率が二極化するという報告もあり，運動不足が肥満の根底にある要因の1つと考えられている。

　運動様式はエネルギー供給機構の違いから有酸素性運動と解糖系運動に分類できる。後者の代表的な運動は筋力の向上や筋肥大を促進する筋力トレーニングであるが，肥満との関連について調べられた報告はない。減量プログラムを構築する際，特別なスキルを要しない有酸素性運動が優先的に採用される一方，筋力トレーニングと肥満に関連が認められれば，筋力や筋量を維持したまま減量するプログラムを開発できる可能性がある。

　そこで，本研究では個別化された減量プログラムを開発することを目指すうえで，基礎的な知見となる筋力トレーニングの実施頻度と肥満の有病率の横断的関連を明らかにすることを目的とした。

【方　　法】

　本研究の参加者は，N大学2年生のうち2022年4月に健康診断を受診および質問紙調査に回答した1,000人の学生（男性：600人，女性：400人）である。筋力トレーニングの実施頻度は「過去1年間を振り返って，平均した1週間のうち何日筋力トレーニングを行いましたか」「どのような内容のトレーニングを行いましたか（自由記述）」の質問の回答を用いた。肥満は健康診断の体重と身長の記録から計算し（kg／m²），30 kg／m²以上を肥満と定義した。また生活習慣の情報（喫煙，飲酒，睡眠時間）や属性〔年齢，性別，所属クラブ（持久系，瞬発系，審美系，なし），通学手段（公共交通機関，バイク・自動車，自転車）〕を質問紙にて調査した。

　筋力トレーニングの実施頻度を0日，1〜2日，3〜4日，5日〜，の4群に分類した。筋力トレーニングと肥満の有病率の関連について，ロジスティック回帰モデルを用いて潜在的交絡因子を調整した。多変量オッズ比（95％信頼区間）は筋力トレーニング実施頻度0日を基準として算出した。

【結　　果】

　筋力トレーニングの実施頻度と肥満の有病率の関連を**図1**に示した。平均的な1週間のうち，筋力トレーニングを実施していない群を基準とした場合，潜在的交絡因子（年齢，性別，喫煙，飲酒，所属クラブ，通学手段）を調整した多変量オッズ比（95％信頼区間）は1〜2日で0.85（0.78，1.02），3〜4日で0.78（0.61，0.88），5日以上で0.93（0.81，1.15）であった。

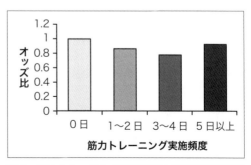

図1　筋力トレーニング実施頻度と肥満有病率の関連。調整変数：年齢，性別，喫煙，飲酒，睡眠時間，所属クラブ，通学手段

【考察と結論】

　筋力トレーニングの実施頻度が高いと肥満の頻度が低いことが明らかとなった。筋力トレーニングを日常的に実施している集団は，日常の身体活動量も高いうえ，競技に専念している学生が多いことから，低頻度の肥満出現になったと考えられる。高頻度で筋力トレーニングを実施している群は，BMI での肥満推定に限界がある可能性も示された。本研究の限界として，摂取エネルギーの情報が不足しているため残渣交絡として影響している可能性がある。また縦断的な関連は不明であるためさらなる追跡調査が必要である。

6. 課 題

1) 前項で示した研究例（サンプル）から「PI（E）CO」を抜き出せ。そして，この研究の限界点および強みを，記載しているもの以外で考えよ。

2) 現在，身近で気になっている健康問題について取り上げ，それを検証するための研究手法（デザイン）および，PI（E）CO を考えよ。

参考文献

1) Blair SN, Goodyear NN, Gibbons LW, et al.: Physical fitness and incidence of hypertension in healthy normotensive men and women. JAMA, 252: 487-490, 1984. doi:10.1001/jama.1984.03350040017014

2) Blair SN, Kampert JB, Kohl HW 3rd, et al.: Influences of cardiorespiratory fitness and other precursors on cardiovascular disease and all-cause mortality in men and women. JAMA, 276: 205-210, 1996. doi:10.1001/jama.1996.03540030039029

3) Blair SN, Kohl HW 3rd, Paffenbarger RS, et al.: Physical fitness and all-cause mortality: a prospective study of healthy men and women. JAMA, 262: 2395-2401, 1989.

4) Celis-Morales CA, Lyall DM, Anderson J, et al.: The association between physical activity and risk of mortality is modulated by grip strength and cardiorespiratory fitness: Evidence from 498 135 UK-Biobank participants. Eur Heart J, 38:116-122, 2017. doi:10.1093/eurheartj/ehw249

5) Kampert JB, Blair SN, Barlow CE, et al.: Physical activity, physical fitness, and all-cause and cancer mortality: a prospective study of men and women. Ann Epidemiol, 6: 452-457, 1996. doi:10.1016/S1047-2797（96）00059-2

6) Lavie CJ, Lee D chul, Ortega FB: UK Biobank contributes to aerobic and muscle fitness research. Mayo Clin Proc, 95: 840-842, 2020. doi:10.1016/j.mayocp.2020.03.019

7) Morris JN, Heady JA, Raffle PAB, et al.: Coronary heart-disease and physical activity of work. Lancet, 262: 1111-1120, 1953. doi:10.1016/S0140-6736(53)91495-0

8) Paffenbarger RS, Hyde R, Wing AL, et al.: Physical activity, all-cause mortality, and longevity of college alumni. N Engl J Med, 314: 605-613, 1986.

9) Paffenbarger RS, Wolf PA, Notkin J, et al.: Chronic disease in former college students. I. Early precursors of fatal coronary heart disease. Am J Epidemiol, 83: 314-328, 1966.

10) Rethlefsen M, Kirtley S, Waffenschmidt S, et al.: PRISMA-S: An Extension to the PRISMA Statement for Reporting Literature Searches in Systematic Reviews. Syst Rev, 10(39):1-19 2019.

11) Ross R, De Lannoy L, Stotz PJ: Separate effects of intensity and amount of exercise on interindividual cardiorespiratory fitness response. Mayo Clin Proc, 90: 1506-1514, 2015. doi:10.1016/j.mayocp.2015.07.024

12) Ross R, Goodpaster BH, Koch LG, et al.: Precision exercise medicine: understanding exercise response variability. Br J Sports Med, 53 :1141-1153, 2019. doi:10.1136/bjsports-2018-100328

13) Sawada S, Tanaka H, Funakoshi M, et al.: Five year prospective study on blood pressure and maximal oxygen uptake. Clin Exp Pharmacol Physiol, 20: 483-487, 1993. doi:10.1111/j.1440-1681.1993.tb01729.

14) Sawada SS, Lee I-M, Muto T, et al.: Cardiorespiratory fitness and the incidence of type 2 diabetes: prospective study of Japanese men. Diabetes Care, 26: 2918-2922, 2003. doi:10.2337/

diacare.26.10.2918

15) Sawada SS, Muto T, Tanaka H, et al.: Cardiorespiratory fitness and cancer mortality in Japanese men: a prospective study. Med Sci Sport Exerc, 35: 1546-1550, 2003. doi:10.1249/01. MSS.0000084525.06473.8E

16) 澤田　亨，武藤孝司：日本人男性における有酸素能力と生命予後に関する縦断的研究．日本公衆衛生雑誌，46: 113-121, 1999.

17) Schulz KF, Altman DG, Moher D: CONSORT 2010 Statement: updated guidelines for reporting parallel group randomised trials. BMJ, 340: 698-702, 2010. doi:10.1136/bmj.c332

18) Snow SJ: John Snow: the making of a hero? Lancet, 372(9632): 22-23, 2008. doi:10.1016/S0140-6736(08)60978-2

19) Tikkanen E, Gustafsson S, Ingelsson E. Associations of fitness, physical activity, strength and genetic risk with cardiovascular disease: longitudinal analyses in the UK Biobank study. Circulation, 137: 2583-2591, 2019. doi:10.1161/CIRCULATIONAHA.117.032432

20) UK Biobank. Published 2021. https://www.ukbiobank.ac.uk/

21) Von Elm E, Altman DG, Egger M, et al.: The Strengthening the Reporting of Observational Studies in Epidemiology (STROBE) statement: guidelines for reporting observational studies. PLoS Med, 4: e296, 2007. J Clin Epidemiol, 61(4):344-349, 2008. doi: 10.1016/j.jclinepi.2007.11.008.

22) Wei M, Gibbons LW, Mitchell TL, et al.: The association between cardiorespiratory fitness and impaired fasting glucose and type 2 diabetes mellitus in men. Ann Intern Med, 130(2):89-96, 1999. doi:10.7326/L16-0612

23) Yates T, Zaccardi F, Dhalwani NN, et al.: Association of walking pace and handgrip strength with all-cause, cardiovascular, and cancer mortality: a UK Biobank observational study. Eur Heart J, 38: 3232-3240, 2017. doi:10.1093/eurheartj/ehx449

スポーツと教育

伊藤　雅広

1. 体育授業を研究するということ

　本章では，主に教科としての体育を研究対象とする体育科教育学の研究について解説する。その中でも，体育科教育学の研究で扱われる代表的な研究方法を事例とともに紹介していく。

　体育科教育学は，楽しく学びがある体育授業やよくわかったり，より上達できたり，仲間とかかわったりするような体育授業を実践すること，生涯にわたって豊かなスポーツライフを送っていくための素地をつくる体育授業を実践すること，体育授業を行う教師の指導力や，これから教師になろうとしている学生の力量を向上させること，体育授業を行ううえでより効率的な環境や有効な教材教具を開発していくことなど，様々な目的で研究が行われている。

　上記のように様々な目的を持つ体育科教育学の研究は，基礎的・理論的な研究と実践的・臨床的な研究の２つの側面を持つところに特徴がある [5]。基礎的・理論的な研究では，体育科教育の成り立ちやあり方について，過去の研究や実践の蓄積をもとに考察したり，体育科教育に限らず教育を支える政策・制度といった社会的条件について検討したり，諸外国の実践や研究との比較をしたりすることもある。一方，実践的・臨床的な研究では，まさに体育実践の現場を対象に研究を行う。実践の現場には，様々な子どもたちの実態があったり，地域や学校によって施設や用具に違いがあったりする。このようなあらゆる実態に寄り添いながら実践を重ねて研究成果を蓄積していくことで，現在または未来の体育実践をより良いものにしていくことが目的となる。

　実際に研究を進める際には，これら２つの側面が独立して行われることは少なく，例えば実践的・臨床的研究を行うにあたって，基礎的・理論的な研究を踏まえて研究方法を決めたり，仮説を立てたりしながら行うことになる。しかし，体育科教育学は，得られた研究成果が実践現場の当事者にとって現実味があるかどうかを問われるため，実践的・臨床的研究という性格を色濃くもっている [5]。つまり，どんなに優れた研究成果を得ることができたとしても，実際の学校現場（授業，教師，子どもなど）に適用できるかどうかが問われやすい領域であるといえる。そこで，本章でも実践的・臨床的研究に重点を置いて解説していく。

2. 体育科教育学の代表的な研究方法について

　体育科教育学に限らず教育における実践的・臨床的研究の代表的な方法としては，1946 年にアメリカの社会心理学者レヴィン（Lewin, K）が提案したアクション・リサーチという方法があげられる [1]。具体的には，研究者と教師（実践者）が研究目的や仮説，または対象となる学校や学級など，相互に様々な情報を共有し，学校の年間指導計画や学習指導要領の記載を踏まえて授業を構想・実践してい

く。先述したように，研究成果が実践現場の当事者にとって現実味があるものと受け止められるためには，授業を実践する前段階で研究者と実践者が信頼関係を構築し，情報共有を行える体制を整えておく必要がある。そのような関係性にあることで，研究者は，当事者の目線でみた授業の情報を得ることができ，より実践現場の状況に即したデータを収集することができる。また，実践者も客観的な視点からみた子どもたちの様子を伝えてもらい，授業改善に必要な情報を得ることができるのである。

　主なデータ収集や分析の方法としては，ビデオカメラや収音マイクなどを用いて教師や子どもの授業中の様子を記録したり，テストやアンケートを実施することで学習成果の確認や授業評価を行ったりする。他にも，子どもたちが授業中に記述した学習カードなどを分析することもある。このように，体育科教育学の研究では，行われた授業の中で収集した様々なデータをエビデンスとして，授業改善や教師の指導力向上，子どもたちが運動に親しむための資質・能力の育成，教材教具の有効性検証などを目指すのである。

　他方で，上記のように研究者が学校現場へ入り，映像や音声などのデータを収録したり，アンケートやテストを実施したりする際，注意すべきことも多々ある。例えば，学校長をはじめとした学校関係者や保護者に研究の趣旨や方法について理解してもらい，データ収集の許可を得る必要がある。体育科教育学に限らず人を対象とした研究では，このような手続きを踏んだうえで対象者や関係者に多大な負担をかけないように配慮する必要がある。特に体育科教育学の分野では，子どもたちが運動している現場にカメラを手にした研究者が入り込むことが多いため，授業進行を妨げないよう，また子どもたちの活動を邪魔しないよう注意する必要がある。さらに，子どもたちの個人情報が漏洩しないように，収集したデータを安全に管理したうえで分析することを心掛けなければならない。

3. 代表的な研究方法の詳細と具体例

　体育科教育学の研究では，ほとんどの場合子どもや授業担当の教師からデータを収集していくが，その詳細は，研究目的に応じて過去の研究を参考にしたり，研究者と実践者が協議したりすることで組み立てていく。つまり，基礎的・理論的研究を踏まえて，適切な方法を選択したり，作成したりすることで信頼性と妥当性[注1]の高い研究を行うことができるのである。

　代表的な方法として，授業場面を観察記録する期間記録法[13]や，子どもが試合で発揮したパフォーマンスを評価するゲームパフォーマンス評価法[10]といった，授業中の事柄を対象とする方法があげられる。他にも，子どもがその日の体育授業をどのように評価していたかをみるための形成的授業評価[3]や，授業のまとまり（単元[注2]）をどのように評価していたかみるための診断的・総括的授業評価[8]のように，授業終了後や授業外に質問紙を用いて行われる方法もある。また，授業外で技能テストの時間を設け，授業単元の実施前と実施後で技能の変化を確認する方法[15][注3]なども代表的な方法の１つである。体育科教育学の研究では，様々な視点からデータを収集することで体育授業を

注1) 端的にいうと，「信頼性」は同じ条件で同じ方法の実践をした時に同様の結果を得ることができるか，「妥当性」は測りたいものをどのくらい的確に測ることができるかを指す。信頼性や妥当性を確保するための詳細な手続きや配慮事項については，文献6）を参照。

注2) 「単元」とは，教育用語で学習内容のまとまりを指す。例えば，バスケットボールを教材として，ボールを持たない時の動き（スペースに走りこむなど）を学習内容とした授業を全８回で考える。これら８回の授業をまとめて「単元」ととらえ，８回の授業でどのように学習していくかの計画を「単元計画」と考える。

注3) 滝沢ら[15]は，小学校３年生を対象として，投能力と打能力の向上に焦点をあてたベースボール型ゲーム実践の有効性を検証している。両能力の変化を確認するために，授業単元８時間とは別に単元実施前後で技能テストを行っている。

表 5-1 体育授業場面の観察カテゴリー

マネジメント	クラス全体が移動，待機，班分け，用具の準備，休憩などの学習成果に直接つながらない活動にあてられている場面
学習指導	教師がクラス全体の子どもに対して説明，演示，指示を与える場面。子どもの側からみれば，先生の話を聞いたり，観察したりする場面。しかし，教師の発問によって子どもの思考活動が中心になる場合は「認知学習」に記録する
認知学習	子どもがグループで話し合ったり，学習カードに記入したりする場面
運動学習	子どもが準備運動，練習，ゲームを行う場面

（文献 13 をもとに作成）

分析している。

　以下では，代表的な 3 つの研究方法について，具体例とともに概要および結果の見方を解説する。

1）体育授業場面の期間記録法

　実施された体育授業が，客観的にみてどのような授業であったのかを観察・記録する方法として，代表的なものに期間記録法[14]がある。この方法では，体育授業の中で起きる様々な場面について，特に意味のある場面をあらかじめ決定しておき，それらが時系列でどのように出現したかを観察・記録していく方法である。具体的には，「マネジメント」「学習指導」「認知学習」「運動学習」の 4 つに区分したカテゴリー（**表 5-1**）に基づき，1 回の授業にそれぞれの場面が何分あり，どのくらいの割合を占めていたのか，どのくらいの頻度で出現していたのかなどを算出する。算出された割合や頻度から「運動学習」の時間量が十分に確保されているか，「マネジメント」の時間量が抑えられているかなどを確認し，よい体育授業のための条件[注4]を揃えているかを確認するのである。このように授業場面を観察・記録することで，研究者や教師が体育授業の場面展開を振り返り，指導技術の向上や授業改善をするための情報とするのである。一方で，各場面がどのくらいの割合になればよいのかといった最適な数値があるわけではなく，単元の序盤では，学習を方向付けたり，初めて学習する内容を説明したりするために「マネジメント」や「学習指導」の時間量が多くなる傾向にある。また，取り扱う教材や対象学年によって変化することも予想される。しかし，4 つのカテゴリーの中でも「運動学習」の場面を十分確保できるかどうかが，子どもたちの学習成果や授業満足度に直結するともされ[9]，「マネジメント」や「学習指導」によって学習を方向付けたり，「認知学習」によって学習したことの定着や活用を図ったりする中でも，「運動学習」が中心となるように授業を展開する必要があるといえる。また，「運動学習」の時間量が十分に確保できているかだけではなく，教師の指導行動が有効に行われているかを観察したり[注5]，子どもたちが学習に従事しているかを併せて観察したりすることで[注6]，より詳細に授業場面を分析することができる。

　具体例として，2 つの授業を期間記録法によって分析した結果のグラフを**図 5-1**に示している。授

注4) 高橋ら[11]は，よい体育授業を実現するための条件を「基礎的条件」と「内容的条件」の二重構造で説明している。「基礎的条件」は，①学習従事時間が確保されていること，②学習の規律が確立していること，③教師の肯定的な働きかけがみられること，④児童生徒の情緒的解放や学習集団の肯定的かかわりがみられること。「内容的条件」は，①学習目標がはっきりしていること，②教材や場づくりの工夫がみられること，③学習方法の形式が多様であること，④教師の指導性が明白であること。

注5) 教師の指導行動を観察する方法として，相互作用の観察記録があげられる。相互作用とは教師と子どもの間で情報交換がなされる行動で，具体的には発問，受理，フィードバック（賞賛，助言，叱責），励ましなどを観察記録の対象としている[13]。

注6) 子どもたちが学習に従事しているか観察する方法として，学習従事観察法[2]があげられる。この観察法によって，「運動学習」場面にどれだけの人数の子どもが学習課題に従事しているか明らかとなり，授業の勢いを推定することができる。

業Aと授業Bの2授業は，どちら
も小学校高学年のマット運動の授業
であり，全6時間単元中の4時間目
の授業を示している。授業Aは，一
見「運動学習」の時間が最も長くなっ
ているが，「マネジメント」と「学
習指導」の時間の合計が全体の半分
近くを占めており，子どもが運動を
せずに待機していたり，教師が直接

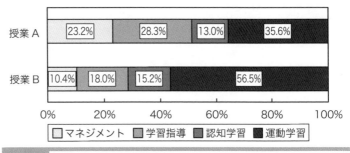

図 5-1 授業Aと授業Bの各授業場面割合

説明をしたりしている時間が長い授業であったことがわかる。一方，授業Bは，「運動学習」の時間
が全体の半分以上を占め，子どもたちが運動する時間を十分に確保しており，単元中盤である4時
間目としては理想的な授業展開であったと考えられる。また授業Bのように「運動学習」が十分確
保された授業は，後に説明する形成的授業評価にプラスの効果をもたらすといわれている。このよう
に，実施した授業を客観的なデータとして振り返り，次時の授業改善を行うための情報とすることが
できる。そのため，大学における教育実習指導や模擬授業を振り返る方法として，教員養成課程の学
生を対象とした研究に期間記録法が用いられることもある。

　実際にこの期間記録法を行うには，ある程度慣れが必要であり，撮影した授業映像を持ち帰って，
映像を見直しながら記録することが多い。一方で，近年では期間記録法をタブレット端末などで行う
ことができるアプリ[3]も開発され，分析に慣れていれば即時的に結果を算出して，授業をその場で
振り返ることができるツールとしても用いられている。

2) ゲームパフォーマンス評価法

　授業の中で子どもたちが練習をしたり，ゲームをしたりする場面を記録し，観察的に評価する方
法は，多くの研究で用いられている。ここでは，ボール運動や球技系の評価方法としてグリフィン
（Griffin, LL）ら[10]が開発した，ゲームパフォーマンス評価法（Game Performance Assessment
Instrument：GPAI）を取り上げる。この方法は，ゲームから切り離されて行われる技能テストとは

表 5-2　ゲームパフォーマンス評価法の構成要素と定義

カテゴリー	定　義
ベース	ある技能を発揮し，次の技能を発揮するまでの間のホームポジションあるいはリカバリーポジションへの適切な戻り
調整	ゲームの流れに応じた，オフェンスあるいはディフェンスのポジション調整の動き
意思決定	ゲーム中にボール（あるいはシャトルなど，ボールに相当するもの）などを操作して何を行うべきかに関する適切な選択
技能発揮	選択した技術の有効な実行
サポート	味方チームがボールを保持している場面で，パスを受けるポジションへ移動するボールをもたない動き
カバー	ボールを保持している味方プレーヤーやボールに向かって移送している味方プレーヤーに対するディフェンス面での支援
ガード / マーク	ボールを保持している相手プレーヤー，もしくはボールに向かって移動している相手プレーヤーに対するディフェンス

（文献 10 より引用）

表5-3 奥村らのゲームパフォーマンス評価基準抜粋

カテゴリー		基　準
パス	状況判断	シュートできない時，フリーの味方にパスをした
	技能発揮	投げたパスが味方の手元に到達した
シュート	状況判断	フリーでシュートをした
	技能発揮	シュートがゴールに入った
ボールキープ	状況判断	シュートできずパスレーンを保持している味方がいない時，ボールをキープした
サポート	技能発揮	ボール保持者との間にディフェンスがいない

（文献7より引用）

異なり，実際にゲーム中に子どもたちが発揮したパフォーマンスをビデオカメラで記録し，授業後にそれらのパフォーマンスを評価基準に照らし合わせて分析を行う。実際の分析に用いる評価基準は，ゲームパフォーマンスを構成する7つのカテゴリー（**表5-2**）の中から，種目や授業での指導内容，研究目的に合わせて作成することができ，ボール運動や球技系の研究において汎用性が高い評価方法である。この評価方法によって，適切なパフォーマンスの回数や割合を算出し，授業単元実施前と実施後の変化や単元進行に伴う推移から体育授業による技能的な学習成果を確認することができる。

　具体例として，奥村ら[7]が作成した評価基準の抜粋を**表5-3**に示している。この**表5-3**は，小学校6年生のハンドボールの授業において，ゲーム中に発揮されたパフォーマンスの中でも，「パス」の状況判断と技能発揮，「シュート」の状況判断と技能発揮が評価対象となっている。この評価基準は，学習指導要領の記載内容や授業での指導内容に基づいて作成されており，ドリブルを禁止としたルールで，パスをつないでゴールまで向かうゲームにおいて発揮されたパフォーマンスを評価するものである。例えば，「パス」の状況判断は，評価対象の児童がシュートをできない状況において，フリーな状況にいる味方にパスをした場合は，状況判断の成功となる。しかし，パスをした味方がフリーな状況ではない場合には，状況判断の失敗となる。同様に「パス」の技能発揮についても，投げたパスが味方の手元に到達した場合を技能発揮の成功とし，暴投や守備によって味方の手元に到達しなかった場合を技能発揮の失敗としている。このように，対象となるゲーム中のプレーを細かく区切り，1回1回のプレーが成功か失敗か，または適切か不適切かといった評価をしていくのである。

　先述したように，このゲームパフォーマンス評価法は，授業で扱う種目や研究目的に合わせて応用が可能なため，ボール運動や球技系の技能に焦点をあてている研究で多く用いられている。また，各研究に合わせて評価基準を作成した場合には，誰が評価しても同じ結果になるのかどうかや，同じ人物が複数回評価しても同じ結果になるのかどうかを確認したうえで，安定した評価が行える基準を作成することを心掛けなければならない[注7]。

3）形成的授業評価

　形成的授業評価は，長谷川ら[3]によって一般化された方法で，子どもがその日の授業を肯定的または否定的にとらえていたのか，授業後に簡便な質問紙によって調査するものである。この調査によって，授業に対する満足度を数値化することができ，継続的な調査によって単元中の変容を折れ線グラフで示すこともできる。実施や結果の解釈が簡便なため，研究に限らず教師が自己の授業を振り返る

注7） 奥村ら[7]の研究でも，作成した評価基準について，観察者4人の評価一致率が80％以上になったことを報告している。

体育授業についての調査

　　月　　日　　　　年　　組　　番　　　　名前

■きょうの体育授業について質問します。下の１〜９について，あなたはどうおもいましたか。
　あてはまるものに○を付けてください。

1. 深く心に残ることや，感動することはありましたか。　　　　　　　　　　はい・どちらでもない・いいえ

2. 今までできなかったこと（運動や作戦）ができるようになりましたか。　　はい・どちらでもない・いいえ

3. 「あっ，わかった！」とか「あっ，そうか」と思ったことがありましたか。　はい・どちらでもない・いいえ

4. せいいっぱい，全力をつくして運動することができましたか。　　　　　　はい・どちらでもない・いいえ

5. 楽しかったですか。　　　　　　　　　　　　　　　　　　　　　　　　　はい・どちらでもない・いいえ

6. 自分から進んで学習することができましたか。　　　　　　　　　　　　　はい・どちらでもない・いいえ

7. 自分のめあてにむかって何回も練習できましたか。　　　　　　　　　　　はい・どちらでもない・いいえ

8. 友だちと協力して，なかよく学習することができましたか。　　　　　　　はい・どちらでもない・いいえ

9. 友だちとお互いに教えたり，助けたりしましたか。　　　　　　　　　　　はい・どちらでもない・いいえ

図 5-2　　形成的授業評価票（文献４をもとに作成）

表 5-4　形成的授業評価の診断基準

次元 ＼ 評定	質問番号	5	4	3	2	1
成果	1,2,3	3.00〜2.70	2.69〜2.45	2.44〜2.15	2.14〜1.91	1.90〜1.00
意欲・関心	4,5	3.00	2.99〜2.81	2.80〜2.59	2.58〜2.41	2.40〜1.00
学び方	6,7	3.00〜2.81	2.80〜2.57	2.56〜2.29	2.28〜2.05	2.04〜1.00
協力	8,9	3.00〜2.85	2.84〜2.62	2.61〜2.36	2.35〜2.13	2.12〜1.00
総合評価		3.00〜2.77	2.76〜2.58	2.57〜2.34	2.33〜2.15	2.14〜1.00

（文献４をもとに作成）

ためのツールとしても広く用いられている。具体的な方法としては，授業終了時に９項目の評価票（**図5-2**）を子どもたちに「はい（３点）」「どちらでもない（２点）」「いいえ（１点）」で回答してもらい，算出したクラス平均を長谷川ら [4] が作成した診断基準（**表5-4**）に照らし合わせることで，授業の良し悪しを評価する。この９項目の質問で，「成果」「意欲・関心」「学び方」「協力」の４次元を構成しており，それぞれの次元が異なる結果を示すようにつくられている。まず「成果」は，子どもたちができたり，わかったりした時に感動を味わうことができたかを評価する次元であり，この次元得点には，授業中の技能的な達成や習熟が影響する。次に「意欲・関心」は，運動したいという欲求を満たすことができたかを評価する次元であり，子どもにとって授業が楽しかったかどうかの指標ともなる。続いて「学び方」は，学習の自発性や合理性を評価する次元であり，この次元の得点には，授業の中で自発的に考えて課題に取り組む時間や課題に対して練習する機会を保障するだけではなく，それらの課題を合理的に解決できるように教師から適切なアドバイスをすることなどが影響する。最後に「協力」は，仲間との人間関係を評価する次元であり，授業中にペアやグループで課題解決に取り

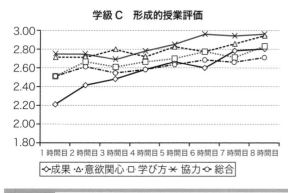
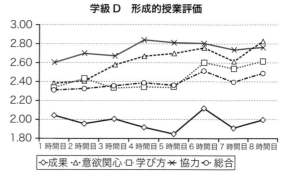

図5-3 学級Cと学級Dの形成的授業評価の推移

組んだり，教え合いや励まし合ったりすることが影響する。また，それらを合計した総合評価についても授業を振り返るうえでの重要な資料となるのである。

　それでは，実際の結果をもとに解説する。**図**5-3は，小学校高学年2学級（C, D）のバスケットボール8時間単元の各授業時間に収集した形成的授業評価平均をグラフ化したものである。学級Cの形成的授業評価は，単元進行に伴って全体的に緩やかな右肩上がりのグラフであり，最終的に評定基準も4か5を記録している。成功した単元はおおむねこのような傾向がみられるとされ[12]，学級Cの授業単元は子どもたちにとってよい授業であったということがわかる。一方で，学級Dの形成的授業評価も単元進行に伴って緩やかな右肩上がりのグラフにみえるが，「成果」次元が低い値で推移しており，**表**5-4の評定基準に照らし合わせると1や2となっている。研究者や実践者は，形成的授業評価の結果をみて授業や単元の成果を概観し，実際の指導を振り返りながらその効果を検証したり，その日の授業評価を踏まえて次なる授業改善のために省察したりするのである。

おわりに

　体育科教育学における研究方法については，本章で紹介した方法だけではなく，他分野からのアプローチもみられる。例えば，子どもたちの動きをバイオメカニクス的に分析している研究や，体育授業に関する質問紙を新たに開発する研究など，様々である。しかし，どのような方法を用いていたとしても，このスポーツと教育の分野における研究，特に体育科教育学の研究分野では，子どもたちがより楽しく，上達できるような授業への改善，生涯スポーツに親しむための資質・能力を培うことができる体育実践の創造，体育実践を行う指導者の指導力向上など，現在ある体育実践または将来の体育実践を改善することが大きな目的になっている。本章で代表的な研究方法をすべて紹介することは難しいため，興味を持った読者は他領域の研究方法も参考にしつつ学びを深めてもらいたい。

4. 研究例

　本章で紹介した方法を用いている卒論の抄録を以下に示す。本分野に興味を持った読者は参考にしていただきたい。

研究例（サンプル）

小学校5年生におけるハンドボール授業の研究
―児童のゲームパフォーマンスと授業評価に焦点を当てて―

【目　的】

　本研究の目的は，小学校5年生を対象としたハンドボール授業において，パスとシュートに焦点化したゲームを導入することで，子どものゲームパフォーマンスと授業評価に及ぼす影響を検討することである。

【方　法】

　20XX年5月中旬から6月下旬にかけて，K県Y小学校5年生35名を対象に行われたハンドボールの授業9時間単元を対象とした。授業を担当した教師は教職歴12年のA教諭であった。

　メインゲームのルールは，技能水準が高い児童にボールを独占されてしまう可能性を考慮して，ドリブルを禁止し，パスに焦点化するゲームとした。また，コートにせり出す形状のV字ゴールを採用して，シュートが入りやすいようにゲームを修正した。

　分析内容は，毎授業のメインゲームをビデオカメラで撮影し，ゲームパフォーマンス評価法を参考に，毎授業のゲームにおけるパスとシュートの技能発揮について分析した（**表1**）。その後，単元の前半と後半で発揮されたパフォーマンスの試行数と成功数から割合を算出して比較した。また，毎授業終了後には，形成的授業評価を行った。

【結果・考察】

1. ゲームパフォーマンス

　ゲームパフォーマンスの結果は**表2**のとおりである。パスとシュート両方について，単元後半に適切なプレーの割合が向上していた。

　ドリブルを禁止してパスによるゲームとしたことで，子どもたちがパスをする機会が増え，適切なパフォーマンスの向上につながったと考えられる。また，コート上にせり出したV字ゴールを採用し，積極的にシュートを打つように教師が指導したことで適切なシュートの割合も高まったと考えられる。

2. 形成的授業評価

　形成的授業評価の結果は，**図1**のとおりである。単元終了時には，すべての次元で評定5となり，子どもにとって満足のいく授業であったといえる。

　パスとシュートに焦点化したゲームを行い，

表1　ゲームパフォーマンス分析カテゴリー

カテゴリー	基準（技能発揮）
パス	投げたパスが味方の手元に到達した
シュート	ゴール枠内にシュートを打った

表2　ゲームパフォーマンスの結果

カテゴリー	単元前半		単元後半	
	成功数/試行数	割合	成功数/試行数	割合
パス	34/70	48.6%	52/79	65.8%
シュート	16/42	38.1%	36/51	70.6%

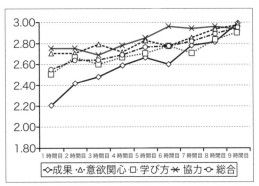

図1　形成的授業評価の結果

ボールに触れる機会が増加し，ゲームパフォーマンスも向上していた。このことから，子どもたちの「できる」という実感が高い授業評価につながったと考えられる。

【総　括】

　本研究の目的は，小学校5年生を対象としたハンドボール授業において，パスとシュートに焦点化したゲームを導入することで，子どものゲームパフォーマンスと授業評価に及ぼす影響を検討することであった。

　子どものパスとシュートのゲームパフォーマンスは，単元前半に比して後半により適切なパフォーマンスを行う割合が高まり，技能成果を確認することができた。また，授業評価に関しても，子どもが満足した授業であったといえる。

　授業でねらいとしたゲームパフォーマンスをゲームルールによって焦点化したことによって，子どものゲームパフォーマンス向上につながり，その結果子どもが満足する授業を展開することができたと考えられる。今後は，より効果的な指導を明らかにするために，教師の指導について，期間記録や教師言語の分析などから明らかにしていく必要がある。

5.　課　題

　図5-4には，ある学級のサッカー10時間単元において，毎授業終了後に実施した形成的授業評価の結果を示している。グラフをみると，6時間目の評価で「成果」次元得点が上昇し，逆に「意欲・関心」次元得点が下降している。そこで，なぜ得点変化が起きたのかを，期間記録法による授業場面の割合から考えることとした。1時間目から10時間目までの期間記録の結果を形成的授業評価の隣に示している。

　特に，変化が起きた6時間目の授業場面の割合に着目して，なぜ形成的授業評価の「成果」と「意欲・関心」に得点変化が起きたかを考察しなさい。

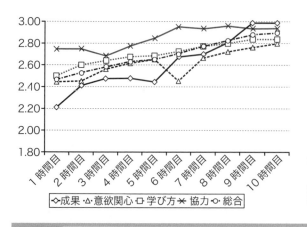
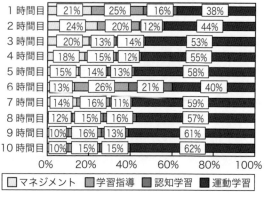

図5-4　形成的授業評価の結果と授業場面の時間割合

推薦図書

　本章の研究領域について学びをより深めるために，書籍を紹介する。以下に紹介する書籍は，研究に限らず，体育授業づくりや教材づくりについても触れられているため，教育実習に向けた準備をするための書籍ともなるだろう。

1) 髙橋健夫 編著：体育授業を観察評価する―授業改善のためのオーセンティック・アセスメント，明和出版，東京，2003.
　体育授業をどのように観察評価するのか，様々な方法が具体例とともに解説されている。具体例だけではなく，様々な調査票や記録票が資料として付されている。
2) 日本体育科教育学会 編：体育科教育学研究ハンドブック，大修館書店，東京，2021.
　体育科教育学の基礎的・基本的な情報を網羅している。体育科教育学の成り立ちから，研究方法の解説，典型事例の紹介など，学びを深めるために有効である。
3) 岡出美則，友添秀則，岩田　靖 編著：体育科教育学入門，三訂版，大修館書店，東京，2021.
　体育科教育学がどのような学問かを解説するだけではなく，教材づくり・授業づくりの事例が豊富に載っており，教育実習の準備にも活用できる。

参考文献

1) 秋田喜代美：第II部第5章 学校でのアクション・リサーチ―学校との協働生成的研究. In: 秋田喜代美, 恒吉僚子, 佐藤　学 編, 教育研究のメソドロジー―学校参加型マインドへのいざない, 東京大学出版会, 東京, pp.163-189, 2005.
2) 福ケ迫善彦, スロト, 小松崎敏 他：体育授業における「授業の勢い」に関する検討―小学校体育授業における学習従事と形成的授業評価との関係を中心に. 体育学研究, 48(3): 281-297, 2003.
3) 長谷川悦示：体育科授業研究のための授業分析用アプリの開発と効果の検証. 科学研究費助成授業データベース: https://kaken.nii.ac.jp/file/KAKENHI-PROJECT-15K12627/15K12627seika.pdf (2021年10月20日参照)
4) 長谷川悦示, 髙橋健夫, 浦井孝夫 他：小学校体育授業の形成的評価票及び診断基準作成の試み. スポーツ教育学研究, 14(2): 91-101, 1995.
5) 森　敏生：第I部第2章 体育科教育学の目的と性格. In: 日本体育科教育学会 編, 体育科教育学研究ハンドブック, 大修館書店. 東京, pp.7-11, 2021.
6) 大友　智：研究としての質保証と配慮事項. In: 日本体育科教育学会 編, 体育科教育学研究ハンドブック, 大修館書店. 東京, pp.71-77, 2021.
7) 奥村拓朗, 岡出美則：ゲームパフォーマンスの評価を踏まえたボール運動系授業の改善策の検討―小学校6年生のハンドボールを対象として. 日本体育大学スポーツ科学研究, 9: 1-11, 2020.
8) 高田俊也, 岡澤祥訓, 髙橋健夫：態度測定による体育授業評価法の作成. スポーツ教育学研究, 20: 31-40, 2000.
9) 髙橋健夫：よい体育授業過程の特徴. 体育学研究, 45(2): 147-162, 2000.
10) 髙橋健夫, 岡出美則 監訳 (リンダ・グリフィン 他著)：ボール運動の指導プログラム―楽しい戦術学習の進め方, 大修館書店, 東京, pp.200-207, 1999.
11) 髙橋健夫, 岡澤祥訓：よい体育授業の構造. In: 髙橋健夫 編, 体育の授業を創る, 大修館書店, 東京, pp.9-24, 1994.
12) 髙橋健夫, 長谷川悦示, 浦井孝夫：体育授業を形成的に評価する. In: 髙橋健夫 編, 体育授業を観察評価する―授業改善のためのオーセンティック・アセスメント, 明和出版, 東京, pp.12-15, 2003.
13) 髙橋健夫, 中井隆司：教師の相互作用行動を観察する, In: 髙橋健夫 編, 体育授業を観察評価する―授業改善のためのオーセンティック・アセスメント, 明和出版, 東京, pp.49-52, 2003.
14) 髙橋健夫, 吉野　聡：体育授業場面を観察記録する. In: 髙橋健夫 編, 体育授業を観察評価する―授業改善のためのオーセンティック・アセスメント, 明和出版, 東京, pp.36-39, 2003.
15) 滝沢洋平, 岡田雄樹, 和田博史 他：小学校3年生のベースボール型ゲーム授業における投能力及び打能力に関する研究. スポーツ教育学研究, 38: 53-70, 2018.

 スポーツとバイオメカニクス

高橋　和孝，沼津　直樹，山口　雄大

はじめに

　スポーツバイオメカニクスは，スポーツ動作やヒトの身体運動を対象に，生理学や解剖学，数学や物理学など様々な視点から検討する分野である。スポーツバイオメカニクスの観点からスポーツ動作をみることは，自身の技術を冷静に見直すきっかけとなるほか，体育科教員や指導者にも求められる「動作技術を教える能力」を身につけることにも大きく貢献する。

　これまでの自身の練習や試合経験を通して，もっと上手になりたいと思い，上手な先輩やプロ選手の動作を見様見真似で取り入れた人も多いのではないだろうか。スポーツバイオメカニクスでは，「上手な先輩やプロ選手と自分の動きの違いはどこにあるのか」「どうすればもっとうまくなれるのか」といったうまくなるコツを数値化し，提示することができる。そして，このような「うまくなるコツ」は，教員になった際に体育科教員として求められる「身体を動かすことの楽しさ」を教えることにもつながる。

　バイオメカニクスにおける理想的な科学的フィードバックの流れとしては，①試合分析を通して問題となる局面および動作を特定し，②キネマティクス的分析により「動きの様子の違い」を明らかにし，③その動きの違いが「どのような筋の働きの違いか」をキネティクス的分析によって明らかにし，それらの結果を用いてフィードバックを行う，という手順があげられる。この流れに則して，本章ではバイオメカニクスの代表的な研究手法を3つ紹介する。1つ目は，陸上競技や自転車競技，近年では多くの球技種目でも盛んに行われている，試合展開をバイオメカニクス的に評価する試合分析（レース分析，ゲーム分析ともいう）である。2つ目は，手や足の変位や速度，関節角度などに基づいて「どのような動きをしているか」を検討するキネマティクス的分析である。3つ目は，運動を起こす力，筋力やパワーなどに基づいて「どのような力により運動が引き起こされているか」を検討するキネティクス的分析である。

　本章の課題としては，スプリント（疾走）動作を題材に，上記の3つの研究がどのように行われているかを紹介し，試合分析を通してバイオメカニクスの醍醐味である「データから動きを読み取る」体験を行ってもらうこととする。

1. 研究事例紹介—スプリント動作

1）試合分析—課題点を見つける

（1）疾走速度曲線から試合の特徴をつかむ

　男子100 mの世界記録保持者（9秒58）であるウサイン・ボルトは，100 mをどのくらいの速度で走っているのだろうか。走距離（100 m）を走タイム（9秒58）で割ることで，ボルトの平均疾

走速度は，10.44 m/s（37.58 km/h）である
と計算できる。ボルトはスタートからゴールま
で全力で走っているが，スタート時からこの速
度で走っているわけではない。また，スタート
直後に最高速度に達するわけでもない。では，
スプリント中の速度変化はどのようになってい
るのだろうか。

　実際にボルトの疾走速度を計測した事例があ
る。Bae[3] は，2011 年の世界陸上大邱大会にお
ける男子 100 m でボルトの予選および準決勝
レースの疾走速度をレーザー方式速度測定装置
（通称 Laveg）（**図 6-1**）を用いて計測している。
この装置は，選手の背中にレーザービームを照
射し，得られる反射光から 1/100 秒ごとに装
置と選手との距離を計測し，即時的・連続的な
速度の変化から選手の最高速度を算出すること
ができる。それでは実際に Bae[3] が報告してい
るデータをみてみよう。ボルトは予選第 1 レー
スおよび準決勝をそれぞれ，10 秒 10，10 秒
05 というタイムで通過している（**図 6-2**）。こ
の時のボルトの疾走速度はレース中盤の 55.3
m および 56.2 m で最高スピードに達している
ことからも，スタートからゴールまでずっと加
速しているわけではないことがわかる。スター
トから最高速度に達するまでの加速時間は，競
技レベルに関係なく 5〜7 秒といわれており[6]，
レース後半では最高速度から 3 〜 7％ほど減速
する[2]。テレビでよくみられる「レース後半に
トップを走る選手が他の選手よりも速く走って
みえる」のは，決して速度が増大しているため
ではなく，速度の低下率が他の選手よりも小さ
く，相対的に速く走っているようにみえるため
である。

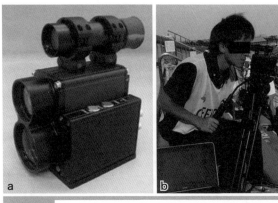

図 6-1　レーザー方式速度測定装置（**a**）と測定風景（**b**）

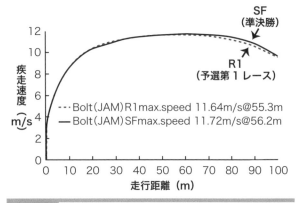

図 6-2　2011 年世界陸上大邱大会におけるウサイン・ボ
ルトの予選第 1 レース（10 秒 10）および準決勝
（10 秒 05）の速度曲線（文献 3 より一部改変）

図 6-3　未就学児のスプリント走の光電管センサーを用い
た測定風景

　このレーザー方式による速度計測は，装置自
体が非常に高価であるため現場で活用することは難しい。そのため代替法として光電管センサーが用
いられることがある。光電管センサーは，光を物体に照射した際に放出される光電子を集め電流とし
て取り出すというメカニズムを利用するもので，自動車などの速度違反取締などでも用いられている。
光電管センサーを用いた疾走速度の測定は測定距離を自由に設定することができるため，スプリント
走の中で一区間の速度のみを抽出することができる（**図 6-3**）。

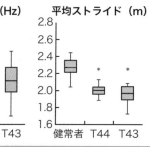

図 6-4 健常者，T44（片側の下肢に欠損，可動域障害，筋力障害，脚長差のいずれかの障害基準を持つ競技者），T43（両側の下肢に欠損，可動域障害，筋力障害のいずれかの障害基準を持つ競技者）の選手における 100 m 走中の平均速度，平均ピッチ，平均ストライドの比較。*：T43, T44 ＜ 健常者，$p < 0.01$。(文献 7 より一部改変)

(2) 映像と合わせてより詳細に観察する

100 m のタイムは，レース中の最大疾走速度と強い相関関係がある[5,10]。疾走速度は 1 秒間あたりの歩数を示すピッチと 1 歩あたりの移動距離を示すストライドの積で表わされる[1,11]。言い換えると，地面を蹴る回数を増やす，あるいは，1 歩をより大股で進むことができれば，疾走速度は高まるということである。実際には，最大努力でのスプリント走の場合，ピッチが増加すればストライドが低下し，ストライドが増加すればピッチが低下するという相互依存の関係にあるため，両方を一度に向上させることは難しい[8]。

スプリント走におけるピッチとストライドを簡単に分析できる例として，Hobara ら[7]の研究をあげる。彼らは，インターネット放映されたオリンピックや世界選手権などの映像をもとに，男子 100 m におけるオリンピックアスリートとパラリンピックアスリートのスプリントタイムに影響するピッチとストライドについて分析している。分析項目として，レース距離（100 m）をタイム（秒）で除すことによって平均速度を算出した。また，映像から 100 m を何歩で進んだかを算出し，タイムを歩数で除すことによって平均ピッチを算出し，平均速度を平均ピッチで除すことによって，平均ストライドを算出した。その結果，パラリンピックアスリートはオリンピックアスリートよりもタイムが遅く，その原因はストライドが短いためであることを報告している（**図 6-4**）。このように，映像からピッチとストライド，疾走速度を分析する手法は誰でも簡単にでき，その解釈も容易である。

以上のように，選手を指導する際に今回紹介した方法を用いることで，課題はスタート局面なのか，または最高疾走速度後にあるのかを見極めることができる。加えて，映像と合わせて観察することで，選手のストライドとピッチ，どちらを改善するべきなのかを客観的に評価することができる。

2) キネマティクスデータの測定

身体の位置や関節角度・角速度など，動作の状態を分析することをキネマティクス的分析と呼ぶ。スプリント走においては，上述したピッチやストライド，疾走速度や重心の位置，接地時の関節角度などの数値を用いて客観的に分析することが主なねらいである。

キネマティクス的分析では，ビデオカメラを用いて対象者の解剖学的特徴点（ランドマーク）をデジタイズ（座標化）することが基本である（「大学体育・スポーツ学への招待」[15]第 6 章を参照）。この際，ビデオカメラの撮影コマ数（frame per second：FPS）を考慮する必要がある。一般的なビデオカメラは，30 もしくは 60 FPS というコマ数で映像が記録されるが，スプリント走などの動きが速い身体運動を分析する場合には，120 〜 300 FPS 程度のコマ数が必要である。映像は写真を連続的につなぎ合わせたものであり，コマ数が多くなればなるほど，動きの瞬間を観察することができるためである。

身体運動は三次元空間で行われるが，歩，走や跳などの一部の動作は，主に矢状面（側方）上の動

図6-5　ハイスピードカメラを用いた二次元動作（ジャンプ）の撮影風景

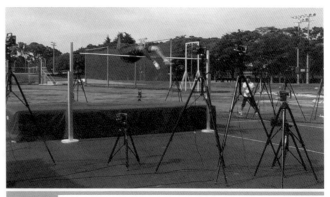

図6-6　モーションキャプチャシステムを用いた走高跳の撮影風景

第1トランジッション　　　**第2トランジッション**

接地　　　離地　　　　　　接地　　　離地　　　　　　接地　　　離地

第1加速区間 （スタート〜4歩目）	第2加速区間 （4歩目〜14歩目）	第3加速区間 （14歩目〜）
✓脚全体のスイング動作によってピッチを高める ✓支持脚の膝関節は接地した後は屈曲せずに伸展のみのキック動作	✓支持脚の膝関節は一度屈曲した後，伸展することによってストライドを獲得	✓身体重心の上昇が終息し頭部や体幹が直立に近い状態となる

図6-7　3つの加速区間における疾走動作の相違。太線：支持脚（文献13をもとに作成）

きとしてとらえることができるため，二次元の動作として分析されることもある（**図6-5**）。二次元の動作の場合，1台のビデオカメラ動作分析が可能である。ただし，測定したい動作に骨盤の挙上や体幹の捻りなど，矢状面以外の運動が含まれる場合には，三次元の動作分析が必要となる。三次元の動作分析では，最低2台以上のビデオカメラが必要となり，分析に先立つ準備に時間がかかるほか，分析処理の量が多くなるなど，二次元の動作分析と比べて能率的ではない。そのため，近年では対象者のランドマークを自動でデジタイズし，分析をより効率よく実施できるモーションキャプチャシステムも多く用いられている（**図6-6**）。

　モーションキャプチャシステムを用いてスプリント走の加速局面のキネマティクスを分析したNagaharaらの研究[13]を紹介する。60台の赤外線カメラを使用したモーションキャプチャシステムを用いて，身体のランドマーク47点を計測し，これらの座標データから，身体重心位置や速度，関節の角度や角速度などのキネマティクスデータを算出している。その結果として，加速局面は身体重心の上昇度が大きく変化するポイント（トランジッション）が2回生じることによって，大きく3つの加速区間に分類されることが示された（**図6-7**）。それにより，各局面で身体を加速させるための動きが異なること，その動きは疾走速度のように徐々に変化していくのではなく，2回のトランジッションによって特徴的に変化することを報告している。

3) キネティクス，筋電図データの測定

図6-8 フォースプレート。四隅（丸印）の内部に力を感知するセンサが4つ内蔵されている。

私たちの身体は常に様々な外力（重力，地面反力，空気抵抗など）を受けている。そのような外力や，筋が発揮する張力，それによって引き起こされる関節力やトルクなどの内力について分析することを，キネティクス的分析と呼ぶ。スプリント走においても，いかに速く走るかということを考えるうえでは，身体の動作を考えるとともに，その動作がどういった筋の活動によるものか，あるいは最終的に足部から地面へどの程度の力が加わっているか

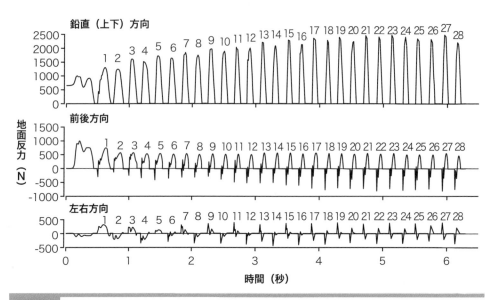

図6-9 50m走における1歩ごとの地面反力。グラフ内の数字は各歩数。（文献13より一部改変）

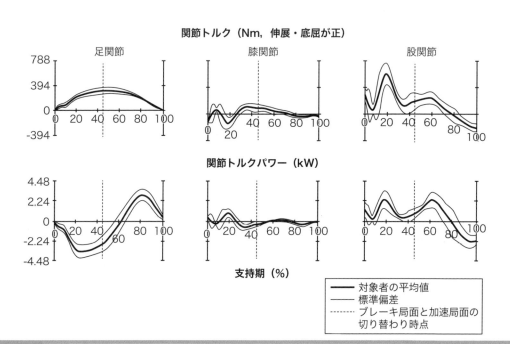

図6-10 スプリント走の支持期における下肢3関節のトルクとトルクパワー（文献4より一部改変）

図6-11 表面筋電図の貼付例

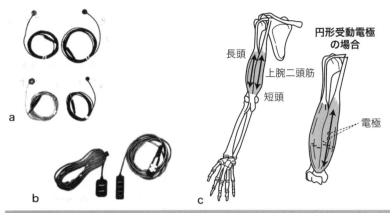

図6-12 一般的な受動電極（**a**），能動電極（**b**）と上腕二頭筋における筋線維走行に対する電極貼付例（**c**）

ということを考える必要がある。

　通常，人間の運動に関するキネティクス的分析では，地面や物体（ボール，道具，自転車など）との接地面に作用する外力や圧力，または筋や腱，関節などにかかわる内力に着目することが多い。キネティクス的分析によって算出されるパラメータは直接計測できるものもあるが（地面反力など），関節トルクやトルクパワーなどの内力の多くは，地面反力データとキネマティクスデータをもとに算出・推定される。

　地面反力データを得るために欠かせないのが，フォースプレート（FP）である（**図6-8**）。FPは力を感知する4本の柱が内蔵されており，FPに加えた力の大きさと方向を記録することができる。地面反力の算出例について**図6-9**に示した。スプリント走においては，ブロッククリアランス（スターティングブロックを蹴っていく局面）時に後方および下方へ大きく力が発揮されており，その後は1歩ごとに地面に足部が衝突した際に前方への力（ブレーキ成分）がかかり，そして後方への力（加速成分）が発揮されていることがわかる。

　この地面反力を生み出すうえで，下肢の筋群はどのような力を発揮しているのかを研究することが，バイオメカニクス分野の醍醐味である。これを明らかにする手法の1つに，「摩擦のない関節」で身体の各分節（下腿や大腿など）が連結されたモデル（剛体リンクセグメントモデル）において，その関節ま

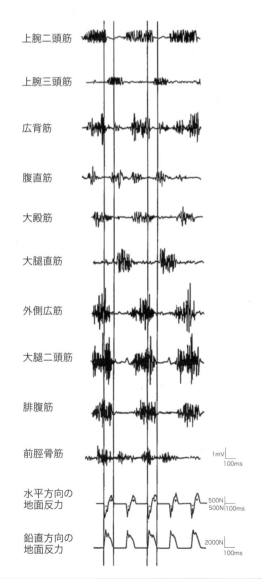

図6-13 最大努力でのスプリント走における筋活動と地面反力のグラフ。縦の実線：支持期
（文献12より一部改変）

わりに生じているトルク（物体を回転させる力の効果）や，トルクと角速度の積で筋群の活動様式をみることができるトルクパワーを計算するという手法がある。スプリント走の支持期（足部が接地している時期）における下肢3関節のトルクおよびトルクパワーをみた研究[4]によれば，股関節と足関節で支持期前半から大きな伸展（底屈）トルクや正のトルクパワーが発揮されていた（**図6-10**）。つまりスプリント走では，股関節と足関節まわりの伸展筋群が大きな力を発揮し，また短縮性（コンセントリック）な活動によってパワーを発揮していることがわかる。一方，膝関節はトルクやトルクパワーがあまり発揮されていないが，これは股関節から足関節へのパワーの伝達をしているためと推察している。このことから，最大努力でのスプリント走において，下肢3関節の役割が異なることが理解できる。

　上述したように，関節トルクは関節まわりの筋群が力を発揮することで関節を曲げ伸ばしさせる力の効果である。そのため，あくまで関節まわりにある筋群の活動によって生じた合計であり，個々の筋がどのくらい活動したかを表わすものではない。これに対して，個々の筋の活動は筋電図によって計測することができる。筋電図は，筋を収縮させる電気信号が筋に到達した際に観測される筋電位を記録する手法であり，体育・スポーツの現場では表面筋電図が多く用いられる（**図6-11**）。筋電図を使用するうえで大切なのは，筋の起始と停止（筋と骨の付着部）を理解することである。筋線維に沿って電極を貼付しなければ，正確に筋電図を記録できない（**図6-12**）。また，基本的には筋腹へ電極を貼付するため，計測したい筋の解剖学を十分に理解しておくことが重要である。

　最大努力でのスプリント走における筋活動の様子についてMeroらの研究[12]をみてみよう（**図6-13**）。接地時において，外側広筋や大腿二頭筋，腓腹筋といった下肢の伸展筋群は大きく活動している。これらの筋群は上述した股関節や足関節の伸展（底屈）トルク発揮に貢献していると推察される。しかしよくみると，これらの筋群の活動は接地前から高まっている。このような接地前の予備緊張（pre-activity）は，スプリント走において筋の剛体性（stiffness）を高め，接地による衝撃に抗することに役立っている。

2. 研究例

　以下に，バイオメカニクス的な研究手法を用いた研究要旨の一例（卒論抄録見本）を示す。

研究例（サンプル）

インターハイ男子100m決勝に出場した選手のレース展開に関するバイオメカニクス的研究

【背景と目的】

　速く走る能力は，陸上競技に限らず様々なスポーツにおいて重要な能力の1つといえる。その中でも，陸上競技の100m走では，最大疾走速度（または最高疾走速度）が大きい選手ほど走タイムが短い，つまり好成績であるということが報告されている（阿江 他，1994；松尾 他，2008）。しかし，競技力向上を目的としてレース分析を行う場合，先行研究のように，走タイムと最大疾走速度との関係だけでなく，最大疾走速度が100m走のどの区間で出現するのかといった，データを詳細に検討することも必要である。

　したがって，本研究の目的は，20ZX 年インターハイ陸上競技男子 100 m 走決勝に出場した選手を対象に，レースの特徴をバイオメカニクス的に分析し，指導への示唆を得ることとした。

【方　　法】

　20ZX 年インターハイ陸上競技の部，男子 100 m 走決勝に出場した選手 8 名およびインターハイ記録を保有する選手を対象とした。なお，本研究のデータ（**表 6-1**）は，ニッポン陸上競技協会公式 HP にて公開されている，科学委員会研究活動報告書の 20ZX 年インターハイにおけるバイオメカニクスデータ集を引用した。

　分析項目は，レース分析速報における，記録，最高速度，10 m ごとの走タイム，ラップタイム，走速度とした。

【結　　果】

　対象としたすべての選手において，最高速度は 60 m 地点で出現していた。1 位の選手と桐山選手とを比較すると，桐山選手は 20 m 以降で 1 位の選手よりも高い疾走速度を維持して走っていた。

　2 位と 3 位の選手とを比較すると，最高速度は 3 位の選手の方が高かった。しかし，3 位の選手は 80 m 以降の速度の低下が 2 位の選手よりも高かった。

　5 位および 6 位の選手についてみると，10 m 地点では成績上位の選手と変わらない走速度であった。しかし，5 位の選手は最高疾走速度が上位選手よりも低かった。6 位の選手は 5 位の選手よりも最高疾走速度が高かったが，60 m 以降の走速度の低下が 5 位の選手よりも大きかった。

　7 位および 8 位の選手についてみると，7 位の選手は 5 位，6 位の選手よりも最高疾走速度が高かったが，10 m や 20 m 地点といった序盤の速度が上位選手よりも低かった。8 位の選手は，序盤の速度や最高疾走速度などが他の選手よりも低かった。

【考　　察】

　本研究の結果より，最高疾走速度が高い選手であっても，レース序盤で疾走速度を高められない選手や，最高疾走速度が出現した 60 m 以降の速度低下が大きいことが原因で，好成績を収められない選手がいることが明らかとなった。

　また，本研究の結果から，レース分析を行うことは「最高疾走速度を高めること」以外の選手個人に適したトレーニング方法を提案する手段としても有効であると考えられる。

【参考文献および参考資料】

　阿江 他（1994）：第 3 回世界陸上選手権大会バイオメカニクス班報告書.
　松尾 他（2008）：バイオメカニクス研究，12（2）.

表 6-1 研究例用：男子 100 m 決勝レース分析データ*

順位	レーン	上段：選手名／下段：所属	記録（秒）	最高疾走速度（m／秒）	距離／項目	10 m	20 m	30 m	40 m	50 m	60 m	70 m	80 m	90 m	100 m
1	4	山下 直輝／千葉・千葉第二	10.33	11.36	通過タイム（秒）	1.91	2.97	3.93	4.86	5.76	6.64	7.57	8.48	9.39	10.33
					区間タイム（秒）	1.91	1.06	0.96	0.93	0.90	0.88	0.93	0.91	0.91	0.94
					疾走速度（m／秒）	5.24	9.43	10.42	10.75	11.11	11.36	10.75	10.99	10.99	10.64
2	6	新垣 大成／沖縄・玉城西	10.45	10.99	通過タイム（秒）	1.93	3.00	3.97	4.91	5.83	6.74	7.66	8.58	9.51	10.45
					区間タイム（秒）	1.93	1.07	0.97	0.94	0.92	0.91	0.92	0.92	0.93	0.94
					疾走速度（m／秒）	5.18	9.35	10.31	10.64	10.87	10.99	10.87	10.87	10.75	10.64
3	5	堀内 憲太朗／大阪・長居	10.52	11.11	通過タイム（秒）	1.93	3.01	3.99	4.93	5.85	6.75	7.67	8.60	9.55	10.52
					区間タイム（秒）	1.93	1.08	0.98	0.94	0.92	0.9	0.92	0.93	0.95	0.97
					疾走速度（m／秒）	5.18	9.26	10.20	10.64	10.87	11.11	10.87	10.75	10.53	10.31
4	8	宮平 謙助／青森・八戸商科大付	10.54	10.99	通過タイム（秒）	1.93	3.01	4.00	4.93	5.85	6.76	7.67	8.60	9.55	10.54
					区間タイム（秒）	1.93	1.08	0.99	0.93	0.92	0.91	0.91	0.93	0.95	0.99
					疾走速度（m／秒）	5.18	9.26	10.10	10.75	10.87	10.99	10.99	10.75	10.53	10.10
5	1	温水 孝輔／香川・観音山	10.56	10.87	通過タイム（秒）	1.93	3.01	3.99	4.94	5.86	6.78	7.70	8.64	9.59	10.56
					区間タイム（秒）	1.93	1.08	0.98	0.95	0.92	0.92	0.92	0.94	0.95	0.97
					疾走速度（m／秒）	5.18	9.26	10.20	10.53	10.87	10.87	10.87	10.64	10.53	10.31
6	2	山手 悠一／滋賀・琵琶湖	10.58	11.07	通過タイム（秒）	1.89	2.99	3.98	4.93	5.84	6.74	7.67	8.63	9.60	10.58
					区間タイム（秒）	1.89	1.10	0.99	0.95	0.91	0.90	0.93	0.96	0.97	0.98
					疾走速度（m／秒）	5.29	9.09	10.10	10.53	10.99	11.07	10.79	10.42	10.31	10.20
7	3	石井 堅人／愛知・犬山北	10.61	11.11	通過タイム（秒）	1.99	3.11	4.07	5.01	5.92	6.82	7.73	8.67	9.63	10.61
					区間タイム（秒）	1.99	1.12	0.96	0.94	0.91	0.90	0.91	0.94	0.96	0.98
					疾走速度（m／秒）	5.03	8.93	10.42	10.64	10.99	11.11	10.99	10.64	10.42	10.20
8	7	黒崎 篤矢／長野・長野医大付第2	10.81	10.64	通過タイム（秒）	2.01	3.10	4.07	5.03	5.98	6.92	7.88	8.85	9.82	10.81
					区間タイム（秒）	2.01	1.09	0.97	0.96	0.95	0.94	0.96	0.97	0.97	0.99
					疾走速度（m／秒）	4.98	9.17	10.31	10.42	10.53	10.64	10.42	10.31	10.31	10.10
参考記録		桐山 祥英／（前年度 優勝者）	10.18	11.49	通過タイム（秒）	1.92	2.95	3.92	4.83	5.72	6.59	7.48	8.37	9.27	10.18
					区間タイム（秒）	1.92	1.03	0.97	0.91	0.89	0.87	0.89	0.89	0.90	0.91
					疾走速度（m／秒）	5.21	9.71	10.31	10.99	11.24	11.49	11.24	11.24	11.11	10.99

＊このデータは架空のものであり、実在の人物や団体などとの関係は一切ない。

3. 課 題

　本章で紹介したバイオメカニクス的分析方法のうち，試合分析手法を用いて抄録を作成してみよう。課題用研究例を参考に，男子200m走におけるレース分析（**表6-2**）の結果と考察を作成しなさい。

課題用研究例

インターハイ男子200m決勝に出場した選手のレース展開に関するバイオメカニクス的研究

【背景と目的】

　速く走る能力は，陸上競技に限らず様々なスポーツにおいて重要な能力の1つといえる。その中でも，陸上競技の200m走では，60-80m区間で最高疾走速度が出現することが報告されている（高橋 他，2012）。また，200m走はスタートから115m区間が曲走路，残りの85mが直走路であり，200m走のタイム向上には，100m走とは異なる能力が必要になると考えられる。

　そこで，本研究の目的は，20XY年インターハイ陸上競技男子200m走決勝に出場した選手を対象に，レースの特徴をバイオメカニクス的に分析し，指導への示唆を得ることとした。

【方　法】

　20XY年インターハイ陸上競技の部，男子200m走決勝に出場した選手8名および20XX年の同種目優勝者を対象とした。なお，本研究のデータは，ニッポン陸上競技協会公式HPにて公開されている，科学委員会研究活動報告書の20XY年インターハイにおけるバイオメカニクスデータ集を引用した。

　分析項目は，レース分析速報における，記録，最高速度，各区間（0-55m，55-100m，100-150m，150-200m）の走タイム，ラップタイム，走速度とした。

【結　果】

　各自データを読み取り，見本を参考に書くこと。

ヒント

①最高疾走速度が出現したのは○-○m区間であったか。

②1位の選手と2・3位の選手の違いはどのようなところにあるか。

③鴉澤選手と比較すると，1位の選手はどのような走りであったか。

④曲走路から直走路に切り替わる100-149.92mの区間では，成績上位の選手と下位の選手に違いはあるか。

⑤最高疾走速度が出現した区間と比較すると，選手のスピード変化が大きい選手，小さい選手がいると考えられるが，順位との関係性はあるだろうか。

⑥指導現場では「コーナー出口で速度を上げる意識で」と言われることがある。今回の100-149.92mの区間では，その前の55-100m区間と比べると，スピードの変化はどうであったか。

【考　察】

　結果をもとにどのようなことがいえるかを自由に記述する（最大3つまで。感想ではない）。

【参考文献および参考資料】

　高橋 他（2012）：陸上競技研究紀要，8。

表6-2 課題用：男子200m決勝レース分析データ*

順位	レーン	上段：選手名／下段：所属	記録(秒)	最高疾走速度(m/秒)	距離／項目	0-55m 区間	55m 地点	55-100m 区間	100m 地点	100-150m 区間	150m 地点	150-200m 区間	200m 地点
1	4	山下 直輝／千葉・千葉第二	20.86	10.44	通過タイム(秒)		6.51		10.82		15.64		20.86
					区間タイム(秒)	6.51		4.31		4.82		5.22	
					疾走速度(m/秒)	8.45		10.44		10.37		9.58	
2	6	黒崎 篤矢／長野・長野医大付第2	20.89	10.37	通過タイム(秒)		6.49		10.83		15.66		20.89
					区間タイム(秒)	6.49		4.34		4.83		5.23	
					疾走速度(m/秒)	8.47		10.37		10.35		9.56	
3	5	堀内 憲太朗／大阪・長居	20.89	10.42	通過タイム(秒)		6.55		10.88		15.68		20.89
					区間タイム(秒)	6.55		4.33		4.80		5.21	
					疾走速度(m/秒)	8.40		10.42		10.42		9.60	
4	8	宮平 謙助／青森・八戸商科大付	20.90	10.54	通過タイム(秒)		6.58		10.85		15.63		20.90
					区間タイム(秒)	6.58		4.27		4.78		5.27	
					疾走速度(m/秒)	8.36		10.54		10.46		9.49	
5	1	温水 孝輔／香川・観音山	20.93	10.42	通過タイム(秒)		6.47		10.79		15.63		20.93
					区間タイム(秒)	6.47		4.32		4.84		5.30	
					疾走速度(m/秒)	8.50		10.42		10.33		9.43	
6	2	山手 悠一／滋賀・琵琶湖	20.96	10.44	通過タイム(秒)		6.57		11.00		15.79		20.96
					区間タイム(秒)	6.57		4.43		4.79		5.17	
					疾走速度(m/秒)	8.37		10.16		10.44		9.67	
7	3	石井 堅人／愛知・大山北	20.98	10.42	通過タイム(秒)		6.72		11.05		15.85		20.98
					区間タイム(秒)	6.72		4.33		4.80		5.13	
					疾走速度(m/秒)	8.18		10.39		10.42		9.75	
8	7	新垣 大成／沖縄・玉城西	20.98	10.33	通過タイム(秒)		6.56		10.99		15.83		20.98
					区間タイム(秒)	6.56		4.43		4.84		5.15	
					疾走速度(m/秒)	8.38		10.16		10.33		9.71	
参考記録		鴉澤 飛翔（前年度 優勝者）	20.36	11.06	通過タイム(秒)		6.36		10.43		15.24		20.36
					区間タイム(秒)	6.36		4.07		4.81		5.12	
					疾走速度(m/秒)	8.65		11.06		10.40		9.77	

*このデータは架空のものであり、実在の人物や団体などとの関係は一切ない。

参考文献

1) Ae M, Ito A, Suzuki M: The men's 100 meters. Scientific research project at the III World Championship in Athletics, Tokyo 1991. New Studies in Athletics, 7: 47-52, 1992.

2) 阿江通良, 鈴木美佐緒, 宮西智久 他：世界一流スプリンターの 100 m レースパターンの分析―男子を中心に. In: 日本陸上競技連盟強化本部バイオメカニクス班 編, 世界一流競技者の技術―第 3 回世界陸上選手権大会バイオメカニクス班報告書, ベースボール・マガジン社, 東京, pp. 15-28, 1994.

3) Bae Y: Biomechanics analysis of men's 100 meters sprint during IAAF World Championships Daegu 2011. In: Korean Society of Sports Biomechanics, ed, Research Project in the IAAF World Championships Daegu 2011, Korean Society of Sports Biomechanics, pp.13-23, 2011.

4) Bezodis IN, Kerwin DG, Salo AI: Lower-limb mechanics during the support phase of maximum-velocity sprint running. Med Sci Sports Exerc, 40: 707-715, 2008.

5) Bruggemann GP, Glad B: Time analysis of the sprint events: scientific research project at the Games of the XXIVth Olympiad - Seoul 1988: final report. New Studies in Athletics, 1: 11-89, 1990.

6) Hirvonen J, Rehunen S, Rusko H, et al.: Breakdown of high-energy phosphate compounds and lactate accumulation during short supramaximal exercise. Eur J Appl Physiol, 56: 253-259, 1987.

7) Hobara H, Kobayashi Y, Mochimaru M: Spatiotemporal variables of able-bodied and amputee sprinters in men's 100-m sprint. International Journal of Sports Medicine, 36: 494-497, 2015.

8) Hunter JP, Marshall RN, McNair PJ: Interaction of step length and step rate during sprint running. Med Sci Sports Exerc, 36: 261-271, 2004.

9) 木塚朝博, 増田 正, 木竜 徹 他 (バイオメカニズム学会 編)：バイオメカニズム・ライブラリー 表面筋電図, 東京電機大学出版局, 東京, pp. 28-32, 2006.

10) Maćkała K: Optimisation of performance through kinematic analysis of the different phases of the 100 metres. New Studies in Athletics, 22: 7-16, 2007.

11) Mann R, Herman J: Kinematic analysis of Olympic sprint performance: men's 200 meters. J Appl Biomec, 1: 151-162, 1985.

12) Mero A, Komi PV: Electromyographic activity in sprinting at speeds ranging from sub-maximal to supramaximal. Med Sci Sports Exerc, 19: 266-274, 1987.

13) Nagahara R, Matsubayashi T, Matsuo A, et al.: Kinematics of transition during human accelerated sprinting. Biology Open, 3: 689-699, 2014.

14) Nagahara R, Mizutani M, Matsuo A, et al.: Association of sprint performance with ground reaction forces during acceleration and maximal speed phases in a single sprint. J Appl Biomec, 34: 104-110, 2018.

15) 関根正美, 中里 浩一, 野井 真吾 他編：大学体育・スポーツ学への招待, ナップ, 東京, 2021.

　スポーツと生理学

小谷　鷹哉，橋本　佑斗

はじめに

　本章では，骨格筋を中心とした臓器の機能や構造の特性・変化，呼吸循環器の機能や持久性運動能力などを測定・観察する生理的・生化学的な実験方法について紹介する。

1.　筋力の測定

　『大学体育・スポーツ学への招待』[17]第7章 では，筋力発揮の仕組みやレジスタンストレーニング（いわゆる筋トレ。単回の筋トレをレジスタンス運動，継続的な筋トレをレジスタンストレーニングと呼ぶ）による筋力向上のメカニズムについて述べた。簡単に復習すると，運動神経が中枢や末梢からの入力を受けて興奮すると，運動神経終末から神経伝達物質が放出され，それが筋細胞膜に結合し，活動電位が発生し，筋線維が収縮する。継続的にレジスタンストレーニングを行うと，神経系の適応（筋収縮運動に参加する筋線維数の増加や運動神経の発火頻度の増加，運動単位の同期性の向上など）や，筋線維が太くなる（筋肥大）ことにより筋力が増大する。

　では，実際に筋力はどのようにして測定されるのか。筋力測定の方法は様々ある。なじみ深いものでは，スポーツや教育の現場でも用いられている握力計や背筋力計などがある。その他にも，ダンベルやバーベルを用いて持ち上げられる最大重量を測定する最大挙上重量（1 RM：1 repetition maximum）テストや，一定の重量で数回繰り返すことで最大挙上重量を推定する方法なども頻繁に用いられる。専門的な筋力測定では，等速性筋力測定器という実験機器がよく用いられる（**図7-1a**）。スポーツ科学分野で頻繁に用いられるラットやマウスなどの動物を対象とした場合でも，写真のように様々な方法で筋力の測定が行われている（**図7-1b**）。

　図7-1a の等速性筋力測定器は，肘や膝の関節などを一定の関節角度に固定した等尺性収縮時の筋力測定や，屈曲および伸展の動作における短縮性収縮や伸張性収縮時の筋力測定が可能である。等速性筋力測定器を使用して筋力を測定した場合，実際は軸を中心に物体を回転させる力を表わす「トルク」で評価されているが，ここでは筋力と表記する。

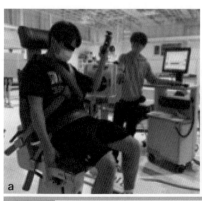

ラットの下腿部

a　b

図7-1　等速性筋力測定器

2．スポーツ科学における生理学的な実験の具体例

1）姿勢により筋力発揮は変わる

　日常生活やスポーツの現場などで，身体の使い方・フォームを改善すると，より大きな力が出せるようになり，パフォーマンスが向上したといった経験があるかと思う。これはなぜだろうか。その要因の1つとして，姿勢つまりは関節の角度の変化が筋力発揮に影響することが関係している。実際に，単純な

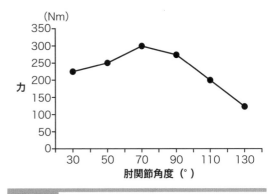

図7-2　関節角度と筋力発揮の模式図

動作である肘の屈曲の筋力と肘関節角度の関係をみてみる。肘関節を様々な関節角度で固定し，筋の長さがほとんど変化しない等尺性の筋力発揮を測定すると，関節の角度によって発揮できる筋力が変化する（**図7-2**）。個人差やスポーツ競技特性などはあるが，肘関節屈曲70°あたりで発揮筋力が最大となり，この角度よりも肘を曲げすぎても伸ばしすぎても発揮筋力は小さくなる。このように姿勢や関節角度を変えることで，発揮できる筋力が変わるといった特徴を骨格筋は有する。

2）なぜ関節角度によって筋力発揮は変化するのか

　同じ筋にもかかわらず，関節角度により筋力発揮が異なるメカニズムの1つとして，筋線維が力を発揮する仕組みが関与すると考えられている。『大学体育・スポーツ学への招待』[17]第7章で述べたとおり，骨格筋は筋線維の束であり，その内部は主に太いフィラメント（ミオシンフィラメント）と細いフィラメント（アクチンフィラメント）が規則正しく配列されている。これら2つのフィラメントが滑り合って筋が収縮する（滑り説）（**図7-3a**）。

　関節角度の違いが筋力発揮に影響するメカニズムを詳細に検討するには，ヒトの筋線維レベルで調査することは難しく，そういった場合にはヒト以外の動物の筋がよく用いられる。

　カエルの単一の筋線維を対象に，筋線維の筋節を様々な長さに固定して電気刺激により最大張力を発揮させ，長さ–張力の関係を検討した実験がある[3]。結果は図のように，筋収縮による張力は，筋節中のミオシンフィラメントとアクチンフィラメントの重なり合う量に依存することが明らかとなっ

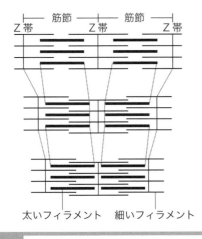

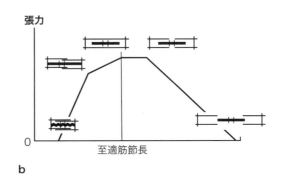

図7-3　**a**：筋節の構造と筋収縮，**b**：筋節長と張力の関係

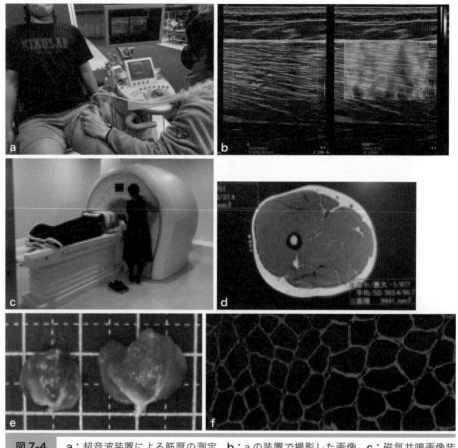

図 7-4　a：超音波装置による筋厚の測定，b：a の装置で撮影した画像，c：磁気共鳴画像装置（MRI）による筋横断面積の測定，d：MRI で測定した大腿四頭筋の横断面，e：小動物の腓腹筋，通常サイズ（左）と筋肥大したもの（右），f：hematoxylin-eosin 染色による筋横断面積測定，通常サイズの腓腹筋（左）と 筋肥大した腓腹筋（右）。

ている（**図 7-3b**）。すなわち，張力が最大となる筋節長が存在し（至適筋節長），その長さよりも伸長あるいは短縮すると張力は低下する。

　つまり関節角度を変えることは，筋節長が変わり，発揮筋力が変化することに繋がると考えられる。

(1) 骨格筋量の測定

　ヒトの骨格筋量の測定には，超音波装置を用いた筋厚の測定（**図 7-4a, b**）や，磁気共鳴画像装置（MRI）を用いた筋横断面積の測定（**図 7-4c, d**）が頻繁に用いられる。

　マウスやラットなどの実験動物は，骨格筋を摘出し，重量を測定する（**図 7-4e**）。また，摘出した筋を輪切りにし，染色することで筋横断面積を測定することもできる（**図 7-4f**）。

3. スポーツ科学における生化学的な実験

　生化学とは，生物体の構成成分あるいはそれらの状態や相互間の化学反応を対象とした学問である。スポーツ科学では，運動やトレーニング，環境の変化や栄養介入などにより筋力や筋量などが変化した際に，身体の内部にどのような変化が起きたのか，その詳細なメカニズムを生化学的な実験手法を用いて調べる。

1) 対象となる主な組織：血液, 唾液, 尿, 汗

　体液には様々な物質が含まれ，解析することで多くの情報を得ることができる。例えば，運動をすれば血中にはアドレナリンが分泌され，食事をとれば糖の取り込みを促すインスリンが分泌される。血液を生化学的に解析することで，これらのホルモンの分泌量や血糖値の変化などを分析することができる。血液は身体全体を循環していることから全身の状態の評価としてと

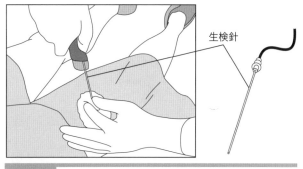

図 7-5　筋バイオプシー（文献 11 より引用）

らえることができること，血液や唾液は容易に採取できるといった利点から，頻繁に用いられる。

2) 骨格筋

　運動やスポーツの分野では，やはり骨格筋が盛んに研究される。骨格筋を対象に生化学的実験を行うには，骨格筋を採取する必要がある。ヒトの骨格筋では，筋バイオプシーという針状の専用道具により少量の筋組織を採取し（**図 7-5**），マウスやラットでは解剖により骨格筋を摘出し，生化学的に骨格筋内のタンパク質の量や働きなどを解析する。いずれの方法も被験者あるいは被験動物には大きな負担がかかるため，苦痛を最小限に止めるなどといった倫理面での配慮が必要となる。

(1) ラットを対象とした生化学的実験方法の具体例

　『大学体育・スポーツ学への招待』[17] 第 7 章で，レジスタンス運動を行うと，mTOR というタンパク質が活性化され，その下流のシグナル伝達経路を介してリボソームにおけるタンパク質の合成速度が上昇することを述べた。ここでは，レジスタンス運動が mTOR の下流因子である p70S6K を活性化する様子を実験的に観察してみる。

　まず，ラットにレジスタンス運動を行ってもらう必要がある。しかし，ラットは自発的にレジスタンス運動を行わないので，麻酔処置を行いラットの足部を固定して，電気刺激（electrical muscle stimulation：EMS）により骨格筋を収縮させて運動刺激を与える。運動刺激後に，刺激した骨格筋を摘出し，液体窒素で凍結した骨格筋を粉々に粉砕し，粉になった骨格筋を薬品に混ぜて筋内で様々な働きをしているタンパク質を抽出する（**図 7-6**）。

　骨格筋から抽出した様々なタンパク質から，今回ターゲットとする mTOR の下流因子 p70S6K の

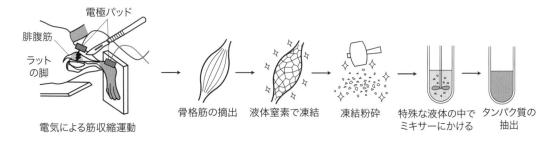

図 7-6　ラットを対象とした生化学的実験方法（文献 11 より一部改変）

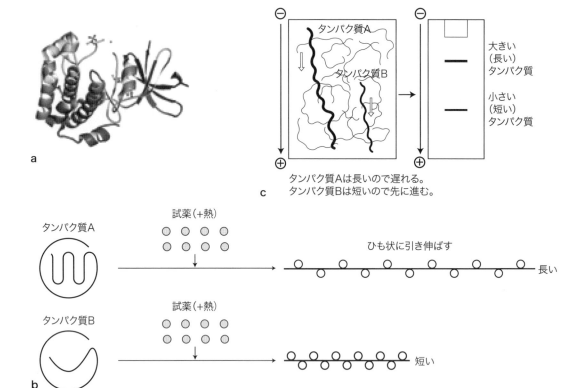

図 7-7 電気泳動法によるタンパク質の分離。通常，タンパク質はひもが絡まり合ったような立体構造である（**a**）。まず，試薬を用いて 1 本のひものように引き伸ばす（**b**）。次に，引き伸ばしたタンパク質を網目状の構造をもつゲルに電気をかけて通す（**c**）。(a：© Protein Data Bank Japan (PDBj) licensed under CC-BY-4.0 International, PDBID: 3A62。b，c：文献 11 より引用)

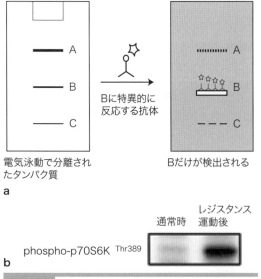

図 7-8 ウェスタンブロッティング法。特定のタンパク質のみに反応する抗体を使って特定のタンパク質を検出する（**a**）。筋トレは p70S6K を活性化するため，筋トレを行った筋では強い発色が観察される（**b**）。
(a：文献 11 より引用)

活性化を評価するには，まずタンパク質を分離していく必要がある。

　タンパク質は，電気泳動法という方法で分離できる。タンパク質は，アミノ酸がひものようにつながってできている。通常，タンパク質はひもが絡まりあったような立体構造である（**図 7-7a**）。まず初めに，試薬を用いて 1 本のひものように引き伸ばす（**図 7-7b**）。次に，引き伸ばしたタンパク質を網目状の構造をもつゲルに電気をかけて通す（**図 7-7c**）。タンパク質はその種類によってアミノ酸の数（長さ）が異なり，ゲル内の通過にかかる時間に差が出るため，サイズごとに分離させることができる。

(2) 抗体によるタンパク質の選別・定量

　電気泳動法では，タンパク質を「大きさ」で分けることができるが，同じ長さのタンパク質は数多く存在するため，電気泳動のみではタンパク質を区別できな

い。そこで，抗体を用いてタンパク質の種類を区別する必要がある。今回 p70S6K と呼ばれるタンパク質の活性化を観察するには，活性化型の p70S6K に特異的に反応する抗体を用いて，活性化型 p70S6K のみを検出する。抗体には色がつけられており，検出された活性化型 p70S6K の量が多ければ，強く発光する（**図 7-8a**）。レジスタンス運動は p70S6K を活性化するため，レジスタンス運動を行った筋では強い発色が観察される（**図 7-8b**）[8]。このタンパク質の検出方法をウェスタンブロッティング法と呼ぶ。このようにして，レジスタンストレーニングによりなぜ骨格筋は肥大するのか，その詳細なメカニズムを解明することができる。この方法を用いて，効果的なレジスタンストレーニング方法やトレーニング効果を高めるサプリメントの検討，骨格筋萎縮の予防・改善に有効な介入方法の探索などの研究が日々行われている。

4. 遺伝子研究

近年，スポーツ科学分野において遺伝子研究が盛んに行われており，遺伝子と身体パフォーマンスとの関係が明らかとなってきている。実際に日本体育大学の教員である菊池直樹先生が原著論文として國際誌に発表した研究を簡単に紹介する[7]。

1）ヒトを対象とした生化学的実験方法の具体例
（1）遺伝的なお酒の強さと筋力が関連する?!

お酒を飲んだ際に，肝臓で ALDH2 というタンパク質がアセトアルデヒドという毒性物質の解毒に関与するが，この ALDH2 の働きが遺伝的に弱い人（飲酒すると顔が紅潮するなど）がおり，特に日本人に多い。この ALDH2 は骨格筋にも存在しており，骨格筋の機能に重要となるミトコンドリアに多く存在する（ミトコンドリアの機能については『大学体育・スポーツ学への招待』[17] 第 7 章を参照）。

そのため，お酒に弱い，つまり ALDH2 の働きが弱いことは，骨格筋の機能にも影響する可能性が考えられ，この研究で検討されている。

我々の遺伝情報を担う DNA は，4 つの塩基配列からなる。このうち 1 つの組み合わせの違い（一塩基多型）が，個人の疾患へのかかりやすさや筋力などに影響を及ぼすことが知られている。ヒトの DNA は，唾液や血液，毛根などから解析が可能である。ここでは専用の実験道具を用いて唾液を採取する。集めた唾液を試薬に混ぜ，遺伝子情報を持つ DNA を取り出し，PCR（polymerase chain reaction：ポリメラーゼ連鎖反応）を用いて遺伝子を解析する（**図 7-9**）。PCR は，検体（唾液や血液など）に含まれるわずかな DNA をもとに，特定の配列のみを増幅することで目的の遺伝子配列が存在するかを調べることができる。

遺伝子を解析すると，3 つの ALDH2 遺伝子型に分かれる（**表 7-1**）。

次に，握力から骨格筋の機能を測定し，G を持つ ALDH2 遺伝子型（GG，GA）群

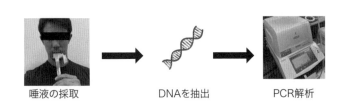

唾液の採取　　　　DNAを抽出　　　　PCR解析

図 7-9　ヒトの DNA の解析

表 7-1　ALDH2 遺伝子型の分類

ALDH2 遺伝子型	ALDH2 の働き	身体的な特徴
GG	通常	お酒に強い
GA	低い	お酒に弱い
AA	極めて低い	お酒に非常に弱い

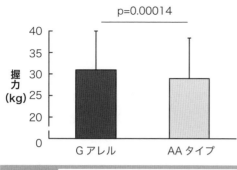

p=0.00014

握力（kg）

図7-10 ALDH2遺伝子型と握力の関係

と AA 群でそれぞれ平均値を比較する。すると，ALDH2 の働きが極めて低い AA 群は，GA，GG 群よりも握力が弱いという結果が示されている（図7-10）。つまり，お酒に弱い人は，お酒に強い人よりも筋力が低い傾向にあるということがわかる。

このように，生化学的な解析と生理学的な実験を組み合わせることで，身体に現れる遺伝的な特徴を詳細に検討することができる。

（小谷　鷹哉）

5. 持久性運動能力の測定

持久性運動能力とは，「どれくらいまでの運動に耐えられるかの限界能力（運動耐容能）」と言い換えることができる。スポーツに置き換えると，陸上競技や水泳競技では「速く長く走る（泳ぐ）」，球技や格技では「試合後半でも序盤と変わらないパフォーマンスを維持する」ためにはなくてはならない能力である。そのため，定期的に持久性運動能の測定を行い評価することは，客観的に自身の現在のパフォーマンスを把握し，トレーニング効果を確認するうえで非常に重要であることはいうまでもないだろう。しかし，そのためにレースや試合と同じ内容を全力でこなすことは場所や労力を考えるとあまり現実的でなく，怪我のリスクも増加する。ではどのように評価すればよいのか。例えば学校現場では，長距離走のタイムや20 mシャトルランの回数を測定することが多い。一方，このような測定は持久性運動能力の結果であり，「なぜ長距離走のタイムがよいのか」や「トレーニングを行って，何がよくなったからシャトルランの回数が増えたのか」といった原因を探る疑問に答えることは難しい。スポーツ科学における生理学的実験では，持久性運動能力を規定する因子の測定や評価を行うことで，より深い検討を行うことができる。

では，持久性運動能力を規定する因子とは何を指すのか。持久性の運動を継続する際には，細胞内のミトコンドリアを中心とした有酸素性のエネルギー供給系が重要となる。すなわち，酸素の取り込み能力や輸送能力の測定を行うことで，持久性運動能力を規定する因子を評価することができる。『大学体育・スポーツ学への招待』[17] 第7章では，酸素運搬の中心的役割を果たす呼吸器および循環器の機能と運動による適応について解説した。今回はヒトを対象とした持久性運動能力の測定方法や評価方法の中でも，最大酸素摂取量と心筋仕事量，無酸素性作業閾値について解説する。

6. スポーツ科学における生理学的な実験の具体例

1) 最大酸素摂取量の測定

最大酸素摂取量（$\dot{V}O_2max$）とは「単位時間（1分間）あたりに身体に取り込むことができる酸素量の最大値」を表わす。最大酸素摂取量が高いということは，より多くの酸素を使用することができるため，同じ強度の運動を行っても相対的に負荷が少なく，より強い強度の運動に耐えることができる，つまり「持久性運動能力（運動耐容能）が優れている」といえる。実際，長距離走時のATP産生速度は走運動中に維持できる最大酸素摂取量に依存するため，ランナーの最大酸素摂取量や実際

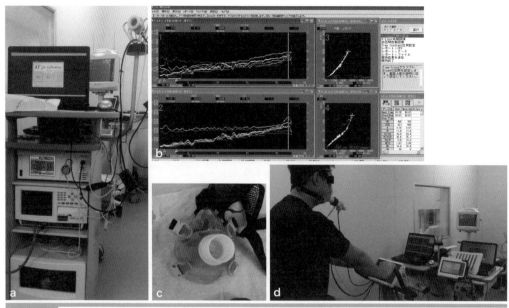

図7-11 酸素摂取量の測定機材と測定風景。**a**：呼気ガス分析装置 AE-310S（ミナト医科学社）**b**：呼気ガス測定時の画面，**c**：呼気ガス採取マスク，**d**：呼気ガス測定風景

に維持できる最大酸素摂取量の割合（% $\dot{V}O_2$max）は，走るために必要なエネルギーの上限となる。具体的な例としてフルマラソンを2時間15分で走り切るためには，約60 mL/kg/min の酸素摂取量を維持する必要があるが，実際には最大酸素摂取量の80%で走行するため，ランナーの最大酸素摂取量は最低でも75 mL/kg/min は必要である。その他，バイオメカニクス的要因や生体エネルギー的要因が絡み合うものの，持久性運動能力における最大酸素摂取量の重要性は伺えるだろう。また，

心血管疾患やがんなどの疾患を持たない健康な状態であっても，心肺機能が低いほど心血管疾患やがんなどのリスクや疾患による死亡率も高いことから，健康維持においても重要な指標である[6]。そのため，スポーツ科学や健康科学の現場において，最大酸素摂取量の測定は持久性運動能力の主要な指標として用いられている。

最大酸素摂取量の測定は呼気ガス分析装置（**図7-11**）とトレッドミルや自転車エルゴメーター（**図7-12**）を用いた漸増負荷試験によって行われる。特徴としてトレッドミルを用いた測定（走運動）では，全身持久力の測定として正確な評価が可能である。一方，測定終盤になると速度や傾斜（上り坂）の増加に伴いついていくことができず，転倒による事故や怪我のリスクが伴うため，緊急停止措置やハーネスを用いて天井から吊るすことで転倒を回避するなど安全管理が必要である。自転車エルゴメーターは転倒な

図7-12 漸増負荷試験で使用する運動機器。電動トレッドミル（**a**）を用いた試験では，速度の他に傾斜をつけることで強度を調整することができるが，転倒のリスクが伴う。自転車エルゴメーター（**b**）を用いた試験は主に下肢の運動となるため，トレッドミルで行う試験よりも最大酸素摂取量は10%程度低値となる。

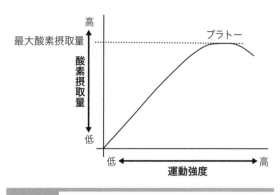

図 7-13 運動強度と最大酸素摂取量

どのリスクはないものの，下肢の運動が中心となるためトレッドミル測定よりも最大酸素摂取量が10％程度低値となる。さらに，膝の屈曲が大きいと疲労が早くなるため，踏み込んだ際に膝が伸び切らない程度にサドルの高さを調整するなど工夫が必要である。その他，トレッドミルと比較してスキルの要素が大きく，例えば自転車競技選手はトレッドミルよりも自転車エルゴメーターで測定した場合に最大酸素摂取量が大きくなる点もあげられる。また，メトロノームを使用し一定のリズム（多くは1分間に60回転を目安）で漕ぐなど工夫も必要である。2～3分程度の間隔で徐々に負荷を増大させ最大限の努力まで運動を行い，ある点で酸素摂取量が増大しない，すなわちプラトーに達した点が最大酸素摂取量である（直接法）（**図 7-13**）。しかし，運動条件や対象者によっては，健康であっても約50％のケースでプラトーが得られない場合がある[15,19]。そのため，真の最大酸素摂取量の客観的な判断基準として伝統的に以下のような基準が用いられている[15]。

- 呼吸交換比（二酸化炭素排出量を酸素摂取量で除した値）が1.10もしくは1.15以上
- 年齢から算出した最大心拍数（220 − 年齢）± 11 拍/分
- 血中乳酸濃度が8 mM/L以上

また，上記に加え自覚的運動強度（rating of perceived exertion：RPE，**表 7-2**）[2]を採用し，2つ以上を満たす場合を最大酸素摂取量とする。一方，これらの基準は真の最大酸素摂取量を過小評価することが指摘されており，（大前提であるプラトーの出現以外の）判断基準はさらなる検討が必要とされる[13,15]。しかし，同一のプロトコルかつ同一の測定機材で試験を行うことで，再現性は非常に高く保たれ，最大酸素摂取量の値に及ぼす影響を最小限に抑えることが可能である[10]。最後にこの測定における重要な要素として精神力がある。長距離走やシャトルラン，もしくはスポーツ競技の場面を思い出してほしい。俗に "all out" と呼ばれるような，肉体を限界まで追い込む運動は精神的な負担が非常に大きい。長距離走のレースやサッカーの試合など目標タイムや制限時間が決まっている場合はペース配分をしながら運動を行えばよいが，この測定は「ペースについていけなくなるまで走る」または「ペダルが踏めなくなるまで漕ぐ」といった運動を行うため，言い換えれば（血圧低下やめまいなどの測定中止となる症状がある場合は別として）疲労困憊で運動が継続できない限界に達する以外に終わりがない。そのため，測定する際には特に体力の限界に近づいてから「励まし」や「応援」を行うことが，被験者が全力を出し切り正確な測定を行ううえで重要となる。この測定では，全力で運動を行う性質上，運動終了後には低血圧によるめまいや吐き気，気分不良などが起こる可能性があるため，測定前のウォーミングアップだけでなく十分なクールダウンも行う必要がある。また，実施前には血圧計や救急セット，自動体外式除細動器（AED）の準備

表 7-2　自覚的運動強度のスケール

スケール	目安となる運動強度
6	
7	非常に楽である
8	
9	かなり楽である
10	
11	楽である
12	
13	ややきつい
14	
15	きつい
16	
17	かなりきつい
18	
19	非常にきつい
20	

ボルグスケールとも呼ばれる伝統的な基準スケール。漸増負荷試験では19以上で最大酸素摂取量の判断条件となる。

に加え，中止条件および応急時の対応手順を検者全員で確認しておく。

　漸増負荷試験でよく用いられるもう1つの手順として，最大努力に達する手前で運動を終了し，その時の酸素摂取量と心拍応答に基づいて最大酸素摂取量を推定する方法がある（間接法）[1]。この方法は，計算式の誤差など内在する問題はあるものの，同一の被験者に対し同じ方法で行うことで誤差を最小限に留めることができるため，高齢者など高い負荷に耐えられない者や運動への動機づけを行ううえで有用である[13]。

2) 心拍数と血圧による持久性運動能力の測定

　漸増負荷試験中は呼気ガスだけでなく，心拍数および血圧を測定する。心拍数の測定は，橈骨動脈や頸動脈に触れたり，表面電極を用いて心臓での電気信号の流れをとらえる心電図を使用することで，簡単に可能である（**図7-14**）[12]。近年では腕時計型の心拍計を用いることでも

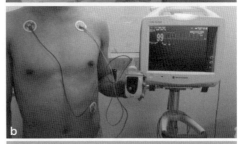

図7-14　心電図計と電極。**a**：心電図モニタ用電極 Vitrode（日本光電社），**b**：心電図計 Life Scope（日本光電社）。**b**では運動に適した Mason-Likar 誘導法で電極を装着し，無線発信機を用いて心電図を表示している。

測定が可能となった。漸増負荷試験は，持久性運動能力の測定だけでなく心疾患などの評価にも用いられ，心電図を使用することで心臓が正常なリズムで動かない不整脈や伝導障害，心臓の筋（心筋）が酸欠になる状態（心筋虚血）など心臓が正常に機能しているかの指標とする。

　漸増負荷試験中は増加する酸素需要に応じて活動筋への血液供給を増やす必要があるため，運動強度に応じて心臓の仕事量も増える。当然ながら心臓の筋が活動するためにも酸素が必須であり，運動中は心臓を取り巻く血管（冠動脈）の血流が増加する。この仕事量（および酸素需要）は，心拍数と収縮期血圧の積から推定することができる（二重積：double product，**図7-15**）[16]。さらに，二重

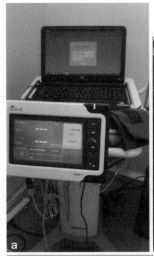
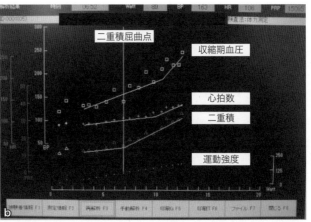

図7-15　二重積の測定機材。**a**：運動時血圧測定装置 Tango M2（Sun Tech 社），**b**：分析画面。この被験者では運動開始からおおよそ7分の時点で屈曲点が出現している。

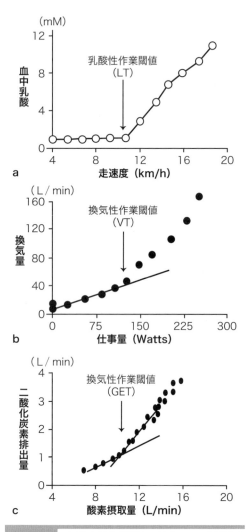

図 7-16　無酸素性作業閾値の算出。**a**：乳酸性作業閾値，**b**：換気性作業閾値，**c**：換気性作業閾値（V-slope 法）。
（文献 14 より引用）

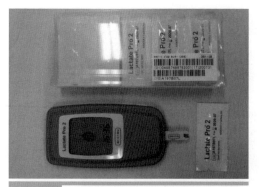

図 7-17　血中乳酸濃度の簡易測定器。代表的な測定器である Arkray 社製 Lactate Pro 2。本体にチップを挿入し，先端部分から少量の血液を採取することで，血中乳酸濃度の測定が可能である。

積は一定の運動強度を境に急増する点（二重積屈曲点：double product break point）を，持久性運動能力を予測する無酸素性作業閾値の指標として用いる。これは，同じ強度の運動を行った場合，二重積屈曲点の出現が遅いほど，高い運動負荷でも心筋が疲労しづらく，さらに血液の循環を高めることができるため，持久性運動能力が優れていると評価することができる[4]。その他，運動方法や注意点については最大酸素摂取量の測定に準ずる。

3) 適度な運動強度と強い運動強度の境界：無酸素性作業閾値

ここまで，呼吸・循環にかかわる持久性運動能力の評価方法について紹介してきたが，最大酸素摂取量や二重積屈曲点以外にも様々な評価方法がある。特に，生理学的に「強い（きつい）」と判断できる運動強度の境界線となる値（しきい値）である「無酸素性作業閾値（anaerobic threshold：AT）」について，50 年以上にわたり研究が続いている[14]。運動中は，有酸素系のエネルギー供給系により酸素を消費してエネルギーを生産するが，一定の強度を超えると解糖系（嫌気性）のエネルギー供給系の寄与が大きくなる。この際のしきい値が無酸素性作業閾値である。しきい値の出現が遅いほど，高い運動強度であっても必要なエネルギーを有酸素系のエネルギー供給系で賄うことができているため，持久性運動能力が優れているといえる。一方，単純なようで非常に複雑な概念であるため未だ絶対的な結論が出ておらず，詳細については他に譲るが，スポーツ科学や健康科学の領域で使用されている代表的な指標を 2 つ紹介する。

1 つ目は乳酸性作業閾値（lactate threshold：LT）である。以前，乳酸は疲労物質と考えられていたが，現在は重要なエネルギー源であると考えられている[18]。乳酸自体は糖を分解する過程で産生され，さらに乳酸を利用してエネルギーを生産する。しかし，運動強度が増加するにつれ糖の分解が増加し，乳酸の生産量も増えるため徐々に血中に乳酸が蓄積するが，一定の強度を超えた地点で急増する（**図 7-16**）[5]。これが乳酸性作業閾値である。主な測定方法は，漸増負荷試験中，定期的に指尖採血を行い，簡易分析装置（**図 7-17**）を用いて血中乳酸濃度

を記録し，屈曲点を割り出す方法である。2つ目は換気性作業閾値（ventilation threshold：VT，もしくは gas exchange threshold：GET）である。運動強度の増加に伴い，酸素消費に対して二酸化炭素排出が急増する。一般的には，呼気ガス分析装置で測定した酸素摂取量と二酸化炭素排出量からV-slope 法を用いて屈曲点を計算し，GET を推定する（**図 7-16**）[5]。また，**図 7-16** を見て気づいたかもしれないが，乳酸性作業閾値と換気性作業閾値は非常に近い運動強度で出現することがわかる。

　以上が，持久性運動能力の測定として代表的な指標である。それぞれに長所と短所があるものの，正確に測定することができれば非常に有用な指標である。また，持久性運動能力を測定することは現在の自身の能力を把握するためだけでなく，トレーニング強度を設定するうえでも目安にすることができる。例えば，あまり持久性の運動トレーニングを行っていないが，持久性運動能力の向上を目指す場合は，無酸素性作業閾値を少し超える強度でトレーニングすることで十分なトレーニング効果を得ることができる。一方，日常的に持久性運動トレーニングを行っている場合は，さらに高い強度，つまり最大酸素摂取量に近い強度での運動を行う必要がある[9]。持久性運動能力には生理学，生化学，遺伝子，バイオメカニクスと多くの要素が含まれる。長い歴史を持つにもかかわらず，いまだ多くの研究者がより効果的なトレーニング方法の開発に取り組んでいる，実り多き分野である。

（橋本　佑斗）

7. 研究例

研究例（サンプル）

持久性アスリートの最大酸素摂取量は大動脈の伸展性と関係する

【背景と目的】

　最大酸素摂取量は持久性運動能力を評価するうえで重要な指標である。また，加齢などによる大動脈の伸展性の低下は最大酸素摂取量の低下と関連する。一方，持久性トレーニングは最大酸素摂取量と動脈伸展性を向上させることが報告されている。本研究では，持久性アスリートを対象に最大酸素摂取量と大動脈の伸展性の関係を検討した。

【方　　法】

　日常的に持久性トレーニングを行っている男子大学生アスリート 21 名を対象とした。被験者は安静後に，大動脈伸展性の指標である大動脈スティフネスを測定した。動脈スティフネスは数値が低いほど動脈伸展性が高いことを示す。その後，自転車エルゴメーターを用いた漸増負荷試験により最大酸素摂取量の測定を行った。また，対象群として運動習慣のない若年男性 9 名に対しても同様の測定を実施した。

【結　　果】

　大動脈スティフネスは，持久性アスリートが対象群と比較して有意に低い値を示した（**図 1a**）。最大酸素摂取量は，持久性アスリートが対象群と比較して有意に高い値を示した（**図 1b**）。

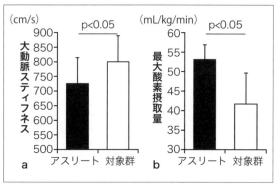

図1 大動脈スティフネスと最大酸素摂取量の比較

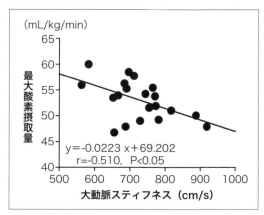

図2 持久性アスリートにおける最大酸素摂取量と大動脈スティフネスの相関

　持久性アスリートにおいて最大酸素摂取量と大動脈スティフネスは有意な負の相関関係にあった（**図2**）。一方，対象群では関係は認められなかった。

【考　察】

　最大酸素摂取量は1回拍出量，心拍数および動静脈酸素分圧較差の積で表わすことができる（Fickの式）。一方，大動脈の伸展性は左心室機能と密接な関係にあり，動脈の伸展性が高いほど左心室の収縮負荷は低減し1回拍出量が増大する。したがって，持久性トレーニングにより向上した大動脈の伸展性が左心室機能を増強した結果，高い最大酸素摂取量と関連した可能性がある。

【結　論】

　持久性アスリートの最大酸素摂取量は，大動脈の伸展性と関連することが示唆された。この結果は，大動脈の伸展性が高いほど最大酸素摂取量が高いことを示唆している。

8. 課　題

1）ヒトを対象に，筋力を測定する方法を具体的に答えなさい。

2）生化学的実験において体液が研究対象として用いられやすい理由を答えなさい。

3）最大酸素摂取量の判断基準を5つあげなさい。

4）無酸素性作業閾値とは何か答えなさい。

参考文献

1）Balderram C, Ibarrab G, De La Rivac J, et al.: Evaluation of three methodologies to estimate the VO$_2$max in people of different ages. Appl Ergon, 42: 162-168, 2010.

2）Borg GAV: Psychophysical bases of perceived exertion. Med Sci Sports Exerc, 14: 377-381, 1982.

3）Gordon AM, Huxley AF, Julian FJ: The variation in isometric tension with sarcomere length in vertebrate muscle fibres. J Physiol, 184: 170-192, 1966.

4）Hargens TA, Griffin DC, Kaminsky LA, et al.: The influence of aerobic exercise training on the double product break point in low-to-moderate risk adults. Eur J Appl Physiol, 111: 313-318, 2011.

5) Hopker JG, Jobson SA, Pandit JJ: Controversies in the physiological basis of the 'anaerobic threshold' and their implications for clinical cardiopulmonary exercise testing. Anaesthesia, 66: 111-123, 2011.

6) Imboden MT, Harber MP, Whaley MH, et al.: Cardiorespiratory fitness and mortality in healthy men and women. J Am Coll Cardiol, 72: 2283–2292, 2018.

7) Kikuchi N, Tajima T, Tamura Y, et al.: The ALDH2 rs671 polymorphism is associated with athletic status and muscle strength in a Japanese population. Biol Sport, 39: 429-434, 2022.

8) Kotani T, Takegaki J, Tamura Y, et al.: Repeated bouts of resistance exercise in rats alter mechanistic target of rapamycin complex 1 activity and ribosomal capacity but not muscle protein synthesis. Exp Physiol, 106: 1950-1960, 2021.

9) Midgley AW, McNaughton LR, Jones AM: Training to enhance the physiological determinants of long-distance running performance. Sports Med, 37: 857-880, 2007.

10) 内藤久士，柳谷登志雄，小林裕幸 監訳（Powers SK 他著）：パワーズ運動生理学—体力と競技力向上のための理論と応用，メディカルサイエンスインターナショナル，東京，pp.365-375, 2020.

11) 日本体育大学体育研究所 編：日本体育大学スポーツ研究 A・B，ナップ，東京，2015.

12) 岡本 登，太田壽城，水野嘉子 他：標準 12 誘導と Mason-Likar 誘導の臨床心電図的比較検討．心電図，7: 205-211, 1987.

13) Petot H, Meilland R, Le Moyec L, et al.: A new incremental test for VO₂max accurate measurement by increasing VO₂max plateau duration, allowing the investigation of its limiting factors. Eur J Appl Physiol, 112: 2267-2276, 2012.

14) Poole DC, Rossiter HB, Brooks GA, et al.: The anaerobic threshold: 50+ years of controversy. J Physiol, 599: 737-767, 2021.

15) Poole DC, Wilkerson DP, Jones AM: Validity of criteria for establishing maximal O_2 uptake during ramp exercise tests. Eur J Appl Physiol, 102: 403-410, 2008.

16) Riley M, Maehara K, Pórszász J, et al.: Association between the anaerobic threshold and the break-point in the double product/work rate relationship. Eur J Appl Physiol Occup Physiol, 75: 14-21, 1997.

17) 関根正美，中里 浩一，野井 真吾 他編：大学体育・スポーツ学への招待，ナップ，東京，2021.

18) 下光輝一, 八田秀雄 編：運動と疲労の科学—疲労を理解する新たな視点，大修館書店，東京，pp.27-34, 2018.

19) Smirmaul BPC, Bertucci DR, Teixeira IP: Is the VO₂max that we measure really maximal? Front Physiol, 4: 203, 2013.

8 スポーツとトレーニング

槇野　陽介，小林　靖長，苫米地伸泰，中澤　翔

はじめに

『大学体育・スポーツ学への招待』[10] 第８章では，ストレングスと持久力について様々なトレーニングの方法を説明した。本章においては，ストレングスと持久力，それぞれの測定方法と研究方法を紹介する中で，どのような形でトレーニングに結び付けていけば競技力向上を図れるのか，説明していきたい。

1. ストレングス

1）トレーニング現場における測定

ストレングスは，筋力と同意語であり，筋力とは筋が伸張と収縮を繰り返すことで生み出される力のことを指す。筋力はトレーニングによって向上させることができ，ある程度の重い負荷をかければ，神経の適応によって筋力が発達する[11]。加えて，中重量で高回数のトレーニングを行うと筋肥大が起こり，筋が増量することでより大きい力を発揮できるようになる[11]。また，筋力は競技力向上に必要不可欠な要素であるが，これだけでは不十分で，高めた筋力をより速いスピードで動かすことが求められ，この点については筋パワーとスポーツの関連性として，すでに『大学体育・スポーツ学への招待』[10] で紹介したとおりである。これまで，スポーツとストレングスの関連性について触れてきたが，いざトレーニングしようとする際，どのくらいの筋力や筋パワーがあるかを把握しないと，どの程度の負荷を扱ってよいかの判断が難しくなる。そこで，トレーニングを計画的に実施していく際には，まず測定を行い，現状を把握する必要がある。一言に測定といってもその方法は様々であり，研究室で行うような科学的に精度の高い測定と，トレーニング現場で簡便に行うことができる測定の，大きく分けて２つがある。本章では，トレーニング現場で行える簡便な測定と，トレーニングに関連する研究を紹介していく。

図 8-1　最大挙上重量測定

（1）最大挙上重量測定（1 RM 測定）

この方法は，対象者が挙上できる最大重量を把握するために用いられる測定の１つである。多くの場合，トレーニング施設などにあるバーベルを使用し，主にフリーウエイト種目であるスクワット，ベンチプレス，デッドリフトなどで測定する。トレーニングで扱う種目の最大重量を把握することで，パーセント（％）による計算が可能になり，主に筋肥大と最大筋力向上に向けたトレーニングを実施する際の指標として役立つ。その一方で，フォームを習得できて

いない段階で実施するとけがをする危険性があるので，注意しなければならない。また，測定の再現性を保証するために，例えばスクワットであれば，大腿部が床と平行になるまでしゃがむなどの測定条件を設定することが必要となる（**図8-1**）。

(2) 垂直跳びの測定

垂直跳びは，主にパワーを評価する指標として用いられ，体重という重量にばらつきはあるものの，絶対値としての跳躍距離を測定することができる。測定で用いる機器はいくつかあるが，持ち運びが可能で壁などがない場所でも測定できるという点で，**図8-2**で示した自立型の測定装置が便利である。特に瞬発力を必要とする競技においては，パフォーマンスを図る指標として最適で，ジャンプを多く行うバスケットボールやバレーボールの選手のジャンプ力を評価するのに利用される[16]。

図8-2 垂直跳びの測定

(3) 加速度計による筋パワー測定

垂直跳びによる測定でおおよそのパワーを評価することができるが，より精緻に筋パワーを測定する方法として，加速度計を使ったパワー測定がある。これは，加速度計をバーベルや身体の一部に装着し，加速度計が移動した距離と時間，すなわち速度を求め，そこから筋パワーを測定する方法である。持ち運びなどが便利で，簡便に筋パワーを測定できることから，近年では多くのトレーニング現場で取り入れられている。

2) 筋力・筋パワーに関する研究事例

前述したとおり，トレーニングを評価する測定項目は多くあるが，その効果を確認しながらトレーニングを実施していくことが重要である。例えばパフォーマンスを向上させたい場合，垂直跳びを向上させることが優位に働くことは間違いない。**図8-3**はスクワットの挙上重量と垂直跳びの高さをグラフにしたものである。$r = 0.57$となっており，高い相関関係を示している。簡潔に述べると，スクワットの挙上重量が高いほど垂直跳びが高く跳べるということとなる。ただし，それほど高重量を挙上できない者でも高く跳べる場合や，同じ挙上重量でも高く跳べない者もいることがわかる。

図8-4は力−速度関係を示した図である。例えばスクワット最大挙上重量の100％を挙上する場合は非常に速度が遅く，50％ではそれより速い速度で挙上できるということである。

力に速度を乗じたものがパワーである（パワー＝力×速度）。**図8-5**は，

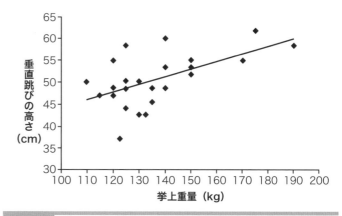

図8-3 スクワットの挙上重量と垂直跳びの高さの関係
（文献19より引用）

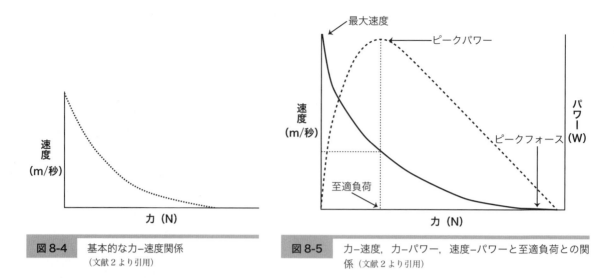

図8-4 基本的な力−速度関係
（文献２より引用）

図8-5 力−速度，力−パワー，速度−パワーと至適負荷との関係（文献２より引用）

力と速度の関係からパワーを表わしたものである。誰でもこの図のとおりに同じところでピークパワーが現れるわけではない。大きな力は出せても素早く動けなければピークパワーは右側にシフトし，大きな力は出せないが素早く動ければ左側にシフトする。したがって，前述の垂直跳びで考えた場合，高重量でスクワットでき垂直跳びが低い者は，速度能力が不足していることとなる。逆に高重量のスクワットができず垂直跳びが高い者は，力が不足していることとなる。

さて，パフォーマンス向上を目的とした場合，パワーをトレーニングにより高めることが非常に重要になる。そのためには，大きな負荷で低速なものと小さな負荷で高速なものを組み合わせながらトレーニングしなければならない。

図8-6 をみてわかるとおり，トレーニング種目により反応が変わってくる。ストレングストレー

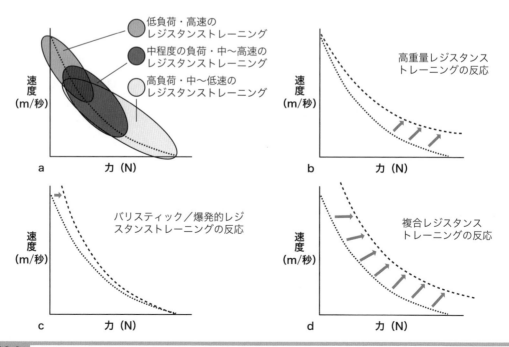

図8-6 力−速度曲線に影響を及ぼす可能性のあるトレーニング介入（文献２より引用）

ニングではスクワットが非常に重要な種目であるが，それだけでは遅い速度での力発揮能力の向上が主となるが，高いスピード発揮能力が向上しないこととなる。基本的にトレーニングでは，特異性によりトレーニングされたものしか向上しない。弱い部分を見つけて，そこを重点的にトレーニングする必要がある。スクワットの1RM測定と垂直跳びの測定を組み合わせて行うことにより，個人の弱点を見つけやすくなる。さらに細かく分析するためには，パワー系の種目であるクリーンの1RMの測定や，バーベルを担いで行うスクワットジャンプの測定なども実施するとよい。

　垂直跳びにおいても，次の3種類のジャンプでわかってくることがある：①手を腰にあて沈み込んだ位置で止まり反動をつけないジャンプ，②手を腰にあて立った状態から一気に沈み込み反動をつけるジャンプ，③立った状態から手のスイングも使い反動を使ったジャンプ。例えば①と②の測定値があまり変わらなければ，SSC（stretch-shortening cycle）をうまく使えていないことになる[18]。②と③が変わらなければ，手のスイングをジャンプに活用できていないので，上半身と下半身の連動がうまくできていないことや上半身のパワー不足などが考えられる。

　このように，同類の動きで数種類の測定をすることによりわかってくることが多々ある。そして，その測定値を分析してトレーニングすることが，個別のトレーニング効果につながる。さらに競技パフォーマンスなどと比較することにより，測定・トレーニング・パフォーマンスを比較した研究へとつながる。これらは，競技力向上に結び付く研究になるのではないだろうか。

（槇野　陽介，小林　靖長）

2. 持久力

　有酸素性能力には，最大酸素摂取量，乳酸性閾値，運動の経済性の3つがあげられる。持久性トレーニング（エンデュランストレーニング）は，①低～中強度運動を持続するコンティニュアストレーニング，②高強度運動と低強度運動を繰り返すインターバルトレーニング，③完全休息を挟んで高強度運動を繰り返すレペティショントレーニングに大別される。エンデュランストレーニングのモニタリング法として，Session RPE があげられる。Session RPE は，RPE（主観的運動強度：Borg の CR-10）に運動時間を乗算することによってトレーニング負荷を定量化する指標である。

　無酸素性能力とは ATP-PCr 系と解糖系で ATP を再合成する能力のことであり，短時間・高強度で行われるスポーツや高強度運動を間欠的に繰り返すスポーツのパフォーマンスに関与する。無酸素性能力を向上させるためには，高強度運動を最大下の努力度で間欠的に繰り返す高強度・間欠的トレーニング（high intensity intermittent training：HIIT）や全力での運動を長い休息を挟みながら繰り返すスプリントインターバルトレーニング（sprint interval training：SIT）が有効である。

　本稿では，持久力（有酸素性能力，無酸素性能力）の基本的事項の復習をした後に，これらの能力を測定する方法を紹介する。

1）持久力の測定
(1) トレーニング現場での有酸素性能力の測定法：20 m シャトルランテスト（往復持久走）
　最大酸素摂取量とは，酸素運搬能（最大心拍出量）と酸素利用能（動静脈酸素較差）の積で表わすことができ，単位時間あたりに体内に取り込むことができる酸素の最大値のことをいう。したがって，最大酸素摂取量が高いと，より多くのエネルギーを産生することが可能となる。

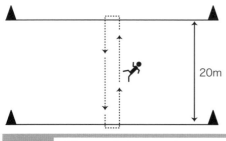

図8-7 20 m シャトルランテスト

20 m シャトルランテストは，1982 年に Léger らにより開発された最大酸素摂取量を推定するフィールドテストである[4]。文部科学省が実施している「新体力テスト」[7] でも採用され，持久力を評価するフィールドテストとして広く活用されている。測定にあたっては，テスト用 CD，再生用プレーヤーなどを準備し，20 m 間隔で 2 本の平行線を引き，マーカー 4 本を平行線の端に立てる（**図8-7**）。測定方法は，一方の線からスタートして電子音に合わせた往復走を繰り返すものである。各ステージの走行時間や速度には様々な方法があり[4,5]，対象者の競技特性や体力レベルに応じて決定されている[1,20]。新体力テストでは，スタート時 8.5 km/時の速度から 1 分ごとに 0.5 km/時ずつ漸増していく方法で実施されている。テスト終了の判定は，疲労困憊で走るのをやめた時と，2 回続けてどちらかの足で線に触れることができなかった時とし，最後に触れることができた折り返しの総回数を記録とする。また，電子音からの遅れが 1 回の場合，次の電子音に間に合い遅れを解消できればテストを継続することができる。

Léger ら[5] は，対象者の年齢と完走できたステージから最大酸素摂取量を推定する方法を提案した（**表8-1**）。例えば，対象者の年齢が 20 歳で折り返しの総回数が 100 回だった場合，ステージ 10 の最後（94 回）まで走行できたため最大酸素摂取量は 50.6 mL/kg/分であると推定できる（**表8-1**）[17]。また，新体力テストでは，折り返しの総回数（8 〜 157 の各回数）から最大酸素摂取量を

表8-1　20 m シャトルランテストの各ステージの速度，折り返し回数と年齢から最大酸素摂取量を推定する方法

ステージ（分）	速度（km/時）	折り返し回数（回）	最大酸素摂取量（mL/kg/分）												
			6歳	7歳	8歳	9歳	10歳	11歳	12歳	13歳	14歳	15歳	16歳	17歳	≧18歳
1	8.5	1-7	46.9	45.0	43.0	41.1	39.1	37.2	35.2	33.3	31.4	29.4	27.5	25.5	23.6
2	9.0	8-15	49.0	47.1	45.2	43.4	41.5	39.6	37.8	35.9	34.1	32.2	30.3	28.5	26.6
3	9.5	16-23	51.1	49.3	47.5	45.7	43.9	42.1	40.3	38.5	36.7	35.0	33.2	31.4	29.6
4	10.0	24-32	53.1	51.4	49.7	48.0	46.3	44.6	42.9	41.2	39.4	37.7	36.0	34.3	32.6
5	10.5	33-41	55.2	53.6	51.9	50.3	48.7	47.0	45.4	43.8	42.1	40.5	38.9	37.2	35.6
6	11.0	42-51	57.3	55.7	54.2	52.6	51.1	49.5	47.9	46.4	44.8	43.3	41.7	40.2	38.6
7	11.5	52-61	59.4	57.9	56.4	54.9	53.4	52.0	50.5	49.0	47.5	46.0	44.6	43.1	41.6
8	12.0	62-72	61.5	60.1	58.6	57.2	55.8	54.4	53.0	51.6	50.2	48.8	47.4	46.0	44.6
9	12.5	73-83	63.5	62.2	60.9	59.6	58.2	56.9	55.6	54.2	52.9	51.6	50.3	48.9	47.6
10	13.0	84-94	65.6	64.4	63.1	61.9	60.6	59.4	58.1	56.9	55.6	54.4	53.1	51.9	50.6
11	13.5	95-106								59.5	58.3	57.1	56.0	54.8	53.6
12	14.0	107-118									61.0	59.9	58.8	57.7	56.6
13	14.5	119-131										62.7	61.6	60.6	59.6
14	15.0	132-144											64.5	63.6	62.6
15	15.5	145-157												66.5	65.6
16	16.0	158-171													68.6
17	16.5	172-185													71.6
18	17.0	186-200													74.6
19	17.5	201-215													77.6
20	18.0	216-231													80.6

（文献 5，17 より改変）

推定する方法を用いている[7]。このように，20 mシャトルランテストによって最大酸素摂取量を簡易的に推定することができる。

(2) トレーニング現場での無酸素性能力の測定法：ウィンゲートテスト

前述のとおり，無酸素性能力とはATP-PCr系と解糖系でATPを再合成する能力のことであり，短時間・高強度で行われるスポーツや高強度運動を間欠的に繰り返すスポーツのパフォーマンスに関与する。無酸素性能力の指標として，最大酸素借があげられる。酸素借は，運動を実施するのに必要な酸素の量（酸素需要量）から実際に摂取された酸素の量（酸素摂取量）を引いた値である[14]。有酸素系のATPの再合成には時間を要することから，運動開始初期や短時間・高強度運動の場合，酸素借が大きくなり，2分程度で疲労困憊にいたる強度の運動で最大となる[14]。酸素借の測定の際には，酸素摂取量を測定するための高価な専用の機器が不可欠である。したがって，最大酸素借は汎用性が低く，トレーニング現場で測定するのは現実的に困難と考えられる。このような背景から，本稿ではトレーニングの実践現場で簡易的に無酸素性能力を測定できるウィンゲートテストについて記述することとする。

ウィンゲートテストは，1970年代にイスラエルのウィンゲート研究所で開発された30秒間の全力ペダリングテストであり，多くの場合，自転車エルゴメータ上で体重の7.5％の負荷をかけて実施される。先行研究では，ウィンゲートテスト中，ATP-PCr系からのATPの再合成が全体の28％，解糖系からのATPの再合成が全体の56％を占めており，無酸素性の代謝の相対的貢献度が高いことが報告されている[12]。ゆえに，ウィンゲートテストにより，無酸素性能力を簡易的に測定することが可能である。ウィンゲートテスト中のピークパワーは，垂直跳びのパフォーマンスと正の相関関係があることが報告されている[3]。加えて，ウィンゲートテスト中の30秒通じての平均パワーは，解糖系からのATP再合成にかかわる筋緩衝に関与する筋カルノシン濃度と正の相関関係があることが報告されている（図8-8）[13]。さらに，陸上競技400 mのタイムとウィンゲートテスト中の30秒間通じての平均パワーに負の相関関係があることも報告されている[6]。このように，ウィンゲートテストは短時間で瞬発的能力と高いパワーを維持する能力の双方を同時に評価できる面で効率的な測定と考えられる。

国立スポーツ科学センターは日本人トップアスリートの競技別のウィンゲートテストのデータを公表している[8]。男女ともに体重あたりのピークパワーはスピードスケート選手が最高値を示している（男子：13.8 W/kg，女子：11.9 W/kg）。体重あたりの平均パワーは，男子ではスピードスケート選手とショートトラック選手（10.8 W/kg），女子ではピークパワーと同様にスピードスケート選手が最高値を示している（9.6 W/kg）。これらのデータは測定値の評価の参考になるものの，ウィンゲートテストの結果は使用する自転車エルゴメータによって変動する[9]。したがって，この点を考慮した測定・評価の実施が望まれる。

（中澤　翔，苫米地伸泰）

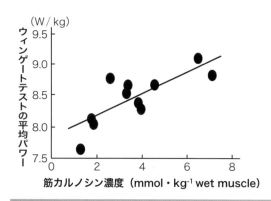

図 8-8　ウィンゲートテスト中の30秒通じての平均パワーと筋カルノシン濃度の関係。
$r = 0.785$, $p < 0.01$（文献13より改変）

3. 研究例

研究例（サンプル）1

**エリートサッカー選手におけるスクワットの最大筋力と
スプリントパフォーマンスおよび垂直跳びとの相関関係**

【背　　景】

　サッカーにおける高いパフォーマンス発揮には高い筋力が必要であるが，最大筋力，スプリント，ジャンプパフォーマンスの関係性に関した研究が十分にない。そこで，エリートサッカー選手を対象に，スプリントと垂直跳びの高さに関して相関があるかを研究の目的とした。

【方　　法】

　17 人の国際的な男性サッカー選手（平均年齢 25.8 ± 2.9 歳，平均身長 177.3 ± 4.1 cm，平均体重 76.5 ±7.6 kg，最大酸素摂取量 65.7 ± 4.3 mL / kg / min）を対象にテストを行った。テスト種目はハーフスクワットでの最大強度，10 m，30 m スプリント，10 m シャトルランスプリント，垂直跳びであった。

【結　　果】

　ハーフスクワットの最大強度とスプリントパフォーマンスおよび垂直跳びの高さの間には，強い相関関係があった。

【結　　論】

　ハーフスクワットの最大強度は，高いパフォーマンスを発揮するサッカー選手のスプリントパフォーマンスとジャンプの高さを決定する大きな要因であった。エリートサッカー選手は，最大筋力向上トレーニングを実施する必要がある。

研究例（サンプル）2

※本論文は，著者らが高強度・間欠的自転車トレーニングの効果の指標として有酸素性能力と無酸素性能力を測定した研究 [15] の抄録を和訳したものである。

**同一仕事量で負荷と回転数の異なる高強度・間欠的自転車トレーニングが
学生アスリートのウィンゲートテストパフォーマンスに及ぼす効果**

【背　　景】

　先行研究で同一仕事量の高強度・間欠的自転車トレーニング（HIICT）は，負荷と回転数の組み合わせにかかわらず最大酸素摂取量（$\dot{V}O_2max$）を改善することが報告されている。しかしながら，同一仕事量で負荷と回転数の組み合わせの異なる HIICT が無酸素性作業能力に及ぼす効果は明らかで

はない。本研究は，同一仕事量で負荷と回転数の組み合わせの異なる HIICT が無酸素性作業能力の指標となるウィンゲートテスト（WAnT）のパフォーマンスに及ぼす効果を明らかにすることを目的とした。

【方　法】

　学生アスリートを HIICT を高負荷・60 回転で実施する群（HL60, $n = 8$）と低負荷・120 回転で実施する群（LL120, $n = 8$）のいずれかに振り分け，6 週間で合計 18 セッショントレーニングを実施させた。HIICT は 10 秒間の完全休息を挟みながら，20 秒間のペダリング運動 8 セットで構成され，運動強度は最高酸素摂取量（$\dot{V}O_2peak$）の 135% から開始し，2 セットごとに 5% ずつ強度を漸減させることとした。トレーニング期間の前後で $\dot{V}O_2peak$，WAnT 中のピークパワー，ピーク回転数，平均パワー，ピーク到達時間を測定した。

【結　果】

　二元配置分散分析（時間 × 群）の結果，$\dot{V}O_2peak$，WAnT 中のピークパワー，ピーク回転数，平均パワーにおいて時間の主効果が認められたが（$p < 0.05$），時間 × 群の交互作用は認められなかった（$p > 0.05$）。一方，WAnT 中のピーク到達時間では時間 × 群の交互作用が認められ，HL60 のみで有意に短縮された（$p < 0.05$）。

【結　論】

　これらの結果から，WAnT のパフォーマンスに対する高負荷・低回転での HIICT の有効性が示唆された。

---

4. 課　題

　課題 1），2）は，スクワット，パワークリーン，ボックスジャンプの 3 種目から 1 つの種目を選び，『大学体育・スポーツ学への招待』[10] 表 8-1 を参考にして，回数とセット数を提示しなさい。
　課題 3），4）は，どちらかを選択し，『大学体育・スポーツ学への招待』[10] を参考に考察しなさい。

1) 身長 180 cm，体重 60 kg のアスリートで，パワークリーン 1 RM が 50 kg，スクワット 1 RM が 80 kg，垂直跳びが 65 cm だった場合，このアスリートはまずどのようなトレーニングを重点的に行うべきだろうか。
2) 身長 165 cm，体重 85 kg のアスリートで，パワークリーン 1 RM が 120 kg，スクワット 1 RM が 150 kg，垂直跳びが 35 cm だった場合，このアスリートはまずどのようなトレーニングを重点的に行うべきだろうか。
3) **有酸素性能力**：現在または過去に 20 m シャトルランテストを実施したことがある者は，その時の年齢と折り返しの総回数から **表 8-1** を参考に最大酸素摂取量の推定値を算出しなさい。測定当時の年齢，競技種目の特性や競技レベルなどを踏まえて，自身の最大酸素摂取量の値について考察しなさい。また，最大酸素摂取量を高めるにはどのようなトレーニングを実施する必要がある

のか，実際に自らがトレーニングを実施することを想定してトレーニングメニューを作成しなさい。

4) **無酸素性能力**：5分程度のウォーミングアップを行った後に，前述のウィンゲートテスト（体重の7.5％負荷で30秒全力ペダリング）を各自で実施し，体重あたりの平均パワーを算出しなさい。そして，p.91に記載した国立スポーツ科学センターが発表している日本人トップアスリートの値と比較し，自分が優れているのか劣っているのかを考察し，ウィンゲートテストの平均パワーを高めるには実際にどのようなトレーニングを実施する必要があるのか，トレーニングメニューを作成しなさい。

参考文献

1) Boddington MK, Lambert MI, Waldeck MR: Validity of a 5-meter multiple shuttle run test for assessing fitness of women field hockey players. J Strength Cond Res, 18: 97-100, 2004.
2) Haff GG, Nimphius S: パワーのためのトレーニング原理．NSCA JAPAN, 20(4): 16-26, 2013.
3) Hoffman JR, Epstein S, Einbinder M, et al.: A comparison between the Wingate anaerobic power test to both vertical jump and line drill tests in basketball players. J Strength Cond Res, 14: 261-264, 2000.
4) Léger LA, Lambert J: A maximal multistage 20-m shuttle run test to predict VO$_2$ max. Eur J Appl Physiol Occup Physiol, 49: 1-12, 1982.
5) Léger LA, Mercier D, Gadoury C, et al.: The multistage 20 metre shuttle run test for aerobic fitness. J Sports Sci, 6: 93-101, 1988.
6) 前村公彦, 宮下 憲, 高松 薫：重炭酸緩衝能力と400m走パフォーマンスとの関係．陸上競技研究, 3: 10-17, 2005.
7) 文部科学省：新体力テスト実施要項．
8) 日本スポーツ振興センター ハイパフォーマンススポーツセンター 国立スポーツ科学センター 監，松林武生 編：フィットネスチェックハンドブック—体力測定に基づいたアスリートへの科学的支援，大修館書店，東京，pp.266-267, pp.372-373, 2021.
9) 野村由実, 杉田正明：自転車エルゴメーターにおける負荷精度の検討．トレーニング科学, 32: 33-39, 2020.
10) 関根正美, 中里浩一, 野井真吾 他編：大学体育・スポーツ学への招待，ナップ，東京，2021.
11) 篠田邦彦 監(Half GG, Triplett NT 編)：NSCA決定版ストレングストレーニング＆コンディショニング．第4版，ブックハウスHD，東京，2018.
12) Smith JC, Hill DW: Contribution of energy systems during a Wingate power test. Br J Sports Med, 25: 196-199, 1991.
13) Suzuki Y, Ito O, Mukai N, et al.: High level of skeletal muscle carnosine contributes to the latter half of exercise performance during 30-s maximal cycle ergometer sprinting. Jpn J Physiol, 52: 199-205, 2002.
14) 田畑 泉：タバタ式トレーニング，扶桑社，東京，pp.104-105, 2015.
15) Tomabechi N, Takizawa K, Shibata K, et al.: Effects of work-matched high-intensity intermittent cycling training with different loads and cadences on Wingate anaerobic test performance in university athletes. J Phys Fitness Sports Med, 10(4): 191-198, 2021.
16) トレーニング指導者協会：トレーニング指導者テキスト実践編，改訂版，大修館書店，東京，2014.
17) 渡部一郎 監訳 (Fukuda DH 著)：スポーツパフォーマンスのアセスメント—競技力評価のための測定と分析，ナップ，東京，pp. 206-214, 2019.
18) Winkelman N: The difference between the countermovement and non-countermovement jump: implications on performance. UKSCA, 20: 4-8, 2011.
19) Wisløff U, Castagna C, Helgerud J, et al.: Strong correlation of maximal squat strength with sprint performance and vertical jump height in elite soccer players. Br J Sports Med, 38: 285-288, 2004.
20) 與座嘉康, 長谷雄信弘, 久保勝海 他：男性中高年者における15m Incremental Shuttle Run Test の妥当性と信頼性．理学療法科学, 35: 107-111, 2020.

スポーツと栄養学

田村　優樹，青木　稜，山田　直子

はじめに

　スポーツ栄養学は，栄養学に属する１つの学問領域である。「スポーツ選手の競技力を向上させるための手段を学ぶ学問」と思われるかもしれない。しかし，スポーツ栄養学の対象には，アスリートだけではなく，健康の保持・増進のためにスポーツを行う運動愛好家も含まれる。特に最近では，高齢者や生活習慣病患者への運動療法や栄養指導は，単独で行われることは稀であり，両者を併用した介入が行われる。したがって，特に超高齢化社会のわが国では，スポーツ栄養学は今後一層重要な学問領域の１つとして認識されることになるだろう。

　スポーツ栄養学は，独立した学問ではなく，他の学問とも密接にかかわっている。具体的には，栄養学を深く理解するためには，生理学で身体の仕組みを学んでおく必要がある。また，スポーツ栄養学を深く理解するためには，対象とする運動の特性やスポーツ種目の特性についても知識を得ておかなければならない。したがって，スポーツ栄養学を学ぶ際には，他の学問領域との関連などを意識しながら，得た知識を体系的に整理することが重要となる。このような他の学問領域との関係を踏まえた学びは，実際の科学研究においても重要である。一例をあげると，分子生物学の研究手法を活用して培養細胞や実験動物を対象とした新規サプリメントの探索実験が行われている。また，ヒトを対象にした研究では，栄養評価研究など，疫学の手法が用いられることもある。すなわち，実に様々な分野の研究手法が取り入れられたことで，スポーツ栄養学の先端科学が切り拓かれている。

　本章では，スポーツ栄養学の研究手法を「実験動物や培養細胞を対象とした基礎研究」「ヒトを対象とした応用研究」「ヒトを対象とした栄養調査」の３つの観点から紹介する。スポーツ栄養学の学問領域の広大さ，そして他の学問領域との繋がりを意識しながら，読み進めていただきたい。

1. 生命科学の手法を用いたスポーツ栄養学の基礎的・基盤的研究

1) スポーツ栄養学の基礎的・基盤的研究の意義

　スポーツ栄養学に関する研究は，実験動物や培養細胞を対象とした基礎的・基盤的な研究としても実施される。スポーツ栄養学における基礎的・基盤的研究の意義の１つは，調査研究やヒトを対象とした介入研究では実証・検証が困難な栄養学的手法の有効性や安全性を，詳細なメカニズムの理解を通して裏付けることである。ここでは，生命科学の手法を用いたスポーツ栄養学の研究における研究対象の特徴や，実際の研究の例を紹介したい。スポーツをヒトの営みと考えるのであれば，栄養学に限らず，すべてのスポーツ科学の研究はヒトを対象として検討することが望ましい。しかしながら，栄養学的手法の有効性や安全性を検証するためには，倫理的な制約から実施できないこともある。例えば，動物実験で有効性・安全性が検証されていない栄養素を，動物実験を省略してヒトに投与する

図 9-1 実験用マウス

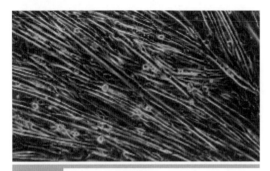

図 9-2 骨格筋の培養細胞

ことはできない。また，詳細なメカニズムを検討するためには筋生検を行う必要があり，被験者の負担が大きい。さらに，メカニズムを解明するために必要な遺伝子の操作を，ヒトを対象とした試験では実施することはできない。そこで，スポーツ栄養学において基礎的・基盤的な研究を行う際には，実験動物や培養細胞を対象とした試験が行われる。

2) スポーツ栄養学における動物実験

上記のとおり，ヒトを対象とした試験では，栄養学的手法の有効性や安全性，分子メカニズムを検討することは難しい。そこで，スポーツ栄養学分野においてこのような課題を検討する際には，動物実験が行われる（**図 9-1**）。なお，動物実験は，代替法を検討し，動物実験に代わる研究手法が存在しないことや研究の科学的価値などを研究機関の倫理審査委員会で審査・承認されて，初めて実施が認められる。当然ながら，ヒトマウスやラットといった実験動物とヒトの代謝の違いは十分に留意して実験計画を立案し，実験結果を解釈する必要があるが，現在ヒトを対象とした科学的根拠に基づく栄養学的手法の多くは，動物実験によって得られた知見をヒトに発展させて科学的根拠が構築されたものである。

3) スポーツ栄養学における培養細胞実験

培養細胞は，本来は生体の構成要素である細胞が体外で培養されたものを指す。よって，培養細胞は，生体内環境を模した培養液を用いて試験管の中で維持される。しかし，生体とは異なり，組織内の他の細胞種（骨格筋組織の中の神経細胞や脂肪細胞など）や他の組織（脳，心臓など）との連携は遮断されている状態にある。例えば，ある栄養素Aが，実験動物を対象に骨格筋機能を向上させる効果が認められたケースを想定しよう。栄養素Aの作用機序の解明を目指す場合，栄養素Aが直接骨格筋に作用したのか，あるいは骨格筋以外の臓器を介して作用したのかについては，実験動物では答えを出すことができない。そのような場合，骨格筋の培養細胞（**図 9-2**）を対象に栄養素Aの作用を調べる実験を行えば，栄養素Aが骨格筋に直接的に作用しているのか否かについて結論を出すことができる。また，培養細胞は，多くの検体の同時処理・同時分析が実施可能であることから，栄養素材の候補のスクリーニングなどにも使用されることがある。

4) スポーツ栄養学における基礎的・基盤的研究の例

ここでは，スポーツ栄養学における基礎的研究ではどのような取り組みが行われているのかについて，研究の意義と具体例をあげてみたい。いずれの研究例であっても，基礎的な分子細胞生物学や生理学の知見あるいは研究手法に基づいて実施されている。

(1) 運動後のグリコーゲンの回復を促進させる栄養学的方法とその作用機序

　グリコーゲンは，運動中の最も重要なエネルギー源である。グリコーゲンが枯渇してしまうと，マラソンの 35 km の壁のように，残りわずかな距離であっても競技をリタイヤせざるをえなくなってしまう。したがって，陸上競技，競泳，柔道といったラウンド制の競技では，競技終了後から次の競技までの間に，いかにして骨格筋のグリコーゲンを回復させるかという点が重要な課題となる。これまでに基礎研究では，効果的な骨格筋グリコーゲンの回復法についての検討が行われてきた。骨格筋のグリコーゲンの量を調べるためには，ヒトを対象とした場合には骨格筋の生検サンプル，実験動物を対象とした場合には摘出した骨格筋組織が対象とされる。これまでに，運動後の糖質摂取の条件（量・タイミング）などが検討されている。また，同時に摂取することでグリコーゲンの回復が促進されるような栄養素材の探索・有効性検証なども行われてきた。また，効果が確かめられた栄養素材の作用の分子メカニズムを明らかにするために，骨格筋のグリコーゲンの再合成にかかわる細胞内の情報伝達経路の活性化なども評価されている。これらには，分子細胞生物学の実験手法の 1 つであるウエスタンブロット法などが用いられる。なお，運動によるグリコーゲンの減少は，骨格筋だけでなく脳でも生じる。脳のグリコーゲンの減少は，運動中の認知機能の低下との関連が指摘されている。したがって，骨格筋だけではなく脳でもグリコーゲン量の測定・回復法を探索する意義が高まっている。当然ながら，ヒトを対象として脳を摘出し，グリコーゲンを測定することは不可能であることから，これらの実験は実験動物を対象に実施される。このような取り組みから，アスリートの競技力向上に資する効果的なグリコーゲンの回復法についての検討が行われている。

(2) トレーニングによる生体適応を促進させる栄養学的方法とその作用機序

　持久的トレーニングによって，骨格筋のミトコンドリアが増加する。骨格筋のミトコンドリアが増加すると，運動中の最も重要なエネルギー源であるグリコーゲンの利用が節約され，持久的運動能力の向上に寄与する。一方で，レジスタンストレーニングによる骨格筋肥大・筋力向上は，瞬発系競技パフォーマンスの向上に寄与する。これらの運動・トレーニングによる骨格筋の適応を促進させることができる栄養摂取の条件（摂取物・量・タイミング）が検討されている。とりわけ，運動・トレーニングの効果を促進させる栄養素材は，新しいサプリメントの候補となる。新たな栄養素材の候補は，培養細胞を対象とした試験でスクリーニングされる。培養細胞を対象とした実験モデルでは，他検体の同時処理が可能というメリットがあり，様々な種類の栄養素材を様々な濃度，様々な時間で作用させ，その際の細胞応答・適応を検討することができる。その中で，効果が期待されそうな栄養素材を選出し，動物実験で検証するといった研究展開が想定される。栄養素材の効果・安全性の検証に並行して，どのようなメカニズムで作用したのか，といった検討も行われる。例えば，持久的運動によって活性化する細胞内の情報伝達経路や遺伝子発現の調節機構に，その栄養素材が与える影響を検討することになる。このような取り組みにより，より安全で効果的なスポーツ現場への橋渡しが実現する。

(3) 損傷した骨格筋の再建を促進する栄養学的手法とその作用機序，不活動や加齢による骨格筋萎縮を抑制する栄養学的手法とその作用機序

　上述のようにアスリートの競技力の向上を見据えた基礎研究だけではなく，栄養学的手法を用いたリハビリテーションの創出を見据えた基礎研究も実施される。肉離れや打撲などによって骨格筋が損傷すると，競技からの離脱を余儀なくされることがある。あるいは，ギプス固定などの不活動を余儀

なくされた場合，骨格筋は萎縮することが知られている（廃用性筋萎縮）。これらの骨格筋の量・機能の低下に対して，運動療法や物理療法などのリハビリテーションが提案され，臨床で実際に用いられている。しかし，栄養学的手法により，これらの骨格筋の量・機能の低下を抑制できないか，あるいは骨格筋の量・機能の回復を促進できないか，といった観点からの研究が行われている。やはり，このような研究においても，安全性や有効性，メカニズムの解明に向けた検証が動物実験や培養細胞を対象とした試験で行われている。

（4）肥満を予防・治療するための栄養学的手法とその作用機序

　ここまでは，骨格筋を対象とした栄養学的手法の検討について例をあげてきたが，スポーツ栄養学の基礎的研究では，健康科学の観点から，骨格筋以外の臓器を標的とした検討も行われる。その一例として，脂肪組織があげられる。脂肪が深くかかわる疾患として，肥満がある。肥満は，循環器疾患やインスリン抵抗性などの原因となる生活習慣病である。マウスを対象として肥満に関する検討を行う場合，高脂肪食の摂取による肥満モデルマウスの作成が行われる。このような肥満マウスを対象として栄養学的介入を行い，脂肪が変化するか否かについて検討されている。例えば，脂肪組織にエネルギー利用型の性格を与える栄養素材の探索などが行われている。これは，エネルギーを蓄える役割をもつ脂肪組織に，エネルギー利用型の性格を与えることができれば，抗肥満効果が期待されるためである。また，栄養素材の検討に限らず，運動・トレーニングや食事を摂取する時間帯の違いが脂肪組織を変化させる可能性なども，近年では精力的に検討されている。このように，肥満といった過栄養の状態を改善・克服するための病態の理解，治療法の開発も，スポーツ栄養学の取り扱う学問領域となる。

　上述の例のように，スポーツ栄養学の基礎的・基盤的研究は，アスリートの競技力向上を見据えたものから一般人の健康増進に資するものまで様々であることがわかる。しかし，どのような研究であっても，生命科学の研究手法を用いて，詳細なメカニズムを解明することは，より安全で効果的な栄養学的手法をヒトで実現するためには必要不可欠である。このような基礎的・基盤的研究で得られた知見をもとに，後述のヒトを対象とした応用的研究が展開されていく。

（田村　優樹）

2．スポーツ栄養学におけるヒトを対象とした応用的研究

1）スポーツ栄養学におけるヒトを対象とした応用的研究の意義

　スポーツ栄養学におけるヒトを対象とした応用的研究の目的の1つは，基礎研究によって得られた知見をもとに，ヒトへの応用，実用化を検証することであり，メカニズムの解明ではなく，実証・効果の検証に重きが置かれている。グリコーゲン摂取を例に説明すると，基礎研究ではグリコーゲン摂取による運動パフォーマンス向上のメカニズムについて検証するのに対し，ヒトを対象とした応用的研究では，グリコーゲン摂取によるパフォーマンスへの影響が検証されている。その他にも，ヒトを対象とした応用的研究では，代謝の変化，身体組成の変化など多岐に及ぶ測定が行われている。そこで，本項ではスポーツ栄養学におけるヒトを対象とした応用的研究で用いられている代表的な研究方法を紹介する。

図 9-3　呼気ガス分析装置

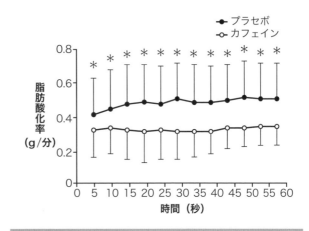

図 9-4　プラセボ群とカフェイン群におけるサイクリング中
（1 時間）の脂肪酸化率。＊：$p < 0.05$（文献 1 より引用）

2）スポーツ栄養学におけるヒトを対象とした応用的研究の例

(1) 脂肪燃焼を促進させるためには

　読者も一度は，テレビやインターネットで「この食品は脂肪燃焼促進効果がある」といった広告を
みたことがあるだろう。では，その効果が実際にどのように検証されているか知っているだろうか。
以下に，カフェインを例にあげてその測定方法について説明する。カフェインは，脂肪燃焼促進効果
が確認されている成分であり，その効果については多くの研究で報告されている。ヒトを対象とし
た脂肪燃焼量の測定には，呼気ガス分析装置が多く用いられている（**図 9-3**）。呼気ガス分析装置は，
ヒトに特殊なマスクを装着し，そこから出る呼気を非侵襲的に採取，分析することで酸素摂取量，二
酸化炭素排出量，換気量などを測定することができる装置である。

　脂肪燃焼量は，呼気ガス分析装置で測定した酸素摂取量と二酸化炭素排出量を Weir の式に代入す
ることで算出される。では，カフェインの脂肪燃焼効果を実際の実験データで確かめてみよう。**図
9-4** は，運動前にカフェインを摂取させた群とプラセボ（偽薬）を摂取させた群の 1 時間サイクリン
グ運動中の脂肪燃焼量を示したものである。この結果から，運動前のカフェイン摂取は 1 時間サイ
クリング中の脂肪燃焼促進に効果的であることがわかる。

　このような方法を用いて，ヒトの脂肪燃焼促進効果は検証されている。呼気ガス分析装置では，そ
の他にもエネルギー消費量，糖質代謝などの測定を行うことができる。

(2) タンパク質の摂取は骨格筋量の増加にどの程度効果的なのか

　タンパク質は，骨格筋量の増加と筋損傷の修復を促進する栄養素である。筋力トレーニング後のタ
ンパク質摂取は，タンパク質合成を高め，骨格筋量の増加を促進することが様々な研究によって報告
されている。そのメカニズムについては，基礎研究によって明らかにされている。ヒトを対象とした
応用的研究では，タンパク質の摂取が骨格筋量の増加にどの程度寄与するのか検討されている。

　ヒトを対象とした骨格筋量の測定には，骨格筋摘出の必要がない生体インピーダンス法（**図 9-5**）
や dual energy X-ray absorptiometry（DXA）法（**図 9-6**）が主に用いられている。生体インピーダ
ンス法は，身体に微弱な電流を流し，身体の電気抵抗値を推定式に当てはめて体組成を推定する方法
である。この測定方法は簡易であるが，体内の水分量に影響を受けやすい（食事などの影響で測定値

図 9-5 生体インピーダンス法体組成計

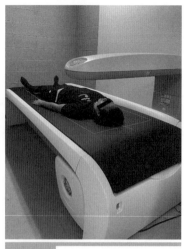

図 9-6 dual energy X-ray absorptiometry（DXA）

が変動する）というデメリットがある。DXA 法では，生体に 2 つのエネルギーの X 線を照射し，X 線が体内を通過する際の減衰率の比から，体組成を推定する。体組成の計測では，DXA 法が最も信頼できる方法とされている。一方で DXA 法は，インピーダンス法とは異なり，測定装置が高価であること，放射線を使うため専門資格が必要であることなどの特徴があり，限られた施設でしか測定を行うことができない。

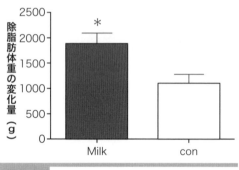

図 9-7 筋力トレーニング後にタンパク質を摂取した群（Milk）と炭水化物を摂取した群（Con）の 12 週間後の除脂肪体重の変化。＊：$p < 0.05$ （文献 2 より引用）

では，実際に DXA 法を用いた実験のデータから，タンパク質の摂取が骨格筋量増加の促進にどの程度寄与するのか確かめてみよう。**図 9-7** は，若年女性を対象に 12 週間（週 5 回）の筋力トレーニングを実施させ，毎回のトレーニング後にタンパク質を摂取させた群（Milk）と炭水化物を摂取させた群（CON）の 12 週間後の除脂肪体重の変化を示したものである。この結果から運動後のタンパク質摂取は，骨格筋量（**図 9-7** の結果は除脂肪体重）増加の促進に効果的であることがわかる。このような方法を用いて，タンパク質摂取による体組成への影響は検証されている。DXA は，その他にも骨密度の測定を行うことができる。

（3）エルゴジェニックエイドがパフォーマンスに与える影響の研究方法

エルゴジェニックエイドによるパフォーマンスの向上については，アスリートが関心を寄せる分野の 1 つである。ヒトを対象としたエルゴジェニックエイドの研究は，基礎研究で安全性が確かめられた後に実施される。パフォーマンスの評価は，前述したような専用の機器を使う場合もあるが，主に実際の競技パフォーマンスから評価する。

以上がヒトを対象とした応用的研究についての紹介である。ヒトを対象とした応用的研究は，基礎的・基盤的研究で得られた知見をもとに，先述したような研究を実施することでヒトへの実用化に繋げる役割を担っている研究領域である。

（青木　　稜）

3. スポーツ栄養学の疫学的研究

1) スポーツ栄養学の疫学的研究の意義

　栄養学分野における疫学的研究の主な目的は，生活習慣病や様々な疾病などとその原因となる食事の関係を明らかにすることである。例えば，食塩を多く摂取すると血圧が高くなるといったように，疫学的研究により明らかになった事実は多い。日本では，「国民健康・栄養調査」という大規模な疫学調査がほぼ毎年実施されているが，この調査は日本人の身体，エネルギーや栄養素の摂取状況，生活状況などを明らかにし，国民の健康増進のための基礎資料とすることを目的に実施されている。この調査は戦後すぐに開始され，その調査結果から日本人のエネルギーや栄養素，食品の摂取状況などを確認することができる。このような人の食事内容を明らかにする調査手法はいくつかあるが，それぞれに長所と短所がある。そのため，調査を実施する際には調査の特徴を理解したうえで行う必要がある。

　そこで，本項はスポーツ栄養学における疫学的研究例とその代表的な方法について説明する。

2) スポーツ栄養学における疫学的研究手法を用いた調査・研究の例

① **現状の把握を目的とした調査・研究**：個人の食事やチームの寮食の食事計画の立案や食事改善の際に行われる栄養アセスメント（評価）など。

② **疾病やパフォーマンスなどとの関係を明らかにすることを目的とした調査・研究**：貧血と食事内容，無月経と摂取エネルギー量の関連など。

③ **栄養教育や食事療法などを目的とした調査・研究**：減量または増量を目的とした栄養教育や，疾病の改善を目的とした食事療法の効果検証など。

3) 主な調査方法

　以下の調査方法は，食べた料理や食品，栄養素やそれらの量（以下，食事摂取量と略す）を把握することを目的としており，スポーツ栄養学の分野だけでなく，様々な対象や目的に用いられている。ここでは，各調査方法の具体的な手法と長所・短所について説明する。

(1) 食事記録法 (図9-8，図9-9)

　実際に食べた物の重量を，はかりなどを使って計量し記録する方法（秤量法）と，実際に食べた物とその目安量を記録する方法（目安量法）があり，調査期間は目的に応じて1日から数週間程度も可能である。この方法は食べた物の食材名と重量を記録するため，他の方法と比べ実際の食事摂取量との誤差が少ない反面，回答者の負担が大きく，分析には技術を要する。これらの特徴から，食事記録法は，個人または集団の数日間の食事摂取量を把握するのに適した方法といえる。「国民健康・栄養調査」は，この方法を用いて国民1人あたりの1日の食事摂取量を明らかにしている。

(2) 24時間思い出し法

　前日に実際に食べた物を思い出して書き出す方法で，面接による聞き取り，

図 9-8　計量の様子

食事記録票

2000年 ●月×日

時間 場所	料理	食材	重量 (g)	目安量	備考
朝食 7:00～ 7:15 自宅	食パン スクランブルエッグ ウィンナーソーセージ 牛乳	食パン たまご 塩 こしょう サラダ油 ウィンナーソーセージ ケチャップ 普通牛乳	60 60 0.3 少々 4 40 18 200	6枚切り1枚 1個 小2本 コップ1杯	
昼食 12:30～ 13:00 大学	サラダチキン（プレーン） 胡麻鮭おにぎり シーチキン&コーンサラダ すりおろしオニオンドレッシング	ごはん 鮭フレーク 白ごま キャベツ 卵 ツナ缶（オイル入り） コーン レタス 紫キャベツ にんじん	115 65 30 32 16 3 5 3 25	1個 1個 1食 1袋	ローソンにて購入 おにぎり1個99g ドレッシングは別売り
夕食					
間食					

図9-9 食事記録法（秤量法）の記入例

食物摂取頻度調査 FFQg

1-a 穀類		主食の種類	ご飯(茶碗 で○杯)	パン・シリ アル○枚	麺類○杯	1週間の回数は 小数点以下を記 入してもよい。
		1週間に 朝				例：
		1週間に 昼				ご飯…4.5 杯
		1週間に 夕				肉…6.5 回

b	ご飯もの	1週間に		回
c	カレーやハヤシライス	1週間に		回

1回に食べる量を 0, 1, 2, 3, から選び、○をつけてください

2	肉・ 肉加工品類	朝	0.食べない	1.少し	2.普通	3.たっぷり	1週間に		回
		昼	0.食べない	1.少し	2.普通	3.たっぷり	1週間に		回
		夕	0.食べない	1.少し	2.普通	3.たっぷり	1週間に		回

3	魚介類	朝	0.食べない	1.少し	2.普通	3.たっぷり	1週間に		回
		昼	0.食べない	1.少し	2.普通	3.たっぷり	1週間に		回
		夕	0.食べない	1.少し	2.普通	3.たっぷり	1週間に		回

4	卵						1週間に		個

5	大豆・ 大豆製品	朝	0.食べない	1.少し	2.普通	3.たっぷり	1週間に		回
		昼	0.食べない	1.少し	2.普通	3.たっぷり	1週間に		回
		夕	0.食べない	1.少し	2.普通	3.たっぷり	1週間に		回

図9-10 食物摂取頻度調査票の一例（文献5より引用）

または自身で記入する方法がある。この方法は，回答者への負担は食事記録法と比べて少ない反面，対象の記憶に頼った方法であることから正確に食事摂取量を推定することが難しく，調査期間は調査前日の1日に限定される。また，面接や分析には専門的な技術を要する。これらの特徴から，24時間思い出し法は，集団の平均的な食事摂取量を把握するのに適した方法といえる。

(3) 食物摂取頻度調査法（図9-10）

リスト化された料理や食品群，食品名の過去の一定期間内の摂取頻度を回答する方法と，頻度に加えて摂取量も回答する方法がある。この方法は，食事記録法に比べて回答者や分析の負担が比較的少ないことから，人数の多い集団を対象とした調査が可能である。しかし，回答者がよく食べる食品や目的の栄養素を多く含む食品がリストにない場合には精度が著しく低下し，対象の記憶力に依存するという特徴もある。これらの特徴から，食物摂取頻度調査法は，習慣的な食事摂取量を推定するのに適した方法といえる。

この他，近年では食べた物の写真や料理名を入力するだけでエネルギーや栄養素の摂取量を把握できる便利なアプリなどが開発されてきているが，現時点でこのようなアプリなどの正確性は明らかでないことから，使用に際しては慎重に検討しなければならない。

4) 調査における留意点

調査は，それぞれの方法の特徴を理解したうえで，下記の点も念頭に置いて実施しなければならない。

① 人の食事摂取量は，同一個人でも日々異なり（日間変動），季節によっても違いがある（季節変動）。また，当然のことながら個人間の違いもある。

② 調査は，回答者が自己申告した情報に基づくことから，申告した情報と実際の食事摂取量の間に

誤差が生じてしまう。中でも，実際に食べた量より少なく申告する過少申告は出現頻度が高い[3]。

5) 食事摂取量の評価

健康な個人または集団の健康の保持・増進，生活習慣病の発症予防および重症化予防を目的とした食事改善の評価（アセスメント）には，厚生労働省「食事摂取基準」が活用できる[3]。「食事摂取基準（2020 年版）」に示されているエネルギー量および栄養素の指標は，以下のとおりである。

① **エネルギーの指標**：エネルギーの摂取量と消費量のバランスの評価として，BMI または体重の変化量を用いる。

② **栄養素の指標**：栄養素の摂取不足（推定平均必要量，推奨量，目安量），過剰摂取（許容上限推奨量），生活習慣の発症予防（目標量）の評価のための指標があり，目的に応じて活用する。

この他，特に運動量の多いアスリートでは，臨床検査や生理・生化学データ，競技特性なども考慮し，総合的に評価する必要がある。

おわりに

本章では，スポーツ栄養学に関する研究手法について概説した。一言でスポーツ栄養学といっても，実に様々な研究分野が存在する。また，スポーツ栄養学における各研究を実施するためには，分子生物学，運動生理学，疫学などの理解が不可欠である。さらに，競技スポーツ栄養学の観点からみれば，当該競技種目の競技特性の理解も要求されることになる。冒頭に述べたとおり，超高齢化社会のわが国において，スポーツ栄養学が今後さらに重要な学問となることは，疑う余地はない。ぜひ，多くの若者にスポーツ栄養学の研究にチャレンジしていただきたいと願う。わが国において，スポーツ栄養学関連の主たる学術団体としては，日本栄養・食糧学会や日本スポーツ栄養学会がある。本章を通して，スポーツ栄養学の研究に興味を持たれた読者は，これらの団体が主催する学術集会に参加し，最先端の研究成果に触れてみることを勧める。

（山田　直子）

4. 研究例

研究例（サンプル）1

栄養素 A は，持久的トレーニングによる骨格筋ミトコンドリアの適応を促進する

【背景と目的】

骨格筋のミトコンドリアは，エネルギーを産生する細胞小器官である。持久的トレーニングによる骨格筋ミトコンドリアの量の増加は，持久的運動能力の向上に貢献する。先行研究では，栄養素 A は，骨格筋のミトコンドリアを増加させることが明らかにされている。そこで，持久的トレーニングと栄養素 A の摂取を組み合わせることで，持久的トレーニングによるミトコンドリア量の増加が一層高まる可能性が考えられた。そこで本研究では，上記の可能性を検討するために，マウスを対象に持久的トレーニングおよび栄養素 A 摂取の実験を行い，両者の組みわせが骨格筋のミトコンドリアの量に与える影響を検討した。

【方　法】

24匹の雄性のC57BL/6J系統のマウスを，①対照群（$n = 6$），②持久的トレーニング群（$n = 6$），③栄養素A投与群（$n = 6$），④持久的トレーニング＋栄養素A投与群（$n = 6$）に分けた。持久的トレーニングを行う群のマウスには，トレッドミルを用いた持久的トレーニングを負荷した（25 m/min，60 min/day, 3-week）。栄養素A投与群のマウスには，蒸留水に溶解した栄養素Aをマウスの体重1 kgあたり200 mg経口投与した。持久的トレーニングと栄養素Aの摂取を併用する群では，トレッドミル走行の30分前に経口投与した。最終のトレーニングセッションの24時間後にマウスを頸椎脱臼により安楽死させ，腓腹筋を摘出した。生化学解析としてミトコンドリアの量の指標（CS最大活性）の解析を行った。統計処理は，二元配置分散分析（持久的トレーニング × 栄養素A）を行い，交互作用が認められた場合には，Tukey-Kramerによる多重比較検定を行った。交互作用が認められない場合，それぞれの要因の主効果を検討した。なお，統計的な有意水準は，$p < 0.05$とした。

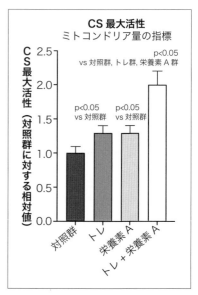

図1 ミトコンドリア量の指標。平均値 ± 標準誤差で示す。

【結　果】

ミトコンドリアの量の指標であるCS最大活性において，3週間の持久的トレーニングと栄養素Aの摂取の間に交互作用が認められた。多重比較検定を行った結果，持久的トレーニング群および栄養素A摂取群のCS最大活性は，対照群と比較して有意に高い値を示した。さらに，持久的トレーニングと栄養素Aの摂取を併用した群は，他の3群と比較して有意に高い値を示した。

【考　察】

栄養素Aと持久的トレーニングの組み合わせは，それぞれの単独の影響の相加以上にミトコンドリアを増加させる相乗効果が観察された。これは，運動30分前に栄養素Aを投与していることが関与しているかもしれない。今後は，分子メカニズムについて検討を行う必要がある。

【結　語】

運動前の栄養素Aの摂取は，持久的トレーニングによる骨格筋ミトコンドリアの生合成を相乗的に高めることが明らかとなった。栄養素Aは，持久的運動能力の向上に寄与する新しい栄養素となる可能性が示唆された。

研究例（サンプル）2

疲労がエネルギー消費量に与える影響

【緒　言】

　栄養サポートの現場でエネルギー消費量（以下 EE）の評価には，HR 法，加速度計法，生活時間調査法などが用いられている。生活時間調査法は，生活内容に関する情報のみで EE を推定できることから，栄養サポートで多く利用されている。しかし，生活時間調査法は実際に実施した運動を活動区分にあてはめて EE を算出するため，疲労や体調を考慮しておらず，実際に消費された EE を正確に反映していない可能性がある。疲労が EE に与える影響を把握することは，より効果的なサポートに繋がると考えられる。そこで本研究の目的は，疲労がエネルギー消費量に与える影響を明らかにすることである。

【方　法】

　被験者は，健康な若年成人男性 7 名（年齢 24.1 ± 1.3 歳，身長 172.6 ± 5.3 cm，体重 76.7 ± 4.5kg）であった。すべての被験者は，自転車エルゴメータを用いた最大漸増負荷テストを実施した。1 週間後に 15 分定常運動（65%$\dot{V}O_2$max）（以下非疲労条件），疲労を生じさせるためのインターバル運動（30%$\dot{V}O_2$max と 95%$\dot{V}O_2$max を交互に 2 分間 10 セット），15 分定常運動（60%$\dot{V}O_2$max）（以下疲労条件）の順で測定した。各運動の間には 30 分間の休憩をはさんだ。分析対象は 15 分定常運動（非疲労条件と疲労条件）の呼気ガスデータ，酸素摂取量（以下 $\dot{V}O_2$），二酸化炭素排出量（以下 $\dot{V}CO_2$），呼吸交換比（以下 RER），EE とした。

【結果および考察】

　図 1 に 15 分定常運動中（非疲労条件と疲労条件）の平均 EE を示した。15 分定常運動中の EE は，非疲労条件で 9.62 ± 0.80 kcal／min，疲労条件で 12.41 ± 0.82 kcal／min であり，疲労条件が有意に高かった（p < 0.05）。$\dot{V}O_2$ は非疲労条件で 2.06 ± 0.18 L／min，疲労条件で 2.76 ± 0.17 L／min であり，疲労条件が有意に高かった（p < 0.01）。

　$\dot{V}O_2$ は非疲労条件で 2.26 ± 0.18 L／min，疲労条件で 2.38 ± 0.17 L／min であり，疲労条件が有意に高かった（p < 0.01）。$\dot{V}CO_2$ は非疲労条件で 1.90 ± 0.14 L／min，疲労条件で 1.92 ± 0.15 L／min であり，有意差は認められなかった。RER は非疲労条件で 0.91 ± 0.07，疲労条件で 0.82 ± 0.03 であり，疲労条件が有意に低かった（p < 0.01）。本研究では，疲労させることを目的としてインターバル運動を実施した。その結果，疲労条件時の筋グリコーゲン量が減少し脂質利用率の増加が誘導される

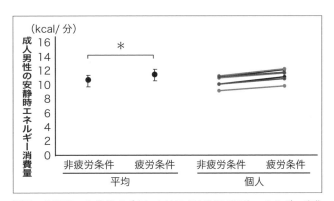

図 1　自転車エクササイズ中における 15 分間の平均エネルギー消費量。＊：p < 0.05

ことで，$\dot{V}O_2$ および EE が増加したと考えられる。

本研究の EE は，疲労条件で非疲労条件と比較し約 7% 増加が示された。以上のことからも疲労がエネルギー消費量に与える影響を把握することは，より効果的な栄養サポートに繋がると考えられる。

研究例（サンプル）3
大学女子選手の居住形態による摂取エネルギー量および栄養素摂取量の比較

【背景と目的】

アスリートは日常的に長時間練習を行うことにより，摂取エネルギー量が不足することが多く，このことが健康およびパフォーマンスに悪影響を及ぼすことが知られている。特に女性アスリートの利用可能エネルギーの不足による三主徴は深刻で，パフォーマンスの低下だけでなく生涯にわたる健康問題にも繋がることから，日頃から食事の量や内容に気をつけなければならない。しかし，大学生は練習量が多いにもかかわらず，一人暮らしで自炊をしている者も多いことから，エネルギーおよび各栄養素の摂取不足が懸念される。そこで，本研究は，大学女子選手の身体組成および摂取エネルギー量および栄養素摂取量を居住形態別に比較し検討することとした。

【方　　法】

対象は，A 大学のバスケットボール部に所属する選手 33 名であった。摂取エネルギー量および栄養素摂取量の調査は，食物摂取頻度調査（新 FFQg Ver6，建帛社）により，過去 1 〜 2 ヵ月の食事の状況を把握することにした。身長の測定には身長計（SM-01，松吉医科器械），身体組成（体重，体脂肪率，脂肪量，除脂肪量，筋肉量）の測定にはマルチ周波数体組成計（MC-780A，タニタ）を用いた。年齢，居住形態，朝食の摂取状況は，質問票を用いて調査した。これらの測定および調査は，2018 年の練習期であった 7 月の練習前の時間に行い，身長と身体組成測定時の服装は，練習用の短パン，T シャツとした。統計処理は，身体組成，摂取エネルギー量および栄養素摂取量の検討に t 検定を，朝食の検討に χ_2 検定を用い，いずれの場合も有意水準 $p < 0.05$ とした。

表 1　居住形態別年齢，身長，身体組成の比較

	一人暮らし（A 群） （n=15）	家族との同居（F 群） （n=18）
年齢（歳）	20.7±1.1	21.2±1.3
身長（cm）	168.5±6.4	168.3±7.5
体重（kg）	58.3±3.8	57.7±4.2
体脂肪率（%）	16.8±3.1	15.5±4.6
脂肪量（kg）	9.5±1.2	8.8±2.0
除脂肪量（kg）	48.5±3.7	49.0±2.5
筋量（kg）	44.7±2.5	45.2±3.0

数値は平均値 ± 標準偏差を示す。

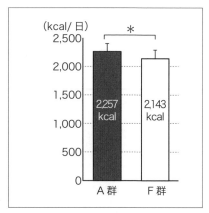

図 1　居住形態別摂取エネルギー量の比較
＊：$p < 0.05$

【結　果】

　対象の居住形態別に年齢，身長，身体組成を比較した結果，すべての項目で差は認められなかった（**表1**）。次に，摂取エネルギーおよび栄養素摂取量を比較した結果，摂取エネルギー量は家族と同居群（以下，F群と略す）に比べて一人暮らし群（以下，A群と略す）の方が多かったものの，タンパク質，ビタミンC，鉄，食物繊維の摂取量はA群に比べてF群の方が多かった（**図1**）。朝食の摂取状況は，「朝食を毎日食べる」の割合がF群に比べてA群の方が多かった（**図2**）。

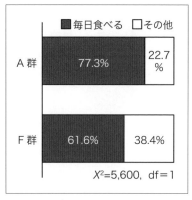

図2　居住形態別朝食摂取状況の比較

【考　察】

　F群のタンパク質，ビタミンC，鉄，食物繊維の摂取量がA群より多かったことから，A群に比べてF群の方がバランスの良い食事を食べていることが推測できた。一人暮らしの者は食事の準備は食事の準備がされていることはなく簡単に済ませてしまうことが多いことが報告されており（佐々木，2018），本結果においても同様のことが推測された。しかし，「朝食を毎日食べる」の割合はF群の割合が少なく，これは通学時間の長さが一因であると考えられた。

【結　語】

　本研究の結果から，A群は自宅の食事改善，F群は朝食摂取のための対策の必要性が示唆された。

---

5. 課　題

1）ヒトを対象とした試験では検証することが不可能であるスポーツ栄養学の研究テーマを，1つあげなさい。また，その理由を端的に説明しなさい。

2）スポーツ栄養学におけるヒトを対象とした応用的研究を行う意義について説明しなさい。

3）昨日食べたもの（菓子，飲み物も含む）をすべて書き出し（24時間思い出し法），書き出した食事内容を自己評価しなさい。また，24時間思い出し法を実際に行って感じたこの調査方法の長所と短所を書きなさい。

参考文献

1）伊藤貞嘉，佐々木敏 監：日本人の食事摂取基準，2020年版，第一出版，東京，p.23, p.26, 2020.

2）Josse AR, Tang JE, Tarnopolsky MA, et al.: Body composition and strength changes in women with milk and resistance exercise. Med Sci Sports Exerc, 42: 1122-1130, 2010.

3）厚生労働省：「日本人の食事摂取基準」策定検討会報告書．https://www.mhlw.go.jp/content/10904750/000586553.pdf

4）Ruiz-Moreno C, Gutiérrez-Hellín J, Amaro-Gahete F, et al.: Caffeine increases whole-body fat oxidation during 1 h of cycling at Fatmax. Eur J Nutr,60: 2077-2085, 2021.

5）吉村幸雄：食物摂取頻度調査 新FFQg Ver.6，健帛社，東京，pp.54-59, 2020.

10 スポーツと心理系

堀　彩夏，髙橋　由衣

はじめに

　スポーツ心理学は，心理学とスポーツ科学の2つの側面をもっており，スポーツの運動学習やスポーツの社会心理，スポーツメンタルトレーニングなど8つの領域から構成されている[7]。European Federation of Sport Psychology（ヨーロッパスポーツ心理学連盟）[2] がスポーツ心理学者の役割としてあげた「研究」「教育」「応用」はいずれの領域においても重要であり，研究によって新たな知見を生み出し，教育や応用を進めていくことが求められる。8つの領域の1つであるスポーツメンタルトレーニングとは，「アスリートをはじめとするスポーツ活動に携わる者が，競技力向上ならびに実力発揮のために必要な心理的スキルを習得することを目的とした，スポーツ心理学の理論に基づく体系的で教育的な活動である」[8]。スポーツメンタルトレーニングは実践的な領域の印象が強いが，科学的根拠に基づいて実践されている。アスリートが自身の実力を十分に発揮するために必要な心理的スキルはスポーツメンタルトレーニングによって習得や向上が可能になるが，やみくもにスポーツメンタルトレーニングを行うだけではそのような効果は期待できない。スポーツメンタルトレーニングを行う場合には，チームやアスリートの特性や状態を考慮した内容や，実際に効果が認められている内容を選択する必要がある。つまり，研究によってチームやアスリートの特性や状態を測定・分析したり，実施したスポーツメンタルトレーニングの効果検証をすることが求められる。特にスポーツ心理学は，目にはみえない「心」を対象とするため，研究によって科学的根拠をもち，教育や応用を進めていかなければならない。

1. 心理学の研究法

　心理学では主に5つの研究法が用いられている（**表10-1，図10-1**）。それぞれの研究法に特徴があり，探求する内容や研究の目的によって使い分ける必要がある。本章では，研究法の中から，一度に多くのデータを収集可能であり，比較的利用しやすい質問紙法について説明する。

2. スポーツ心理学における質問紙法

　スポーツ現場でよく用いられる質問紙として，Profile of Mood States, 2nd Edition[13]（以下，POMS® 2）日本語版（**図10-2**）がある。POMS 2日本語版とは，「怒り−敵意」「混乱−当惑」「抑うつ−落込み」「疲労−無気力」「緊張−不安」「活気−活力」「友好」の7尺度と総合的気分状態（total mood disturbance：TMD）で構成され，感情特性や気分および情動を評価することができる質問紙である[14]。POMS 2日本語版は，成人用や青少年用といった対象や，全項目版と短縮版といった項

表 10-1　心理学の研究法

研究法	内容
実験法	独立変数（刺激/原因）を意図的に操作し，操作した独立変数以外の変数が従属変数（反応/結果）に影響を及ぼさないように統制し，独立変数が従属変数に及ぼす影響（因果関係）を検証する方法
質問紙法	被験者に対して，質問用紙に回答させる研究方法。狭義の意味での質問紙法は，質問紙を用いた調査研究方法である質問紙調査法を意味する
面接法	一定の場所で，特定の目的のもと，直接，顔を合わせ，会話することによってその目的を達成すること 　構造化面接：あらかじめ用意された質問項目に基づいて行う 　非構造化面接：被面接者の回答に応じ，面接者の判断によって質問内容を変化させる 　半構造化面接：あらかじめ質問項目が用意されているが，ある程度面接者の自由度が保たれている
観察法	観察の対象である観察対象者（被験者）の行動を，観察者（実験者）が客観的に記録する研究方法 　自然観察法：日常的行動を自然のまま観察する 　実験観察法：実験の目的に応じて観察対象者の行動に一定の統制を加え，観察対象者の行動を観察する
事例研究	単一あるいは少数の被験者による研究法であり，被験者個人の特性ではなく，そこから得られる人間の一般的法則性を見出すことを目的とする研究法

（文献 5 をもとに作成）

図 10-1　質問紙法（左）と実験法（右）の様子

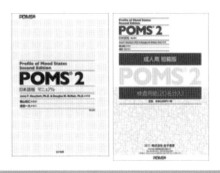

図 10-2　POMS 2 日本語版マニュアル[14]（左）と成人用短縮版検査用紙[13]（右）

目数に応じてその種類を選択することができる。例えば，藤本ら[3] は，大学生男子柔道選手に対して，スポーツメンタルトレーニングで利用されている自律訓練法（autogenic training：AT）を行わせ，POMS 2 日本語版の前版である日本語版 POMS の短縮版を用いて自律訓練法の有効性について検討している。その結果，減量時に自律訓練法を実施した減量 AT 介入群では，自律訓練法前から自律訓練法後にかけて「緊張−不安」「疲労」「混乱」が低下した。また，減量 AT 介入群は，減量していない統制群や減量しているが自律訓練法を実施しなかった減量群より自律訓練法後の「活気」が高かった。さらに，減量 AT 介入群は，自律訓練法前から自立訓練法後にかけて「活気」が上昇した（**図 10-3**，**図 10-4**）。つまり，減量 AT 介入群においては，自律訓練法前から自律訓練法後にかけて気分が改善した。

図 10-3　減量 AT 介入群における自律訓練法前後の POMS の変化（文献 3 の結果をもとに作成）

図 10-4　統制群および減量群と減量 AT 介入群における自律訓練法後の活気（文献 3 の結果をもとに作成）

この結果から，自律訓練法は「心理的にリラックスした状態へ導くことが可能である」ということがわかる。このように，POMS 2 日本語版は，回答時点や「今日を含めて過去 1 週間」などの気分状態を測ることが可能であり，対象者の気分状態の理解や心理技法の効果の検討に用いられる。

3. スポーツ心理学における研究の進め方―質問紙法 (図 10-5)

では，実際にはどのように研究を進めていくのだろうか。

まず，研究で何を明らかにしたいのか，問題意識を明らかにすることが求められる。スポーツ心理学とは，「スポーツにかかわる諸現象を心理学的に分析する分野」[11] であり，スポーツを行ったり，観戦したりとスポーツに触れる中で生じる心理学的な疑問や関心をもつことが研究の第一歩となる。例えば，「どのような性格の選手が緊張感のある場面で実力を発揮しやすいのか」「スポーツ観戦をするサポーターは何に魅力を感じてスタジアムを訪れているのか」といった些細な疑問や関心から，問題意識を明らかにすることができる。次に，関連文献（先行研究）を確認する必要がある。関連文献を読むことで，関連分野や領域の知識が得られ，国内外の研究動向が把握できる。また，研究法や研究の手続きを参考にして自身の研究を進めることもできる。ただし，設定した研究テーマは既に先行研究によって検討されている可能性もある。したがって，自身の研究を進めるにあたり，関連文献について確認することは必要不可欠である。関連文献の確認後は，いよいよ自身の研究テーマの設定に入る。関連文献を参考に，オリジナリティのある研究テーマを設定する。研究テーマの設定後，質問紙法を用いる場合は，自身の研究テーマについて明らかにすることが可能な心理測定尺度を選定しなければならない。心理測定尺度とは，心理現象を測定する方法の一種であり，目にみえない心理現象を把握するための「心の物差し」である[12]。質問紙は単一または複数の心理測定尺度で構成される。自身の研究テーマについて明らかにするために必要な心理測定尺度は，関連文献によって既に作成されている可能性もあり，既存の心理測定尺度がある場合はそれを使用する。心理測定尺度は『心理測定尺度集』[4] などの書籍や，「NSSU サーチ」（図 10-6）「CiNii」「Google Scholar」「国立国会図書館オンライン」などのインターネットの論文検索ツールを利用して収集するとよい。

研究の目的と完全に合致した心理測定尺度が見つからない場合は，質問項目を一から作成して調査を

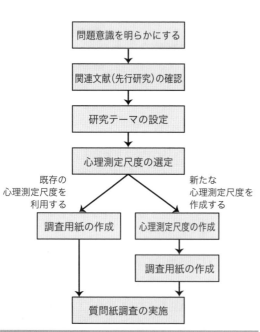

図 10-5 心理測定尺度を利用した研究実施までの流れ

図 10-6 NSSU サーチ。日本体育大学図書館ホームページの中央下部にある

行うのか，複数の先行研究から利用できそうな質問項目を選択し，心理測定尺度を作成するのかといった判断が問われる。心理測定尺度を一から作成するうえで新たな質問項目を想定できない場合は，予備調査を実施して新たな質問項目を収集することも有効な手段といえよう。ここでは，新たな心理測定尺度の作成方法の1つとして，自由回答法によるデータ収集について紹介する。

（堀　　彩夏）

4. 心理測定尺度を独自に作成する

1）測定したい概念の明確化

　心理測定尺度を一から作成する場合は，何を尋ねるか（質問項目はどうするか，質問文はどうするか）を考えなくてはならない。そのためには，まず，研究の目的と測定したい概念を再度確認する必要がある。この2つが明確でなければ，以下のプロセスを適切にこなしていくことはできない。質問項目の作成には，「質問項目が測定したい概念と合致していること」と「質問項目が測定したい概念を網羅していること」が非常に重要となる。質問項目を作成する前には，研究計画を再度確認し，質問紙調査によって何を測定しなければいけないかを明確にすべきである。

2）質問項目の考案

　心理測定尺度を独自に作成するうえで新たな質問項目を想定できない場合は，予備調査を実施して事前に資料を得ることも有効な手段である。これは，測定したい概念の内容が反映されるような集団や個人に自由回答を求めたり，個別面接を実施したりして，関連する言語データを収集し，それを整理して質問項目の素材とする方法である。

5. 自由回答法によるデータ収集

1）自由回答法による質問の作成

　自由回答法とは，回答の内容や表現を回答者の自由記述（面接の場合は口頭による回答）に委ねる方法である[9]。回答者への負担はやや大きく，質問内容によっては無回答が多くなったり，想定している回答が得られなかったりすることも多くあるが，質問項目を作成する段階の予備調査には適している。

　自由回答法による質問は，以下の3つの形式に分類することができる。

(1) 文章や単語による記述を求める質問

　調査者は，回答者に対して自由な回答を求めることができる。

> 例：スポーツを行う動機は何ですか。以下の空欄にあなたの考えを自由にお書きください。

(2) 具体的な数値の記述を求める質問

　数値の記述は，量的データとして扱うことができる。時間や経験年数，持っている物の数などの具

体的な数値の記述を求める場合は，あらかじめ質問紙の回答欄に単位を書いておくとわかりやすいだろう。

> 例：①あなたが行ってきたスポーツの経験年数をお答えください。
>
> ＿＿＿＿＿＿＿＿＿＿ 年
>
> ②あなたが所属しているクラブの 1 週間の平均練習時間をお答えください。
>
> 平均 ＿＿＿＿＿ 時間

(3) 形容詞をはじめ何らかの形で回答形式を指定する質問

　回答形式を指定する質問の場合，回答の自由度は小さくなり，心の深い部分の回答内容は抽出しにくくなるものの，1 つひとつの回答時間は短くてすむため，回答しやすいという利点がある。また，複数の回答を求めたい場合には，「3 つ」「いくつでも」といったように質問の中で回答数を指定するとよい。

> 例：あなたは「スポーツ心理学」に対してどのようなイメージをお持ちですか。スポーツ心理学に対するイメージを表わす形容詞を 3 つお答えください。
>
> ① ＿＿＿＿＿＿　② ＿＿＿＿＿＿　③ ＿＿＿＿＿＿

2) 自由回答法のメリットとデメリット

　自由回答法には，選択式の質問にはない様々なメリットがある。このメリットをうまく利用することで，質問紙調査において選択式の質問のデメリットを補うことができる。

　自由回答法では，回答者のそのままの考えを収集することができるため，調査者が想定していない新規性のある回答が得られるというメリットがある。これを利用して，先行研究が十分にない研究テーマでは「質問項目を作成するための予備調査」として自由回答法が用いられている。

　また，少ない質問数で多くの情報が得られることや，じっくりと考えながら回答することができるといったメリットもある。自由回答法は，選択肢の準備が必要ないという点で質問内容を作成しやすく，回答者の考えを深くとらえ，全体像を浮き彫りにすることに適しているといえる。このように，自由回答法には様々なメリットが存在するものの，以下のようなデメリットも存在する。

　自由回答法で質問文を作成する場合は，質問文の影響を受けやすいことに注意する必要がある。例えば「あなたにとってスポーツとはどのようなものですか？」という曖昧な質問でも，選択式の質問の場合は，項目や選択肢を手がかりに回答することができる。しかし，自由回答法では，調査者が想定していたものとは全く違う回答をする人や，回答をしない人が出てきてしまうというデメリットがある。そのため，回答者に質問の意図が伝わるよう，具体的にしっかりと説明した質問文が必要である。

　また，質問の順番についても注意が必要である。自由回答法は，回答者にとって負担が大きいため，回答拒否が多い。自由回答法による質問に回答拒否をした人は，それ以降の質問についても回答を避ける可能性がある。そして，回答者によっては，自由回答法による質問に対して非常に時間をかけて回答することもある。さらに，質問紙調査を実施できる時間に制限がある状況で，調査用紙の前半に自由回答法による質問を設置した場合は，それ以降の質問にほとんど回答できなくなることもある。以上の理由から，基本的に自由回答法による質問は，なるべく調査用紙の後半に設置したほうがよい。

表 10-2　自由回答法のメリットとデメリット

メリット	デメリット
調査者が予想していない回答を得ることができる	数値化や分析に工夫と労力が必要である
少ない質問で多くの情報を得ることができる	回答の質の個人差が大きくなりやすい
回答者がじっくりと考えながら回答しやすい	仮説を検証することが困難なことがある

（文献 10 をもとに作成）

表 10-2 に自由回答法のメリットとデメリットをまとめた。

6. 意味内容に基づく分析—KJ 法

　自由回答法によって収集した文章や単語の記述による質的データは，記述された内容のままでは分析しにくい。そこで文章を構成する概念を抽出し，各文章に対してラベルを割り当てていく。さらに，その上位概念であるカテゴリーごとにラベルを分け，抽象化のレベルを上げていく。これらの作業を繰り返し，得られた質的データを整理・分類する方法として，KJ 法がある[6]。

　もともと KJ 法は，集団でブレインストーミングを行った結果を整理し，全体像を理解しやすくするためにつくられた方法である。そのため，本来なら数名で話し合いをしながら行われることが望ましい。しかし，質問紙調査において自由記述されたデータを分析する場合は，調査者 1 人で KJ 法を行った後，他の人が分類を確認し，一致率を算出するという方法で実施されることもある。

1）KJ 法の手続き

　これ以降は，有冨ら[1] の研究を参考に，KJ 法の分析の流れについて紹介する。なお，有冨ら[1] は，競技歴のある大学院生と筆者らの協議により，以下（1）～（4）の作業を実施している（**図 10-7**）。

(1) ラベルカードの作成

　収集された自由記述データの 1 つひとつをラベルとし，名刺ほどの大きさのカードに記入する。手書きの代わりに，パソコンの表計算ソフトに入力したものを印刷し，適当な大きさに切ったものでもかまわない。回答を識別できるよう，カードに回答番号も記入する。カードは必ず回答 1 件ごとに 1 枚作成し，2 件以上の回答を 1 枚のカードには記入しない。

(2) サブカテゴリーの作成・命名

　全ラベルカードの中で，内容に親近性があると判断されるもの同士でサブカテゴリーを作成する。

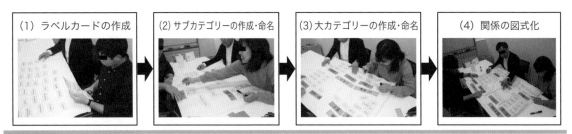

| （1）ラベルカードの作成 | （2）サブカテゴリーの作成・命名 | （3）大カテゴリーの作成・命名 | （4）関係の図式化 |

図 10-7　KJ 法の手続き（文献 1 を参考に作成）

まずは，非常に似ている回答を集めた小さなサブカテゴリーをつくる。その際，離れているものを無理やり同じカテゴリーにしない。サブカテゴリーが一通りできたら，サブカテゴリー名をカードに記入し，カテゴリーの一番上に置く。

(3) 大カテゴリーの作成・命名

大きな紙を用意し，その上にサブカテゴリーのカードのまとまりを並べる。内容が似ているサブカテゴリーは，近くに配置して大カテゴリーを作成する。大カテゴリーに含まれるカードを大きな四角で囲み，大カテゴリー名を記入する。

(4) 関係の図式化

グループ間で関係がみられた場合は，近くに配置してどのような関係性があるかを記入する。収集したデータの編成作業に問題がないかを点検しながら分析していくことで，結果の妥当性を確保する。

2) 他の評定者による確認作業

KJ法による分類が客観的なものであるかを評価するため，複数の評定者による確認作業を行う。スポーツ心理学の研究では，スポーツ心理学を専門とする大学院生，教員が評定者をすることが多い。具体的な手続きを以下に示す（**図 10-8**）。

(1) カテゴリーの決定

調査者がKJ法の結果をもとに採用するカテゴリーを決める。回答が非常に少ないグループや質問の意図と異なるグループについては除外したり，「その他」としてまとめたりする。また，大カテゴリーの中には，内容の親近性が乏しいサブカテゴリーが含まれている場合もある。他のサブカテゴリーと内容の親近性が乏しい場合は，そのサブカテゴリーを大カテゴリーとして採用することも可能である。

(2) カテゴリーの定義の作成

調査者が各カテゴリーの定義を作成する。評定者はこの定義をもとに分類するため，カテゴリーの違いを明確にし，わかりやすく定義する必要がある。

(3) 評定者による分類

KJ法に参加していない1～3名程度の評定者が，カテゴリーの定義をもとに，すべての回答をいずれかのカテゴリーに分類する。この際，評定の独立性を保つため，評定者同士が話し合いをしてはいけない。

(4) 一致率の算出

評定者間の一致率を算出する。一致率とは，2名の評定者の回答を比較し，全回答のうち評定者間で一致した回答の割合である。評定者が3名の場合，3名の評定者の回答を比

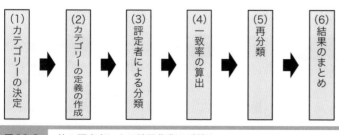

図 10-8　他の評定者による確認作業の手続き

較し，回答の一致率を算出する。一致率の算出を行うことで分類作業の妥当性を確保する。

(5) 再分類

　評定者間で分類が異なっていた回答に関しては，カテゴリーを再分類する必要がある。調査者が作成したラベルカードやサブカテゴリーを他のサブカテゴリーや大カテゴリーの中に移動した方がふさわしいと思われた場合は，随時評定者間で協議し，カテゴリーの修正を繰り返す必要がある。カテゴリーを編成した後，1つひとつのラベルを編成されたサブカテゴリーに分類する作業を行う。

(6) 結果のまとめ

　表 10-3 は，有冨ら[1] の研究でまとめられた KJ 法の最終的な結果の一部である。この研究では，体育専攻学生を対象に自由回答法による質問紙調査を実施し，調査で得られたデータより競技中に生じる思考のカテゴリーを構成し，競技中に生じる思考と感情および状況との関係について検討した後，各思考カテゴリーの発生傾向について，場面，性別，競技特性および不安感情状態の観点から検討している。その結果，本研究によって編成された思考のカテゴリー（大カテゴリー 7，サブカテゴリー14）は，欧米人を対象とした海外の研究[15] において示されている思考のカテゴリーに概ね一致するものであった。しかし，対戦相手や試合状況，時間や環境など，自己以外に対する認知である「VII.外的な認知」のカテゴリーが編成されたことは，日本人選手の思考が欧米人の選手に比べて，自身だけではなく外界を認知するような客観的かつ不安を喚起する思考が多い可能性が示された[1]。**表**10-3 には，作成されたカテゴリーの名前，そのカテゴリーに含まれる回答件数，代表的な回答を記載している。なお，論文中には，定義に基づいて各カテゴリーを詳細に説明し，評定者間の一致率も記載する必要がある。

表 10-3　KJ 法によってカテゴリー化した内容

大カテゴリー	サブカテゴリー	ラベルの例	ラベル度数（%）	
			優勢場面	劣勢場面
I．積極的姿勢	1．サイキングアップ	よし，絶対勝つ，やるぞ，決めてやる	12（3.4%）	26（7.7%）
	2．自信	いける，勝てる，できる，良いタイムが出る	45（12.6%）	3（0.9%）
	3．肯定的自己認知	調子がいい，身体がよく動いている	27（7.6%）	0（0.0%）
	4．ポジティブな感情表出	楽しい，気持ちいい，やったー，最高	23（6.5%）	0（0.0%）
II．消極的姿勢	5．後退	もうダメだ，交代したい，早く終わってほしい	3（0.8%）	38（11.3%）
	6．疲労	疲れた，きつい，身体がもう限界	1（0.3%）	7（2.1%）
	7．否定的自己認知	調子が悪い，うまくいかない	0（0.0%）	9（2.7%）
	8．ネガティブな感情表出	もう嫌だ，つまらない，最悪	0（0.0%）	13（3.9%）
III．心理的教示	9．心理的教示	集中しよう，落ち着こう，リラックス	71（19.9%）	38（11.3%）
IV．スキルの教示・作戦	10．スキルに関する教示	速く，大きく，強く，トライを狙う，ドリブル	48（13.5%）	35（10.4%）
	11．作戦	守りに入らない，ここは無難に，時間をかける	47（13.2%）	43（12.8%）
V．期待	12．期待	このまま勝てそう，ベストが出そう	31（8.7%）	13（3.9%）
VI．心配・懸念	13．心配・懸念	負けるかもしれない，ミスしたらどうしよう	5（1.4%）	85（25.3%）
VII．外的な認知	14．外的な認知	相手弱いな，流れがきている，残り時間は	43（12.1%）	26（7.7%）

（文献 1 より引用）

まとめ

　本章では，スポーツ心理学における質問紙調査および心理測定尺度の作成方法の一部を紹介した。自由回答法によるデータを収集・整理した後には，調査用紙を作成し，実際に質問紙調査を実施する手続きをとらなくてはならない。作成した心理測定尺度を用いて調査をしてみても，期待する結果が得られない可能性もある。卒業研究などで心理測定尺度を作成する場合は，自分の問題意識を明確にして入念な下調べを行い，調査の目的や新たに心理測定尺度を作成する意義が必要である。そのためにも，質問紙調査を実施するまでの計画をしっかりと立てて行動するよう心掛けていただきたい。

（髙橋　由衣）

7. 研究例

競技中におけるポジティブ感情と思考内容の検討
―実力発揮場面と実力未発揮場面の比較―

【はじめに】

　競技場面では，調子が悪い，何度やっても失敗するなどの悲観的で非論理的な思考が増えるとミスや負けることへの意識が高まると考えられている。有冨ら（2015）により，パフォーマンスは競技中に生じる思考の内容が競技特有の教示や作戦，状況判断といった外界への思考や認知によって遂行される傾向にあることが明らかにされている。しかし，先行研究では，競技特性による具体的な思考内容までは検討されていない。そこで，本研究の目的は，競技特性の違いによる，実力発揮と実力未発揮場面の思考内容を比較し，実力発揮に繋がる思考内容の特徴を明らかにすることとした。

【方　　法】

　調査対象者は，A大学の体育専攻学生61名（平均年齢 19.70 ± 0.93 歳）であり，オープンスキル競技（$n = 28$）とクローズドスキル競技（$n = 33$）から検討した。調査内容は，思考記録表（ジュディス・ベック，2004），日本語版PANAS（佐藤ら，2001）であった。思考記録表においては，場面，状況，思考，感情の4つのコラムで構成し，過去1年間の競技場面のうち，「実力が発揮できた試合」と「実力が発揮できなかった試合」の2つの場面について記入を求めた。なお，思考カテゴリーの編成は，収集された自由記述データの1つひとつをラベルとし，KJ法によ

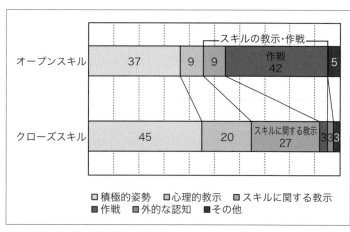

図1　実力発揮時の思考数の関係詳細（％）

るグループ編成方法を援用してカテゴリーを分類した。

【結果および考察】

　競技特性における実力発揮，実力未発揮場面の思考内容の割合を算出した結果，実力発揮場面ではオープンスキル，クローズドスキルともに「積極的姿勢」と「スキルの教示・作戦」の割合が高かった。その中でも「作戦」という思考がオープンスキルでは 42％であったのに対し，クローズドスキルでは 3％であった。また，「スキルに関する教示」はオープンスキルで 9％であったのに対し，クローズドスキルでは 27％であった（**図 1**）。これらのことから，オープンスキルでは「作戦」を発揮するためのチーム内での役割を明確にすることが実力発揮に繋がるものと考えられる。また，クローズドスキルでは，自己の身体動作に意識を向けることで実力発揮に繋がるものと考えられる。よって，競技場面では，積極的な姿勢を持つことに加え，競技特性に応じた思考の明確化が，実力発揮に貢献できるものと推察される。

【参考文献】

有冨公教，外山美樹：日本人アスリートの競技中に生じる思考の構造および発生傾向の検討．スポーツ心理学研究，42: 1-14, 2015.
伊藤絵美，神村栄一，藤澤大介 訳（ジュディス・ベック 著）：認知療法ガイド・基礎から応用まで—ジュディス・ベックの認知療法テキスト，第 2 版，星和書店，東京，2004.
佐藤　徳，安田朝子：日本語版 PANAS の作成．性格心理学研究，9(2): 138-139, 2001.

8. 課　題

1）スポーツ心理学分野における心理測定尺度を作成した論文を 3 編調べ，著者名，論文名，誌名，出版年を記しなさい。

　　例：日体太郎・日体花子，トップアスリートにおける心理的スキル尺度作成の試み，日本体育大学紀要，1995

2）「アスリートにおける理想の選手像尺度」の作成を目的として，自由回答法を用いて単語を収集した。KJ 法による手続きを参考に，以下の単語をすべて使用してサブカテゴリーの作成・命名および大カテゴリーの作成・命名を行い，表を作成しなさい。

　　単　語：自信がある，勝ちにこだわる，楽しくプレーする，チームに貢献できる，熱意のある，運動能力が高い，信用される，体力がある，状況判断能力が高い，協調性のある，仲間に気を配れる，向上心のある，リーダーシップがある，ポジティブ思考，気持ちに余裕がある，礼儀正しい，一生懸命頑張る，仲間から慕われる，落ち着いている，プレーが器用，絶対的エース，信念を持っている，縁の下の力持ち，視野が広い

　　例：

大カテゴリー	サブカテゴリー	ラベル
心理	メンタル	自信がある
		ポジティブ思考
	意欲	勝ちにこだわる
		向上心のある

参考文献

1) 有冨公教, 外山美樹：日本人アスリートの競技中に生じる思考の構造および発生傾向の検討. スポーツ心理学研究, 42: 1-14, 2015.

2) European Federation of Sport Psychology: Definition of Sport Psychology(1995). https://fepsac.com/position-statements/（2021 年 10 月 22 日最終確認）

3) 藤本太陽, 園部　豊, 小嶋新太 他：大学男子柔道選手の減量時における心理的サポートの有効性―自律訓練法を用いて. 武道学研究, 48(2): 61-78, 2017.

4) 堀　洋道 監：心理測定尺度集 I 〜 VI, サイエンス社, 東京, 2001 〜 2011.

5) 加藤　司：心理学の研究法―実験法・測定法・統計法, 改訂版, 北樹出版, 東京, 2008.

6) 川喜田二郎：続・ほか発想法― KJ 法の展開と応用, 中央公論社, 東京, 1970.

7) 日本スポーツ心理学会：スポーツ心理学辞典, 大修館書店, 東京, 2008.

8) 関矢寛史：メンタルトレーニングとは. In: 日本スポーツ心理学会 編, スポーツメンタルトレーニング教本, 三訂版, 大修館書店, 東京, pp.7-11, 2016.

9) 鈴木涼子：質問紙デザインの技法, 第 2 版, ナカニシヤ出版, 京都, pp.207-213, 2016.

10) 立脇洋介：自由回答法とその後の分析方法―テキストマイニング. In: 宮本 聡介 他編：質問紙調査と心理測定尺度―計画から実施・解析まで, サイエンス社, 東京, pp.246-255, 2019.

11) 徳永幹雄：スポーツ心理学とはどんな学問か. In: 徳永幹雄 編, 教養としてのスポーツ心理学, 大修館書店, 東京, pp.2-7, 2005.

12) 横内光子：心理測定尺度の基本的理解. 日本集中治療医学会雑誌, 14: 555-561, 2007.

13) 横山和仁 監訳（Heuchert JP, McNair DM 著）：POMS 2 日本語版, 金子書房, 東京, 2015.

14) 横山和仁 監訳（Heuchert JP, McNair DM 著）：POMS 2 日本語版マニュアル, 金子書房, 東京, 2015.

15) Zourbanos N, Hatzigeorgiadis A, Chroni S, et al.: Automatic self-talk questionnaire for sports (ASTQS): development and preliminary validation of a measure identifying the structure of athletes' self-talk. Sport Psychologist, 23: 233-251, 2009.

11 身体活動を評価する

城所　哲宏，佐藤　穂花

はじめに

　身体活動とは，「安静にしている状態より多くのエネルギーを消費するすべての動作」と定義される。つまり，運動やスポーツ活動はもちろんのこと，日々の生活活動（階段を使う，通勤をするなど）も身体活動に含まれる。世界保健機関（World Health Organization：WHO）は，身体活動に関する年代別の目標を設定し，健康的な利益を得るためにこの目標を達成するように推奨している（**表11-1**）[4]。

　ところで，身体活動の測定方法は多岐にわたる。そして，それぞれに長所・短所があり，それらを理解したうえでデータを収集することが望ましい。例えば，日常生活下の身体活動を「正確に」評価するためには，「二重標識水法」（詳細は後述）を用いることが理想であるが，高コストかつ対象者への負担が大きく，大規模な調査には適さない（妥当性は高いが，実現可能性が低い）。一方，質問紙法は安価かつ簡単に身体活動を評価できるため，大規模な調査が可能であるが，データの正確性は劣る（実現可能性は高いが，妥当性が低い）。近年では，情報技術の発展に伴い，加速度計，ウェアラブルデバイス，スマートフォン（以下，スマホ）など，様々な媒体を用いて身体活動を評価できるようになった。こうした技術革新は，これまで身体活動測定で課題となっていた「妥当性」と「実現可能性」の両立を可能とするかもしれない。

対　象		推奨内容
表 11-1　2020 年に策定された WHO 身体活動・座位行動ガイドラインの概要*		
子どもと青少年 （5 ～ 17 歳）	有酸素性身体活動	少なくとも 1 日 60 分の中高強度身体活動を行うべきである
	筋力向上活動	少なくとも週に 3 日の筋・骨を強化する身体活動を取り入れるべきである
	座位活動	座りっぱなしの時間，特に余暇時間におけるスクリーンタイムの時間を減らす必要がある
成人 （18 ～ 64 歳）	有酸素性身体活動	「少なくとも週に 150-300 分の中強度の身体活動」あるいは「少なくとも週に 75 ～ 150 分の高強度の身体活動」を行うべきである
	筋力向上活動	少なくとも週に 2 日の筋力を強化する活動を行うべきである
	座位活動	座りっぱなしで過ごす時間を減らす必要がある
高齢者 （65 歳以上）	有酸素性身体活動	「少なくとも週に 150 ～ 300 分の中強度の身体活動」あるいは「少なくとも週に 75 ～ 150 分の高強度の身体活動」を行うべきである
	筋力向上活動	少なくとも週に 2 日の筋力を強化する活動を行うべきである
	マルチコンポーネント活動	少なくとも週に 3 日の機能的なバランスと筋力トレーニングを重視した多様な要素を含む活動を行うべきである
	座位活動	座りっぱなしで過ごす時間を減らす必要がある

* 紙面の関係上，要点のみを掲載。なお，「妊娠中および産後の女性」「慢性疾患を有する成人および高齢者」「障害のある子ども・青少年・成人」を対象とした目標値が 2020 年のガイドラインで新たに追加された。詳しくは，文献 11 を参照。

表11-2 代表的な身体活動測定方法の長所と短所

方法	手法	長所	短所
質問紙	申告法	安価，大規模調査が可能，身体活動実施の場面や目的を評価が可能	思い出しバイアス，社会的好ましさによるバイアス
活動記録	申告法	安価，質問紙と比較して思い出しバイアスが小さい	対象者の負担が大きい，社会的好ましさによるバイアス，行動記録自体が介入になる可能性
二重標識水（DLW）	二重標識水法	日常生活下の身体活動（エネルギー消費量）を最も正確に測定できる	非常に高額，特殊な研究設備が必要，対象者の負担大，身体活動の強度・頻度は評価できない
歩数計	機器装着法	歩数を実測で評価，加速度計と比べて安価	身体活動の詳細（強度，頻度，継続時間，時間帯）の評価が不可，対象者の負担
加速度計	機器装着法	身体活動の詳細（強度，頻度，継続時間，時間帯）を評価可能	高価，対象者の負担，座位活動の評価は傾斜計に劣る
傾斜計	機器装着法	自由活動下の座位活動を最も正確に測定できる	高価，対象者の負担，中高強度の身体活動の評価は加速度計に劣る

　本章では，身体活動の測定方法を紹介し，それぞれの長所と短所を整理する。特に，身体活動研究で多く用いられている「質問紙法」と「加速度計法」について代表的な方法を紹介し，それぞれの特徴を概説する。さらに，スマホやウェアラブルデバイスを用いた身体活動評価の可能性や今後の展望を述べる。

1. 身体活動を評価する

　身体活動の測定方法は，主に「申告法（質問紙法，活動記録法）」「二重標識水法」，「機器装着法（歩数計法，加速度計法，傾斜計法）」の3つに分類できる（**表11-2**）。以下では，それぞれの方法の特徴について説明する。

1）質問紙法

　身体活動を評価するために最も多く用いられている手法は質問紙法である。質問紙法の最大の利点はその簡便さにあり，安価かつ容易にデータを収集することができる。また，二重標識水法や加速度計法との互換性が確認された質問紙を用いることで，データの妥当性をある程度担保することができる。さらに，場面や目的別の身体活動を評価できるという点で，行動科学の視点からも優れている。一方，思い出しバイアスや社会的好ましさによるバイアスが混入することにより，データの正確性は劣るとされる。例えば，身体活動を定期的に行っている人ほど身体活動を正確に報告することができたり（思い出しバイアス），身体活動を行っていない人ほどある種の背徳感を感じ身体活動量を過大に報告したり（社会的好ましさによるバイアス）といったことが予想される。これらのバイアス混在の有無と程度は，対象者の年代（子ども，成人，高齢者），性別，属性（肥満，非肥満など）によって異なる。質問紙法を用いる際には，こうしたバイアスが混入する可能性を意識しながら，データ収集に努めることが必須である。なお，当該研究分野で用いられている代表的な質問紙については，後述する。

2）活動記録法

　質問紙以外の申告法として，活動記録法がある。活動記録法とは，ある一定期間（1週間など），

対象者に日々の活動を記録してもらい，身体活動を評価する方法である。一般的には，1日を終えるタイミング（就寝前など）で，その日のできごとを振り返り，活動日誌を記録してもらう。質問紙法が「最近7日間の身体活動」や「普段の身体活動」を尋ねて身体活動量を評価することと比べ，活動記録法は「毎日」活動を記録してもらうため，思い出し期間が相対的に短く，思い出しバイアスの程度が小さい。また，対象者にタイムログを記録してもらうことができれば，時間帯別の身体活動を評価できるなど，情報量の多いデータを収集することができる。一方，調査期間や活動日誌の内容にもよるが，質問紙法と比較し，対象者への負担が大きい。また，社会的好ましさによるバイアスの混入は否めない。さらに，「毎日活動を記録すること」自体が，身体活動介入となる可能性もある。つまり，対象者の「普段」の活動を把握することが研究目的の場合，活動記録法は適さない可能性がある。

3) 二重標識水法（DLW法）

二重標識水（doubly labeled water：DLW）法は，日常生活下の身体活動を最も正確に測定できる方法であり，エネルギー消費量測定法の gold standard とされている。DLW法は，水の構成成分である水素と酸素の濃度を変えた特殊な飲料（安定同位体）を対象者に摂取してもらい，その後1～2週間，定期的（毎日もしくは隔日）に採尿することにより，対象者のエネルギー消費量を評価することができる。しかし，DLW法は非常に高価であり（1人あたり数万円），また測定分析に技術を要することから，分析できる研究機関は限られている。また，大規模調査には適さない。さらに，エネルギー消費量しか評価できないため，身体活動の強度，頻度，時間帯などについては把握することができない。

4) 歩数計法

歩数計は，歩数をカウントする機器であり，一般的にも広く普及している。歩数は非常にわかりやすい身体活動の指標であり，目標値（1日1万歩など）や年代別の歩数の現状が公表されているため，目標設定に使いやすい。また，加速度計や傾斜計と比べて安価であり，大規模調査にも適している。一方，身体活動の詳細（強度，頻度，継続時間，時間帯）の評価はできない。ただし，通常，歩数と身体活動量には強い関連性があるため，歩数を評価することで，身体活動量をある程度推測することはできる。一方，小型・軽量化しているとはいえ，一定期間歩数計を装着してもらう必要があり，対象者への負担となる。さらに，機器装着法（歩数計，加速度計，傾斜計）のすべてにあてはまることであるが，機器を装着していない期間の歩数は評価できない。一般的に，歩数計法および加速度計法では，水中活動時（入浴や水泳）および睡眠時には機器を外してもらうため，その期間の身体活動量はカウントされない。また，対象者の機器装着時間によって結果が大きく左右されるため，なるべく機器を装着してもらえるような努力や工夫が必要となる（個別のフィードバック用紙を返却するなど）。さらに，腰の上下運動によって歩数をカウントするため，上下運動が伴わないような活動（自転車，筋力トレーニングなど）は過小評価される（加速度計も同様）。

5) 加速度計法

近年，加速度計の進歩が著しく，日常生活下の身体活動を客観的に評価する方法として，多くの研究で使用されるようになってきている。DLW法よりも導入コストが低く，歩数計法や質問紙法よりも妥当性および信頼性が高いとされ，研究に導入しやすい点が特徴である[15]。加速度計内部には，

加速度センサに加え，時計，A/D 変換器，プロセッサ，記憶媒体，電池などが内蔵されている。機種によって，データ処理法やアルゴリズムは異なるものの，加速度センサが対象者の動きの程度をとらえることにより，身体活動量を強度別に算出している。このことにより，これまでの質問紙法や歩数計法では評価が困難であった身体活動の詳細なデータ（強度，頻度，継続時間，時間帯）を評価することができ，当該研究分野の発展に大きく寄与している。例えば，健康増進に対する「細切れの身体活動」や「低強度身体活動」の意義については，加速度計を用いた研究のエビデンスが重要な拠り所となっている。使用する機器や装着部位によって精度は異なるものの，研究目的に使用される加速度計の多くで，DLW 法などとの互換性が検証されており，データの信頼性や妥当性は総じて高い。また，申告法（質問紙法，活動記録法）の短所であるバイアス（思い出しバイアスなど）は混入しない。一方，機器によって異なるものの，高価であり（1 台数万円程度），大規模調査をするためには，ある程度の研究設備と研究費用が必要となる。また，歩数計と同様，対象者の負担，非装着時間をどのように処理するかなどの課題は存在する。さらに，加速度計を装着すること自体が身体活動介入になる可能性もある（歩数計も同様）。すなわち，測定期間中に，普段よりも意識的に身体活動を増やす対象者がいる可能性もある。こうした影響を少しでも軽減するために，通常，数日以上の測定期間を設け（1 週間程度），「期間中の平均値を用いる」「測定初日のデータは分析には用いない」などの工夫がされている。なお，当該研究分野で用いられている代表的な加速度計について，詳しくは後述する。

6）傾斜計法

近年，長時間の座りすぎ（座位活動）が健康に悪影響を及ぼすことが明らかになりつつある[13]。座位活動は，学術的には「座位，半臥位，もしくは臥位の状態で行われるエネルギー消費量が 1.5 メッツ以下のすべての覚醒行動」[18] と定義され，エネルギー消費量に加えて「姿勢」に関する記述も含まれていることが重要な点である。これまで，質問紙法に加えて，加速度計法でも座位活動が評価されてきた。加速度計法の場合，対象者がある一定未満の活動をしている場合を「座位活動」と定義し，座位時間を算出している。しかし，加速度計を用いた座位活動の測定に関して，一定の妥当性は確認されているものの，「姿勢」を考慮できていない点で限界がある。例えば，対象者の姿勢が「静止立位」である場合，本来は「座位活動でない」と判断しなければいけないが，対象者の活動強度が一定未満であるため，「座位活動」と判定してしまう可能性がある。こうした点を踏まえ，「より正確に座位活動を評価すること」が研究目的の場合，加速度計よりも傾斜計を用いることが望ましい。代表的な傾斜計として，activPAL[14] が有名であり，専用のテープ（ラップ）を用いて対象者の大腿前部に直接装着することで測定する。腰や手首に装着する加速度計と異なり，大腿前部に装着することで，対象者の姿勢の違い（臥位，座位，立位）を正確に判断することができ，フィールド調査における座位活動評価の gold standard として用いられている。一方，テープを用い，直接地肌に傾斜計を装着しなくてはならないため，装着部位に痒みなどの違和感が生じる可能性があり，対象者の負担は大きい。また，値段は加速度計同様，高価である（1 台数万円程度）。さらに，中高強度身体活動に関する評価の精度は加速度計の方が優れている。したがって，「身体活動」に重きを置く研究であれば加速度計が好ましく，一方，「座位活動」に重きを置く研究であれば傾斜計が好ましい。

このように，身体活動の評価方法は多岐にわたる。重要なことは，研究目的に合わせて適切な手法

を選択することである。例えば，少人数を対象に「正確に」身体活動を評価するのであればDLW法もしくは機器装着法（加速度計法）だろうし，安価に大規模調査を行うということであれば質問紙法だろう。あるいは，複数の手法を同時に用いて身体活動を評価する方法も考えられる。例えば，加速度計を用いて強度別の身体活動量を客観的に評価することに加えて，質問紙を用いて場面別・目的別の身体活動を評価することなどがあげられる。複数の手法を用いることで，互いの限界点を補うことができ，より高いレベルの研究へと発展させることができる。なお，それぞれの評価法の「妥当性」と「実現可能性」の位置づけを**図11-1**

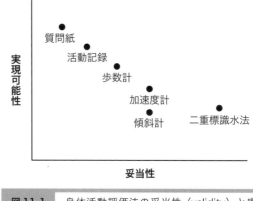

図11-1 身体活動評価法の妥当性（validity）と実現可能性（feasibility）の概念図
（文献2, 5を参考に傾斜計を追加して作図）

に示した。加えて，本章では紹介できなかったが，身体活動評価法として，他にも「心拍計法」「直接観察法」などがある。より詳しく学びたい方は，先行研究を参照されたい[2]。

2. 代表的な質問紙の紹介

身体活動を評価するための質問紙は多岐にわたるため，ここでは代表的な質問紙に焦点を絞り紹介する。

1）成人を対象とした質問紙
（1）国際標準化身体活動質問票（IPAQ）
国際標準化身体活動質問票（International Physical Activity Questionnaire：IPAQ）には9項目からなる短縮版と31項目からなる詳細版があり，それぞれ過去1週間における身体活動状況を尋ねる[10]。具体的には，1回あたり10分以上継続する中強度，高強度身体活動および歩行時間を尋ね，対象者の身体活動を評価する。また，これらの質問項目から，総エネルギー消費量を推定することも可能である。IPAQの日本語版は以下のリンクからダウンロード可能である。

http://www.tmu-ph.ac/news/data/short_version_last7_days.pdf（アクセス日：2021年9月27日）

（2）世界標準化身体活動質問票（GPAQ）
世界標準化身体活動質問票（Global Physical Activity Questionnaire：GPAQ）は，IPAQと比べ，より少ない項目数で，かつ場面別（仕事，移動，余暇時間）の身体活動を評価できる質問紙である[10]。IPAQと同様，1回あたり10分以上継続する中強度，高強度身体活動および歩行時間を尋ね，対象者の身体活動を評価している。また，スコアリングプロトコルも公表されているため，総エネルギー消費量を推定することも可能である。GPAQの日本語版は以下のリンクからダウンロード可能である。

http://paplatform.umin.jp/doc/gpaq.pdf（アクセス日：2021年9月27日）

2) 子どもを対象とした質問紙

子どもを対象とした研究の場合，対象者の年齢や発達段階により，成人に用いられている質問紙をそのまま使用できるかについては十分に吟味する必要がある。また，成人と同様，身体活動を評価する質問紙は多岐にわたり，どの質問紙を用いることが適切であるか判断することは容易ではない。そこで筆者らは，子ども・青少年を対象とした身体活動研究において，どの質問紙が国際的に最も多く使用されているか調査した[9]。その結果，WHO の調査である Health Behaviour in School-aged Children（HBSC）の質問紙が，国際的に最も多く使用されていたことが明らかになった。そこで，以下では HBSC の質問紙について紹介する。

(1) HBSC

HBSC は，学齢期の児童・生徒（11 歳，13 歳，15 歳）を対象に，身体活動を含めた健康行動に関する国際比較を行うことを目的に，WHO が 4 年ごとに調査を実施している。なお，最新の調査は 2017 ～ 2018 年に実施され，ヨーロッパ諸国と北米の 45 ヵ国が参加している。HBSC の質問紙では，「最近の 7 日間」における「1 日あたり少なくとも合計 60 分の中高強度身体活動を行った日の頻度」を尋ねている。具体的には，「あなたは，最近の 7 日間に，1 日あたり少なくとも合計 60 分間の身体活動をした日は，何日ありましたか。それぞれの日に，あなたが身体活動に費やすすべての時間を合計して下さい」との問いに対し，「0 日」から「7 日」の 8 択で回答するように設問されている。なお，HBSC の日本語版はすでに作成されており，その妥当性は確認されている[16]。

身体活動を評価する質問紙は無数にあり，またそれぞれの質問紙に特徴がある。したがって，初学者にとって，どの質問紙を用いたらよいか判断することは難しいだろう。今後，質問紙調査を予定している人へのアドバイスとしては，「新たにオリジナルの質問紙を開発するのでなく，先行研究で妥当性が認められ，広く使われている質問紙を使う」ということである。質問紙法は，設問内容を微修正するだけでも，回答に影響を及ぼす可能性がある。したがって，独自の質問紙をつくるということは，まずその質問紙の妥当性を担保するデータ取りが必要であることを意味する。よって，研究目的が「質問紙の開発」でなければ，既存の質問紙を使う方が好ましい。さらに，先行研究で広く使われている質問紙であれば，得られた結果を先行研究と比較することができ，自身のデータを考察する際に役立つ。詳細な情報は，先行研究を参照されたい[10]。

3. 代表的な加速度計の紹介

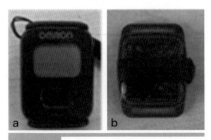

図11-2　代表的な加速度計。オムロンヘルスケアの Active style Pro（**a**）と ActiGraph（**b**）

現在，様々な種類の加速度計が研究目的に使用されている。わが国では，「ライフコーダ」（スズケン）が国内の身体活動研究で広く用いられてきたが，2021 年度をもって販売が中止されることが発表された。2021 年現在，「Active style Pro」（オムロンヘルスケア）[12] がわが国で主に使われている加速度計である（**図 11-2a**）。一方，欧米諸国では「ActiGraph」（ActiGraph）[1] が主に使用されている（**図 11-2b**）。価格は変動するため明記することはできないが，通常，Active style Pro と比較し，ActiGraph の方

が高価である。一方，経験上，ActiGraph の方がデータを分析しやすく，かつ国際的にも広く使われているため，英語論文の執筆に向けてはスムーズと感じる。より詳細な情報については，先行研究を参照されたい[15]。

4. New Research Frontiers―スマートフォンおよびウェアラブルデバイスを用いた身体活動評価の可能性

これまで述べてきた身体活動評価法は，主に研究を目的として用いられてきた方法である。一方，近年では情報技術の進展により，スマホやウェアラブルデバイスなど，一般消費者向けの媒体で身体活動を評価できるようになってきている。例えば，iPhone のアプリである「ヘルスケア」では，日々の歩数や睡眠状況を評価することができる。先行研究によると，歩数計と比べ，iPhone で測定された歩数は過小評価される可能性があるものの，ある程度正確に歩数を評価できることが報告されている[3]。スマホおよびウェアラブルデバイスを用いた身体活動評価の最大の利点は，そのユーザーの多さに伴うデータ規模にある。一般的に，研究目的用の歩数計や加速度計を用いて数万人規模の調査を行うことは，費用面および労力面（人手，時間など）から困難を伴う。一方，一部のスマホアプリやウェアラブルデバイスでは，ユーザーのデータを集約するプラットフォームを構築しており，世界中の莫大な人数の身体活動データをリアルタイムで収集することができる。例えば，スマホアプリ「Argus」（Azumio）を用いて，新型コロナウイルス感染症流行前後の世界的な歩数の変化を調べた大規模研究（187 ヵ国より 45 万人以上のデータを解析）では，WHO によるパンデミック宣言から 30 日以内の平均歩数減少率は 27.3％であり，国によって歩数の減少程度が異なったことを報告している[17]。なお，厳しいロックダウン政策を用いた欧米諸国と比較し，日本人の歩数は緩やかに減少し，最大で 1 日 2,000 歩程度の減少であった[17]。また，手首装着型のウェアラブルデバイス（Fitbit，Garmin など）のデータを用いた国際比較研究も行われている。例えば，Fitbit が公表しているデータでは，新型コロナウイルスの感染拡大が始まった 2020 年 3 月頃には，前年の同時期と比較して 7 〜38％程度歩数が減少したことが報告されている[7]。同様に，Garmin が公表しているデータにおいても，同時期の歩数が世界全体で 12％減少したことが報告されている[8]。一方，ワークアウト機能を利用した活動は，世界全体で 24％増加したとされている[8]。つまり，新型コロナウイルス感染症流行に伴う日常生活の活動量の低下を，より強度の高い活動（ランニングなど）で補った人が一定数以上いることを示唆している。これ以外にも，Google や NTT docomo といった IT 企業を中心に，ヒトの移動に関するビッグデータ（モビリティデータ）が公開されている。こうしたデータを活用することで，新たに調査することなく，世界中の身体活動の現状をリアルタイムに把握することができる。こうしたビックデータを活用した研究分野は「情報疫学（infodemiology）」[6]と呼ばれ，今後，身体活動研究において中心的な役割を果たしていくことになるだろう。

5. まとめ―身体活動研究への誘い

1950 年代に身体活動の健康効果を初めて証明した英国ロンドンバス研究（詳しくは第 4 章を参照）以降，これまで数多くの身体活動に関するエビデンスが蓄積されてきた。特に，超高齢社会に突入したわが国において，身体活動とそれを支える身体活動研究の重要性がますます高まっている。また，

テクノロジーの進化により，当該研究分野は急速に発展し，非常にエキサイティングな分野となっている。さらに，新型コロナウイルス感染症の流行が，デジタル化やデータシェアリングの進展を急速に後押ししている。この将来性のある研究フロンティアをともに開拓していく学生の参画を心より楽しみにしている。

6. 研究例

研究例（サンプル）

小学生における iPhone で評価した歩数と体力との関連性

【目　　的】

　iPhone の歩数評価の精度について，一定の妥当性が認められており[1]，今後，歩数調査に活用できる可能性がある。そこで，本研究では，対象者が保有している iPhone を活用することで，歩数を長期的に評価し，体力項目との関連性を検討することを目的とした。

【方　　法】

1. 対象者

　対象は，東京都に在住し，iPhone を所有している小学 4 ～ 6 年生 335 名（うち男子 180 名：53.7%）であった。対象者の身長，体重，BMI はそれぞれ 138.9 ± 8.1 cm，34.5 ± 8.5 kg，17.7 ± 3.0 であった。

2. 測定

2.1 歩数

　対象者の歩数は iPhone のアプリ「ヘルスケア」で評価した。連続した 1 ヵ月間（休日を含む），睡眠時および入浴時以外は極力 iPhone を携帯してもらい，対象者の「日常」の歩数を評価した。測定終了後，ヘルスケア内の歩数のページをスクリーンショットで撮影し，メールで送付してもらった（**図 1**）。その後，1 ヵ月の平均値を対象者の歩数として評価した。

2.2 体力

　対象者の体力は，3 種目〔20 m シャトルラン（全身持久力），50 m 走（スピード），長座体前屈（柔軟性）〕で評価した。対象者の通う学校で実施された新体力テストの結果を送付してもらうことにより，データを収集した。

3. 統計処理

　歩数と体力 3 項目（20 m シャトルラン，50 m 走，長座体前屈）との関連性を検討するため，Pearson の積率相関係数（r）を算出した。有意水準は $p < 0.05$ とした。

図 1 アプリ「ヘルスケア」の歩数のページ

【結　　果】

　歩数と 20 m シャトルランとの間には有意な正の相関関係が認められた（$r = 0.356$，$p < 0.001$）。また，歩数と 50 m 走との間には有意な負の相関

関係が認められた（*r* = −0.222，*p* < 0.001）。一方，歩数と長座体前屈との間には有意な関連性は認められなかった（*r* = −0.128，*p* = 0.070）。

【考　察】

本研究結果は，加速度計を用いて身体活動量と体力との関連性を検討した先行研究の結果[2]とも一致しており，iPhone を用いて歩数を評価しても同様な結果を得ることができる可能性が示唆された。

【結　論】

小学生において，iPhone を用いて評価した歩数と 20 m シャトルランおよび 50 m 走の成績との間に有意な関連性が認められた。一方，歩数と長座体前屈との間には有意な関連性が認められなかった。

【参考文献】

1) Amagasa et al. : How well iphones measure steps in free-living conditions: cross-sectional validation study. JMIR mHealth and uHealth 7:e10418, 2019.
2) Kidokoro et al. : Sex-specific associations of moderate and vigorous physical activity with physical fitness in adolescents. Eur J Sport Sci. 16(8):1159-1166, 2016.

7. 課　題

スマートフォンあるいはウェアラブルデバイスを用いて，1 週間自身の身体活動量を測定し，データ収集後，WHO の身体活動ガイドラインなどを参考にしながら，自身の身体活動量について考察しなさい。

参考文献

1) アクチ・ジャパン：wGT3X-BT: http://actigraphcorp.jp/product/gt3xmonitor.html（2021 年 12 月 28 日最終確認）
2) 天笠志保，荒神裕之，鎌田真光 他：医療・健康分野におけるスマートフォンおよびウェアラブルデバイスを用いた身体活動の評価：現状と今後の展望．日本公衆衛生雑誌, 68: 585-596, 2021.
3) Amagasa S, Kamada M, Sasai H, et al.: How well iPhones measure steps in free-living conditions: cross-sectional validation study. JMIR Mhealth Uhealth, 7: e10418, 2019.
4) Bull FC, Al-Ansari SS, Biddle S, et al.: World Health Organization 2020 guidelines on physical activity and sedentary behaviour. Br J Sports Med, 54: 1451-1462, 2020.
5) Esliger DW, Tremblay MS: Physical activity and inactivity profiling: the next generation. Can J Public Health, 98: s195-s207, 2007.
6) Eysenbach G: Infodemiology and infoveillance: framework for an emerging set of public health informatics methods to analyze search, communication and publication behavior on the Internet. J Med Internet Res, 11: e11, 2009.
7) Fitbit: The impact of coronavirus on global activity.; Available from: https://blog.fitbit.com/covid-19-global-activity/.
8) Garmin: The impact of the global pandemic on human activity: part III: https://www.garmin.com/en-US/blog/fitness/the-impact-of-the-global-pandemic-on-human-activity-part-iii/（2021 年 12 月 28 日最終確認）
9) 城所哲宏，田中千晶，田中茂穂 他：子ども・青少年における質問紙を用いた身体活動評価法に関する世界的な動向．運動疫学研究, 20: 26-36, 2018.
10) 中田由夫，笹井浩行，村上晴香 他：国内のコホート研究で使用されている身体活動質問票による総エネルギー

消費量の算出に向けたスコアリングプロトコル．運動疫学研究，19: 83-92，2017.

11) 日本運動疫学会，医薬基盤・健康・栄養研究所，東京医科大学：要約版 WHO 身体活動・座位行動ガイドライン（日本語版），2021. https://apps.who.int/iris/bitstream/handle/10665/337001/9789240014886-jpn.pdf?sequence=151&isAllowed=y（アクセス日 2021 年 9 月 27 日）

12) オムロン ヘルスケア：活動量計 HJA-750C Active style Pro: https://www.healthcare.omron.co.jp/product/hja/hja-750c.html（2021 年 12 月 28 日最終確認）

13) Owen N, Healy GN, Matthews CE, et al.: Too much sitting: the population health science of sedentary behavior. Exerc Sport Sci Rev, 38: 105-113, 2010.

14) PAL Technologies: Providing the evidence; Available from: https://www.palt.com/（2021 年 12 月 28 日最終確認）

15) 笹井浩行，引原有輝，岡﨑勘造 他：加速度計による活動量評価と身体活動増進介入への活用．運動疫学研究，17: 6-18, 2015.

16) Tanaka C, Kyan A, Takakura M, et al.: The validity of the Japanese version of physical activity questions in the WHO health behaviour in school-aged children (HBSC) survey. Res Exerc Epidemiol, 19: 93-101, 2017.

17) Tison GH, Avram R, Kuhar P, et al.: Worldwide effect of COVID-19 on physical activity: a descriptive study. Ann Intern Med, 173: 767-770, 2020.

18) Tremblay MS, Aubert S, Barnes JD, et al.: Sedentary Behavior Research Network (SBRN) - Terminology Consensus Project process and outcome. Int J Behav Nutr Phys Act, 14: 75, 2017.

12 スポーツと女性

池上 和，山田 満月，松田 知華

はじめに

　近年，女性のスポーツ参加は増加している。国際オリンピック委員会によると，2021年東京オリンピックの参加者のうち，49％と約半数が女性であった。しかしながら，スポーツに関する研究分野では男性を対象にした報告が多い。男性と女性は生物学的に異なる特徴を持っているため，男性を対象とした研究が女性の健康や運動パフォーマンス向上にもそのまま活用できるとは限らない。したがって，女性特有の月経周期の影響や，女性に多い健康障害を考慮することが必要である。本章では，『大学体育・スポーツ学への招待』[13] の「12章　スポーツと女性」で解説した，女性アスリート特有の健康障害や月経周期について，それらの具体的な測定方法を紹介する。

1. 女性アスリートの三主徴

　女性アスリート特有の健康障害として，利用可能エネルギー不足（摂食障害の有無を問わない），視床下部性無月経，骨粗鬆症があげられ，これらは女性アスリートの三主徴（female athlete triad）と定義されている[2]。この三主徴は，『大学体育・スポーツ学への招待』[13]，図12-1に示したようにそれぞれが相互に関連しており，食事や運動量に応じて，健康な状態から治療が必要な状態へと変化する。

1）利用可能エネルギー不足に関する評価

　利用可能エネルギー不足とは，運動で消費するエネルギー消費量に対し，食事で摂取するエネルギー摂取量が不足している状態を示す。近年，国際オリンピック委員会は「スポーツにおける相対的エネルギー不足（relative energy deficiency in sport：RED-S）」の概念を提唱し，女性に限らず男性においても，エネルギー不足は様々な健康障害や運動パフォーマンス低下の原因になりうるといわれている（**図 12-1**）[8]。では，利用可能エネルギー不足についてどのように評価するのだろうか。

（1）利用可能エネルギーの算出により評価する方法

　利用可能エネルギーは，1日あたりのエネルギー摂取量から1日あたりの運動によるエネルギー消費量を引いたエネルギー量を除脂肪量で除すことで求められる[2]。この値が30 kcal/kgを下回ると代謝やホルモン機能に異常をきたすことから，利用可能エネルギー不足の基準値とされている（**図 12-2**）。

　エネルギー摂取量の評価には主に「食事記録」が用いられる。食事記録による評価は，対象者に摂取した食品や飲料の種類および量を詳細に記録してもらい，栄養士による聴取のもと，専用のソフト

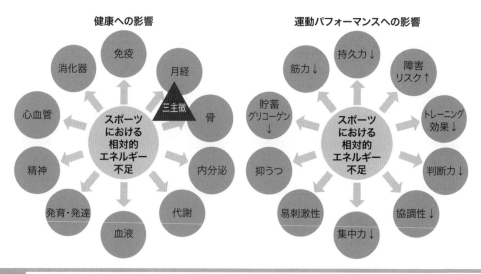

図12-1 スポーツにおける相対的エネルギー不足（文献8より一部改変）

$$\text{利用可能エネルギー（kcal/kg）} = \frac{\{(1日あたりのエネルギー摂取量) - (1日あたりの運動によるエネルギー消費量)\}}{除脂肪量}$$

図12-2 利用可能エネルギーの算出方法。30 kcal/kg 未満の場合，エネルギー不足と判断される。

ウェアを用いて摂取カロリーを計算する。

　運動によるエネルギー消費量の評価方法には，主にメッツ（METs）法と加速度計を用いる方法がある。「メッツ」とは運動や身体活動の強度の単位である。安静時（静かに座っている状態）を1メッツとした時に，その運動で何倍のエネルギーを消費するかによって運動の強度を示している[1,9]。トレーニングの種類や練習時間を記入したトレーニング記録をもとに，メッツ表と照らし合わせることで，運動で消費したエネルギー量を算出する。加速度計を用いる方法は，トレーニング中に加速度計を装着することで，運動による消費エネルギー量を算出できる方法である。詳細については第11章を参照されたい。

　しかし，この方法を実際のスポーツ現場で用いる場合，いくつか注意すべき点がある。まず，食事や運動の記録は対象者自身が行うため，対象者の負担が大きい。さらに，「記録する」ことで意識的または無意識的に食事や運動の量を調整してしまう可能性もあり，普段の食事や運動を再現できているかはわからない。また，一般的に3日や7日といった短期間の食事や運動の記録をもとにエネルギー量を計算するため，慢性的なエネルギー不足状態を反映しているとは限らない。実際に先行研究において，利用可能エネルギーが30 kcal/kg 以上であっても無月経であった選手は存在し，この基準のみで利用可能エネルギー不足を判断できるかについては疑問視されている[6]。

(2) 生理学・生化学的指標を用いて評価する方法

　近年は生理学・生化学的指標を用いた客観的な指標が，利用可能エネルギー不足の評価として用いられている。**図12-1** に示したように，利用可能エネルギー不足は代謝系や内分泌系など，全身に様々な悪影響をもたらすとされている。特に，利用可能エネルギー不足の状態では，甲状腺機能や食欲調

節, 発育・発達に関与するホルモンの血中濃度が変化することが報告されており[3,4], これらの指標を測定することでエネルギー不足を評価することができる。

また利用可能エネルギー不足の状態では, 安静時代謝量 (resting metabolic rate：RMR) も低下することが報告されている。RMR とは, 早朝空腹時に 30 分以上の仰臥位安静を保った後, 呼気ガス分析装置を使用してエネルギー代謝量を測定したものである。測定値をもとに 1 日あたりの安静時代謝量に換算する。年齢, 身長, 体重から予測される RMR の推定値との比率である RMR 比が 0.90 以下の場合, 利用可能エネルギー不足の可能性がある[14]。

利用可能エネルギー不足のスクリーニング

・体格指数（BMI）：17.5 以下
・体重：標準体重の 85% 以下
・1 ヵ月の体重減少量：10% 以上

図 12-3 利用可能エネルギー不足のスクリーニング

(3) 体格指数や体重を用いて評価する方法

前述した (1), (2) の測定方法は専門の知識や機械を要するため, スポーツ現場で簡単に測れる指標ではない。したがってスポーツ現場などでは, 体格指数（body mass index：BMI）や体重を指標として簡易的に利用可能エネルギー不足を評価する方法が用いられる（**図 12-3**）[2]。この基準にあてはまる場合はエネルギー不足の可能性があるため, 食事や運動の量や内容を見直す必要がある。ただし, あくまでスクリーニングの指標であり, この基準にあてはまらない場合でも利用可能エネルギー不足に陥っていることがあるため, 注意しなければならない。

2) 視床下部性無月経に関する評価

視床下部性無月経とは, 利用可能エネルギー不足やオーバートレーニングなどの心身のストレスにより, 脳の視床下部のコントロール機能の低下が原因となって生じる無月経のことを指す。無月経には大きく分けて 2 種類あり, 18 歳になっても初経がない状態である原発性無月経, 3 ヵ月以上月経が停止している状態である続発性無月経に分類される。無月経の女性では正常月経周期の女性と比較し女性ホルモン濃度が常に低値であることが報告されている（**図 12-4**）[14]。そのため研究においては, 無月経であることに加えて, 女性ホルモン濃度（黄体化ホルモン, 卵胞刺激ホルモン, エストラジオー

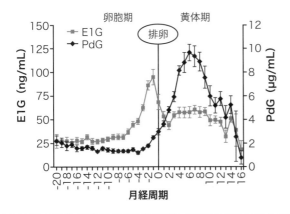

a. 正常月経周期女性 （n=73）

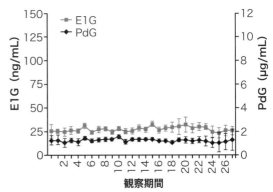

b. 無月経女性 （n=76）

図 12-4 正常月経周期女性 （**a**）と無月経女性 （**b**）の月経関連プロファイル（E1G, PdG）の変化。E1G, PdG はそれぞれ女性ホルモンであるエストロゲン, プロゲステロンの尿中代謝物。正常月経周期女性では月経周期を通して各濃度がダイナミックに変動するが, 無月経女性では常に低値を示している。（文献 14 より改変）

ル, プロゲステロンなど) が低値であることを確認する場合もある。また, 無月経を評価する場合には, 無月経の期間の聴取も重要である。なぜなら, 若年女子長距離選手を対象とした調査において, 無月経の期間が長いほど骨密度は低値を示していたように [17], 無月経の期間が健康状態に影響を与える可能性があるためである。

3) 骨粗鬆症に関する評価

骨粗鬆症とは, 骨量の減少により骨強度が低下し, 骨折しやすくなった状態と定義される。一般的に高齢者で生じるイメージがあるかもしれないが, アスリートであっても罹患する危険性がある。骨粗鬆症は主に骨密度によって評価される。骨密度とは単位面積あたりの骨量のことを指し, 骨強度の約7割を説明するといわれている。

アスリートを対象とした骨密度の測定は, 二重エネルギーX線吸収法 (dual-energy X-ray absorptiometry:DEXA) を用いた測定が推奨されている (**図12-5, 図9-6**参照)。DEXA法は2種類の異なるエネルギーのX線を照射し, 筋などの軟部組織と骨の吸収率の差により骨密度を測定しており, 微量な放射線量で精度の高い測定が可能である。アメリカスポーツ医学会は, DEXA法により測定した骨密度をもとに, アスリートにおける骨粗鬆症の基準を提示している (**図12-6**) [2]。骨密度の評価基準として, 閉経前後の女性の場合は若年成人女性 (20〜44歳) の平均骨密度と比較した若年成人平均値 (young adult mean:YAM) を使用するが, 若年の場合は同じ性別・年齢の骨密度の平均値と比較したZスコアを使用する。Zスコアがマイナスの場合, 人種や性別, 年齢が同じ集団の平均値よりも骨密度が低いことを意味する。

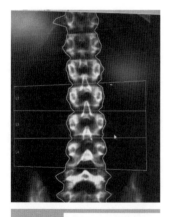

図12-5 腰椎DEXA画像

しかし, 骨密度は日々変動するものではないため, 利用可能エネルギー不足や無月経などの影響が骨密度に反映されるまでには時間がかかる。そのため, 測定時点でのタイムリーな骨代謝状態を評価したい場合は骨代謝マーカーが用いられる。骨代謝マーカーとは骨代謝を反映する指標であり, 血液や尿によって測定が可能である。骨代謝マーカーには, 骨をつくる働きを示す骨形成マーカーと, 骨を壊す働きを示す骨吸収マーカーがあり, 相互のバランスから骨代謝状態を評価する。先行研究において, 利用可能エネルギー不足かつ無月経の女性は正常月経の女性と比較し, 骨形成マーカーが低値, 骨吸収マーカーが高値を示していたことが報告されている [3]。

20歳未満
測定部位:腰椎または頭部を除く全身
低骨量 :Zスコア<-1.0
骨粗鬆症:Zスコア<-1.0 　　　　＋下記の1個以上の骨折の既往がある 　　　　・下肢の長管骨の骨折 　　　　・椎体圧迫骨折 　　　　・上肢の2ヵ所以上の長管骨骨折

20歳以上
測定部位:腰椎, 大腿骨 　　　　上記の測定が難しい場合, 橈骨遠位端1/3
低骨量 :Zスコア<-1.0
骨粗鬆症:Zスコア<-2.0 　　　　＋続発性骨粗鬆症を呈する原因がある

図12-6 アスリートにおける低骨量/骨粗鬆症の診断基準

4) 女性アスリートの三主徴の総合的な評価

　冒頭に説明したように，利用可能エネルギー不足，視床下部性無月経，骨粗鬆症の3つの症状は相互に関連している。特に利用可能エネルギー不足は視床下部性無月経と骨粗鬆症の両方に影響を及ぼす。したがって，月経や骨粗鬆症に関する評価と合わせて利用可能エネルギー不足の評価を実施することで，それらの原因が利用可能エネルギー不足であるかについて確認することができる。

　また，アメリカスポーツ医学会は女性アスリートの三主徴のスクリーニング（**表12-1**）や女性アスリートの三主徴に関する累計リスク評価シート（**図12-7**）を提示しており，競技に参加する際に三主徴のリスクを評価することを推奨している[2]。女性アスリートの三主徴に関する累計リスク評価シートは，項目ごとに低リスク，中リスク，高リスクに分類し，それらの合計点を用いて三主徴の総合的なリスクを評価するものである。大学生アスリートを対象に累計リスク評価シートと疲労骨折の発生率を調査した研究では，低リスクのアスリートと比較し，中リスクのアスリートは2.6倍，高リスクのアスリートでは3.8倍も疲労骨折の発症率が高かったことが報告されている[16]。

表12-1　女性アスリートの三主徴のスクリーニング
質問事項
月経は規則的にきていますか？
何歳で初経がきましたか？
直近の月経（最終月経）はいつですか？
最近12ヵ月間で何回月経がありましたか？
ホルモン剤（低用量ピルなど）を服用していますか？
今，体重が気になりますか？
誰かに減量を勧められていますか？
特別な減量方法を実施していますか？　もしくはいくつかの食べない食品や食品グループがありますか？
摂食障害になったことがありますか？
疲労骨折を起こしたことがありますか？
骨密度が低いといわれたことがありますか？

リスクファクター	リスク分類		
	低リスク＝各0点	中リスク＝各1点	高リスク＝各2点
利用可能エネルギー不足 （摂食障害の有無を問わない）	☐ 食事制限なし	☐ 食事制限あり[*1]，現在または過去の摂食障害の既往あり	☐ 現在または過去において摂食障害のDSM-V標準[*2]を満たした
低BMI	☐ BMI 18.5以上 標準体重[*3]の90%以上，体重安定	☐ BMI17.5〜18.5 標準体重85%〜90% 1ヵ月の体重減少量5%〜10%	☐ BMI 17.5以下 標準体重85%未満 1ヵ月の体重減少量10%以上
初経の遅延	☐ 初経年齢15歳未満	☐ 初経年齢15歳〜16歳	☐ 初経年齢16歳以上
希発月経／無月経	☐ 1年間の月経回数が10回以上	☐ 1年間の月経回数が6〜9回	☐ 1年間の月経回数が6回未満
低骨密度	☐ Zスコア−1.0以上	☐ Zスコア−1.0〜−2.0	☐ Zスコア−2.0以下
疲労骨折／骨折	☐ なし	☐ 1回	☐ 2回以上，高リスク部位[*4]または海綿骨部位の骨折を1回以上
累計リスク　合計　点	**計　点**	**計　点**	**計　点**

図12-7　女性アスリートの三主徴の累計リスク評価シート。各項目ごとに点数を計算し，合計点数が0〜1点の場合は低リスク，2〜5点の場合は中リスク，6点以上の場合は高リスクと判断される。（文献2より一部改変）

＊1：食事制限の有無に関しては自己申告，または食事記録で評価されたエネルギー摂取量が低いと判断された場合。
＊2：DSM-V：Diagnostic and Statistical Manual of Mental Disorders, 5th ed：米国精神医学会により作成された精神疾患の診断・治療マニュアル。摂食障害の診断基準として使用される。
＊3：思春期においては標準体重の指標を使用。
＊4：高リスク部位とは，大腿骨頸部，仙骨，骨盤など海綿骨部位の疲労骨折のように，競技復帰までに時間を要する部位を意味する。

2. 月経周期

　月経周期に伴う女性ホルモン濃度の変化や，その変動とともに現れる身体的・精神的症状である月経随伴症状は，運動パフォーマンスやコンディションに影響を与える可能性がある。実際に日本のトップアスリートを対象とした調査では，約9割の選手が「月経周期によるコンディションの変化がある」と回答した[11]。したがって，女性アスリートのコンディショニングにおいて，月経周期を考慮することは重要である。

1) 月経周期に関する評価

　月経周期は月経期（卵胞期前期），排卵期（卵胞期後期），黄体期の3つのフェーズに分けることができる（『大学体育・スポーツ学への招待』[13]，図12-6参照）。月経周期に伴って変動する女性ホルモンにはエストロゲンとプロゲステロンの2種類がある。3つのフェーズでは女性ホルモン濃度が異なるため，これらのフェーズを比較することで，女性ホルモンによる影響を観察することができる。

　月経周期に伴う女性ホルモン濃度の変化がコンディションやパフォーマンスに与える影響を検討するためには，対象者の月経周期が正常であることを確認する必要がある。無月経など月経周期に異常がある女性では，女性ホルモンの変動をとらえることが難しく，女性ホルモンの影響を正確に評価することができない。では，どのように正常な月経周期であるかを確認し，月経周期のフェーズを分類するのだろうか。月経周期のフェーズを分類する方法として以下の4つの方法を用いることが推奨されている[5]。

(1) 月経周期の日数の確認

　月経周期は月経開始日から次の月経の前日までの日数を指し，正常な月経周期は25〜38日とされている。通常，カレンダーを用いて，対象者の月経周期の日数を確認する。さらに正常な月経周期の場合は，月経周期の日数から月経期や排卵日，黄体期などのおおよその時期を推定することも可能である[18]。

(2) 基礎体温の二相性の確認

　基礎体温は月経開始から排卵までの低温期，排卵から次の月経開始までの高温期という二相性を示す（『大学体育・スポーツ学への招待』[13]，図12-6）。そのため，基礎体温の二相性は排卵が正常に起きているかの確認にもなりうる。基礎体温は，基礎体温計という小数第2位まで測定可能な専用の体温計を用いて測定する。毎朝，起床時に布団から出る前に舌下で測定し，グラフに記録していく。最近では，スマートフォンとの連携機能のついた基礎体温計もあり，簡単に管理することができるようになっている。低温期と高温期に0.3〜0.5℃の差があれば，二相性を示しているといえる。

(3) 排卵の確認

　排卵日予測検査薬とは，尿中の黄体形成ホルモンの変化をとらえることで排卵日を予測することができる検査キットである。排卵日を確認することで，排卵期や黄体期のフェーズをより正確に捉えることができる。

精神症状	身体症状
・抑うつ	・乳房痛
・怒りの爆発	・腹部膨満
・イライラ	・頭痛
・不安	・四肢の浮腫
・判断力の低下	
・社会的引きこもり	

・過去 3 回の月経周期において，月経開始前 5 日間のうちに上記の精神症状および
　身体症状を 1 つ以上認める。
・症状が月経開始後 4 日以内に軽快し，少なくとも月経開始 13 日目までに症状の
　再発を認めない。
・症状の発症は，ホルモン摂取，薬やアルコールの乱用によるものではない。
・PMS が疑われた後，その後の 2 回の月経周期にも症状の再現を認める。
・明らかに日常生活に支障をきたしている。

図 12-8 PMS の診断基準（文献 10 より改変）

(4) 女性ホルモン濃度の測定

『大学体育・スポーツ学への招待』[13]，図 12-6 に示したように，女性ホルモン濃度は月経周期を通して大きく変動する。女性ホルモン濃度は血液分析によって測定されることが多いが，唾液や尿でも測定可能である。測定した女性ホルモン濃度によって，月経期（エストロゲン，プロゲステロンともに低値），排卵期（エストロゲン高値，プロゲステロン低値），黄体期（エストロゲン，プロゲステロンともに高値）にフェーズの分類が可能である。

2) 月経随伴症状に関する評価

月経痛や月経前症候群（premenstrual syndrome：PMS）における月経随伴症状を評価する方法として，Moos が開発した "Menstrual Distress Questionnaire（MDQ）" の質問紙がある[7]。項目ごとに症状の程度を点数化するものであり，点数が高いほどその症状を強く感じていることを示す。本邦では「日本語版月経関連症状に関する調査フォーム T」が使用されている[13]。月経痛の程度は visual analog scale（VAS）という痛みの評価スケールや鎮痛剤の使用状況によって評価される。また，PMS の診断には米国産科婦人科学会による診断基準が用いられる（**図 12-8**）[10]。研究においては，その診断基準をもとに PMS の症状や日常生活への影響の程度を評価する質問紙も使用されている[15]。

3) 月経周期を考慮した研究の進め方

月経周期に伴う女性ホルモン濃度の変化は，運動パフォーマンスに影響を与える可能性があることが報告されている。例えば，持久性パフォーマンスに関しては黄体期に向上する可能性があると報告されている[19]。そのメカニズムとしては，エストロゲンとプロゲステロンの影響により黄体期に脂質利用が亢進し，糖質の利用を節約できるためと考えられている。

月経周期がコンディションや運動パフォーマンスに与える影響について検討したい場合，月経周期の何が関係しているのかを考える必要がある。月経周期に伴う女性ホルモン濃度の変化が運動パフォーマンスに与える影響について検討したいのであれば，月経周期のフェーズを考慮して測定を実施するべきである。また，下腹部痛や集中力の低下などの月経随伴症状と運動パフォーマンスの関連性について検討したいのであれば，月経随伴症状に関する評価を実施することが望ましい。このよう

に，どのようなメカニズムでコンディションや運動パフォーマンスに影響を与えているかを予測した うえで，実験の計画を立てることが必要である。冒頭に述べたとおり，女性を対象とした運動パフォー マンスに関する研究は少なく，特に月経周期が考慮されていない，もしくは月経周期のフェーズの分 類について定義が曖昧な研究も多い。今後さらなる研究の蓄積が必要である。

3. 研究例

研究例（サンプル）
女性アスリートにおける月経随伴症状がジャンプパフォーマンスに与える影響

【背　景】

　近年，女性アスリートの活躍に注目が集まっている。しかし，女性の月経周期に伴う女性ホルモン 濃度の変化は，身体に様々な影響を及ぼすことが報告されている。月経随伴症状とは，月経期や黄体 期に生じる身体的，精神的な症状を指す。これらの症状は，女性アスリートの運動パフォーマンスに 影響を与える可能性がある。しかし，月経随伴症状が運動パフォーマンスに与える影響について検討 した研究は少ない。

　そこで，本研究の目的は，女性アスリートにおける月経随伴症状がジャンプパフォーマンスに与え る影響について検討することとした。

【方　法】

　対象は，正常な月経周期を有する大学女子チアリーディング選手 11 名（年齢：19.9 ± 0.9 歳，身長： 162.3 ± 5.6 cm，体重 54.7 ± 6.2 kg）とした。

　月経随伴症状の評価には「日本語版月経関連症状に関する調査フォーム T」を使用し，質問紙の合 計点を月経随伴症状のスコアとした。ジャンプパフォーマンスの評価には，ジャンプ -MD（竹井機 器工業社製）を使用し，ジャンプ高を計測した。

　測定は毎週同じ曜日に 5 週連続実施した。月経周期のフェーズはカレンダー法，基礎体温の測定， 排卵日予測検査薬を使用し，月経期，排卵期，黄体期の 3 つに分類した。

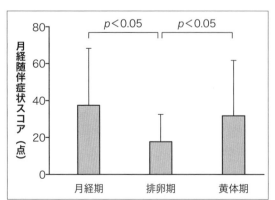

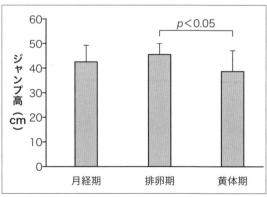

図 1　月経周期のフェーズによる月経随伴症状のスコアの 比較

図 2　月経周期のフェーズによるジャンプ高の比較

統計解析は，一元配置分散分析を使用し，月経周期のフェーズごとの月経随伴症状のスコアおよびジャンプ高を比較した。また，月経随伴症状のスコアとジャンプ高の関連について，Pearson の積率相関係数を算出した。有意水準は 5% 未満とした。

【結　果】

月経随伴症状のスコアは，排卵期と比較し月経期および黄体期に有意に高値を示した（**図1**，$p < 0.05$）。ジャンプ高は，黄体期と比較し排卵期に高値を示した（**図2**，$p < 0.05$）。

また月経随伴症状のスコアはジャンプ高と有意な負の相関関係を示した（$r = -0.35$，$p < 0.05$）。

【結　論】

大学女子チアリーディング選手において，黄体期にジャンプパフォーマンスが低下する可能性が示された。また黄体期のジャンプ高の低下には月経随伴症状が影響を与える可能性が示唆された。

---

4. 課　題

1) A さんの女性アスリートの三主徴に関するデータを，以下に示す。**図 12-7** の「女性アスリートの三主徴の累計リスク評価シート」を用いて，A さんの女性アスリートの三主徴のリスクを評価しなさい。
   - 高校 2 年生（16 歳）
   - 身長 182 cm，体重 60 kg（BMI の計算方法については p.166 を参照）
   - 食事制限はしていない。摂食障害の診断も受けたことはない。
   - 先月から 1 ヵ月で体重が 4 kg 減少した。
   - 初経年齢：14 歳
   - 直近 1 年間の月経状況：高校に入ってから 1 年以上月経が止まっている。
   - 腰椎の骨密度 Z スコア：−1.2
   - 脛骨の疲労骨折をこれまでに 2 回経験している。
2) 月経周期に伴う女性ホルモンの変化が運動パフォーマンスに及ぼす影響を調べたい場合，
   ① 正常な月経周期の女性を対象とする理由を説明しなさい。
   ② どのように月経周期のフェーズを分類するか，具体的な測定方法をあげて説明しなさい。

参考文献

1) Ainsworth BE, Haskell WL, Herrmann SD, et al.：2011 Compendium of physical activities：a second update of codes and MET values. Med Sci Sports Exerc, 43: 1575-1581, 2011.
2) De Souza MJ, Nattiv A, Joy E, et al.: 2014 female athlete triad coalition consensus statement on treatment and return to play of the female athlete triad: 1st international conference held in San Francisco, May 2012 and 2nd International Conference held in Indianapolis, Indiana, May 2013. Br J Sports Med, 48: 289, 2014.
3) De Souza MJ, West Sarah L, Jamal SA, et al.: The presence of both an energy deficiency and estrogen deficiency exacerbate alterations of bone metabolism in exercising women. Bone, 43: 140-148, 2008.
4) Ihle R, Loucks AB: Dose-response relationships between energy availability and bone turnover in young exercising women. J Bone Miner Res, 19: 1231-1240, 2004.

5) Janse de Jounge X, Thompson B, Han A: Methodological recommendations for menstrual cycle research in sports and exercise. Med Sci Sports Exerc, 51: 2610-2617, 2019.

6) Lieberman JL, De Souza MJ, Wagstaff DA, et al.: Menstrual disruption with exercise is not linked to an energy availability threshold. Med Sci Sports Exerc, 50: 551-561, 2018.

7) Moos RH: The development of a menstrual distress questionnaire. Psychosom Med, 30: 853-867, 1968.

8) Mountjoy M, Sundgot-Borgen JK, Burke LM, et al.: IOC consensus statement on relative energy deficiency in sport (RED-S): 2018 update. Br J Sports Med, 52: 687-697, 2018.

9) 中江悟司, 田中茂穂, 宮地元彦: 改訂版「身体活動のメッツ（METs）表」. 2011, http: //www.nibiohn.go.jp/eiken/programs/2011mets.pdf（2021 年 12 月 22 日最終確認）

10) 日本産科婦人科学会, 日本産婦人科医会: 産婦人科診療ガイドライン－婦人科外来編 2020, 日本産科婦人科学会事務局, 東京, 2020.

11) 能瀬さやか, 土肥美智子, 難波　聡 他: 女性トップアスリートの低用量ピル使用率とこれからの課題. 日臨スポーツ医会誌, 22: 122-127, 2014.

12) 大野佳南子, 涌井佐和子, 須永美歌子 他: 女子大生および大学院生を対象とした月経関連症状の把握の試み－日本語版「月経関連症状に関する調査フォーム T」を用いた実例. 順天堂スポーツ健康科学研究, 8（2）: 44-50, 2017.

13) 関根正美, 中里浩一, 野井真吾 他編: 大学体育・スポーツ学への招待, ナップ, 東京, 2021.

14) Strock NCA, Koltun KJ, Southmayd EA, et al.: Indices of resting metabolic rate accurately reflect energy deficiency in exercising women. International Journal of Sport Nutrition and Exercise Metabolism, 30: 14-24, 2020.

15) Takeda T, Tasaka K, Sakata M, et al.: Prevalence of premenstrual syndrome and premenstrual dysphoric disorder in Japanese women. Arch Womens Ment Health, 9: 209-212, 2006.

16) Tenforde AS, Carlson JL, Chang A, et al.: Association of the female athlete triad risk assessment stratification to the development of bone stress injuries in collegiate athletes. Am J Sports Med, 45: 302-310, 2017.

17) 鳥居　俊: 思春期アスリートにおける骨密度. 思春期学, 34: 154-158, 2016.

18) Wallace M, Hashim YZH, Wingfield M, et al.: Effects of menstrual cycle phase on metabolomic profiles in premenopausal women. Human Reproduction, 25: 949-956, 2010.

19) Zderic TW, Coggan AR, Ruby BC: Glucose kinetics and substrate oxidation during exercise in the follicular and luteal phases. J Appl Physiol, 90: 447-453, 2001.

13 スポーツ医学

野村　由実，鴻﨑香里奈

はじめに

　スポーツ医学とは，身体運動による様々な外傷・障害を可能な限り避け，よい効果をもたらすことを目的として確立された学問である。実際に，「肩の外傷・障害を予防するためには，肩周囲筋群のトレーニングや柔軟性の向上が必要である」あるいは「この腰痛が起きた理由は，腰部の筋力が低下しており，その結果腰に負担がかかったためである」といった根拠のもと，身体のどこかに問題を抱えた人に対して，医学的介入が実施されている。スポーツ医学研究とは，観察研究や介入研究によってこれらの根拠を見出し，明らかにするものである。

　ここでは，スポーツ医学研究を新たに始める初学者へ向けて，まずは理解しておくべき研究の基本事項について述べる。さらに章の後半では，実際にどのようにデータを取得し，得られた結果を活用するか，例を提示しながら実習形式で解説する。

1. 研究を実施するうえで考慮すべき研究倫理とその重要性

　スポーツ医学研究に限らずすべての研究活動において共通することであるが，研究を実施する立場にある者は，基本的な研究の倫理原則を理解する必要がある。例えば，新しく開発中の薬剤が有効であるか否かを確認するために，実際に生体への影響を検証する必要が生じたとする。その場合には，実験参加者（以下，被験者）に対して，その薬剤の効果や効能のみならず，起こりうる副作用やその確率を事前に説明し，被験者本人の意思に基づいた実験参加への同意を得るべきである[注1]。その他にもヒトを対象とした実験において様々な倫理事項が制定されているため，研究実施者は自身の携わる研究に関連する倫理事項をしっかりと理解しておかなくてはならない。

　以下は，ヒトを対象としたスポーツ医学研究において考慮すべき倫理原則を，日本臨床スポーツ医学会各種規定[6]より一部抜粋した文章である。

1) ヒトが参加した研究では，ヘルシンキ宣言[5,12]（World Medical Assembly）を遵守したものであること。

2) ヒトを対象とする医学系研究に関する倫理指針（厚生労働省[4]）に配慮したものであること。

　またスポーツ医学研究では，ヒトだけでなくマウスやラットなどの実験動物も研究対象となる。本章では軽く触れるのみにとどまるが，実験動物を対象とした研究の場合には，上記のヒトの場合とは異なる倫理事項が制定されている。

注1)　研究手法によっては，事前に投与される薬剤が新薬なのか偽薬なのかを，被験者に知らされないものもある。しかしそのような実験であっても，新薬の効果について事前に説明をしたうえで，どちらかの薬剤を投与する必要がある。

このように，研究が被験者や実験動物にとって不利益とならないよう十分に配慮し，いかなる場合においても生命倫理を遵守・尊重した実験を遂行することは，研究実施者の義務であるといっても過言ではない。

2. スポーツ医学研究の種類

スポーツ医学研究は大きく基礎研究と臨床（応用）研究に分類できる。わかりやすく説明すると，基礎研究は主に実験機器が備えられた研究施設や医療機関において，ヒトや実験動物の血液や組織サンプルを詳細に解析し，得られた結果からその実験の効果や事象のメカニズムを探求する。こういった事情から，実験データの取得や研究成果の発信には，特別な機器を使用する必要があり，長い年月を要する。一方臨床研究は，対象となるのがおおむねヒトであり，研究施設や医療機関だけでなく，実際のスポーツ現場に出向いて介入や測定・評価が行われることもある。そのため，実験データを短期間で取得できる場合や，特別な機器を使用せず測定や評価を簡便に実施できることも多い。そこで本稿では，臨床研究において扱われるような測定・評価項目として，スポーツ現場で多用される「メディカルチェック」を用い，実習を通してその測定意義の理解や手法の習得を目指す。

3. メディカルチェックの意義

2001 年，日本スポーツ協会は「国体選手における医・科学サポートとガイドライン」を発行し，具体的な健康診断の方法を示した[10]。2009 年，国際オリンピック委員会は periodic health evaluation（PHE）を提唱し，トップアスリートに対する定期的な健康診断実施の重要性を強調している[2]。メディカルチェックは，対象者がスポーツに安全に参加できるように，スポーツ外傷・障害や突然死などのリスクとなる要因を把握するものである。新しい選手がチームに加入した時の競技参加の判断，シーズン開始前の定期的な健康状態のチェックなどを目的に実施され，結果に基づいて適切な対応を行う。図 13-1 に，メディカルチェックの記録用紙の一例を示す。

4. 内科的メディカルチェック[1]

内科的メディカルチェックは，スポーツ中の突然死予防が重要であり，医師によって，リスクのスクリーニングや運動可否の判定がなされる。問診および検査の結果から，さらに詳細な検査が必要と判断された場合は，精密検査や運動負荷試験，専門医による診察などが行われる。

1）問診

問診では，過去にどのような疾病にかかったのか（既往歴），現在感じる症状や異常はあるか（自覚症状），現在抱えている症状や異常のきっかけや経過の内容（現病歴），両親・兄弟などの血縁者の疾病（家族歴）などを把握する。

2）検査

尿検査，血液検査，胸部 X 線検査，安静時心電図検査などが行われる。血液検査では，白血球数

▼問診　既往歴：過去にかかった疾病

　　　　　　　　自覚症状：現在感じる症状や異常

　　　　　　　　現病歴：現在感じている症状や異常のきっかけや経過の内容

　　　　　　　　家族歴：両親・祖父母・兄弟などの血縁者で抱えている疾病

▼検査　血液検査：白血球数（　　　　　　）　赤血球数（　　　　　　　）　ヘモグロビン（　　　　　　　　）
　　　　　　　　　ヘマトクリット（　　　　　）　血小板数（　　　　　）
　　　　　尿検査：尿タンパク（　　　　　）　尿糖（　　　　）　尿潜血（　　　　　）
　　　　　胸部 X 線検査：所見
　　　　　安静時心電図検査：所見

■ 関節弛緩性

関節	手	肘	肩	膝	足	脊柱	股関節	総合
	右	右	右上	右	右			
	左	左	左上	左	左			
得点								

■ 筋タイトネス

大腿四頭筋		腸腰筋		ハムストリング		腰部ハムストリング	股関節内旋		股関節外旋	
右	横指	右	横指	右	°	cm	右	°	右	°
左	横指	左	横指	左	°		左	°	左	°

■ アライメント

O 脚および X 脚	Q-angle		足部アーチ高	
□O 脚：膝内側に 2 横指以上の距離がある	右	°	右	mm
□X 脚：大腿内側が接し左右の足部が開く	左	°	左	mm
□ニュートラル：どちらでもない				

■ 徒手筋力検査

関節運動	膝関節伸展	膝関節屈曲	股関節屈曲	肩関節屈曲	肘関節屈曲
主動筋	大腿四頭筋	ハムストリング	腸腰筋	三角筋前部	上腕二頭筋
スコア（右）					
スコア（左）					

図13-1　メディカルチェック記録用紙の一例

による炎症や感染症の評価，赤血球数やヘモグロビン量，ヘマトクリット値による貧血の評価，血小板数による出血のしやすさの評価，血清酵素による筋損傷や肝機能の評価，脂質代謝，腎機能の評価が行われる。尿検査は，腎尿路疾患だけでなく，全身状態のスクリーニングとして用いられる。胸部X線検査は，突然死にかかわる心肥大や冠動脈起始異常など，肺や心臓の状態を確認する。安静時心電図検査においても，心肥大や不整脈の有無を判定する。

5. 整形外科的メディカルチェック

　整形外科的メディカルチェックは，スポーツ現場においてアスレティックトレーナーなどが実施し，外傷・障害予防に向けたコンディショニングの計画に活用する。

1) 関節可動域

　関節可動域（range of motion：ROM）は，四肢や体幹の関節を自動的または他動的に運動させることができる可動範囲のことをいい，角度計などの器具を用いて測定する（**図 13-2**）。軟部組織と骨性アライメントを包含した尺度評価であり，柔軟性を構成する要素の 1 つである。関節可動域の制限は，スポーツ動作のみならず日常生活動作にも支障をきたす。

2) 関節弛緩性

　関節弛緩性とは，運動方向は正常であるが，一定の可動域を超えて過剰な可動性を有することを指す。関節弛緩性は，先天的な身体特性や競技特性によって生じることが多い。関節が柔らかすぎるこ

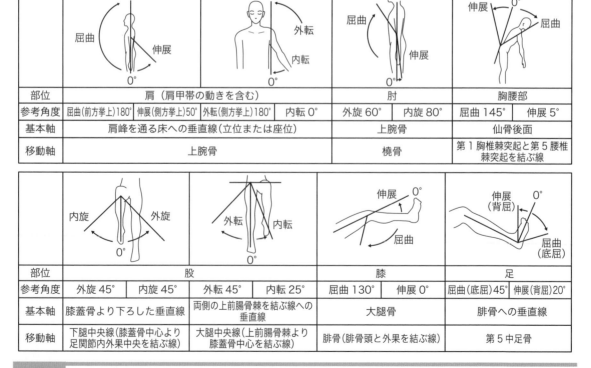

部位	肩（肩甲帯の動きを含む）				肘		胸腰部	
参考角度	屈曲(前方挙上)180°	伸展(側方挙上)50°	外転(側方挙上)180°	内転 0°	外旋 60°	内旋 80°	屈曲 145°	伸展 5°
基本軸	肩峰を通る床への垂直線(立位または座位)				上腕骨		仙骨後面	
移動軸	上腕骨				橈骨		第 1 胸椎棘突起と第 5 腰椎棘突起を結ぶ線	

部位	股				膝		足	
参考角度	外旋 45°	内旋 45°	外転 45°	内転 25°	屈曲 130°	伸展 0°	屈曲(底屈)45°	伸展(背屈)20°
基本軸	膝蓋骨より下ろした垂直線		両側の上前腸骨棘を結ぶ線への垂直線		大腿骨		腓骨への垂直線	
移動軸	下腿中央線(膝蓋骨中心より足関節内外果中央を結ぶ線)		大腿中央線(上前腸骨棘より膝蓋骨中心を結ぶ線)		腓骨(腓骨頭と外果を結ぶ線)		第 5 中足骨	

図 13-2　関節可動域測定（文献 7 より引用）

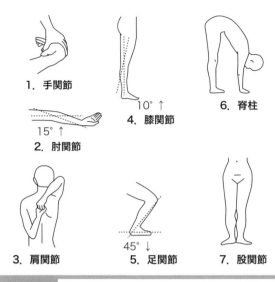

1. 手関節：母指が前腕の掌側につく。
2. 肘関節：15°以上伸展する。
3. 肩関節：背中で指を組むことができる。
   （指がつく程度は不可）
4. 膝関節：10°以上伸展する。
5. 足関節：45°以上背屈する。
6. 脊柱：立位体前屈で手掌全体が床につく。
7. 股関節：立位で股関節を外旋し，
   足先が180°以上開く。

※1項目を1点としてスコアを算出する
※1〜5は左右それぞれを0.5点とする

図13-3 全身関節弛緩性テストの測定手順（文献8より引用）

とは，スポーツ外傷のリスク要因となり，例えば，膝・肘の過伸展の場合は靱帯損傷や脱臼が多く発生することが報告されている。全身関節弛緩性テスト（looseness test）は，6大関節と脊柱を加えた7ヵ所について，関節を構成する靱帯や関節包などの構造上の緩さを簡易的に評価するものである（**図13-3**）。

3) 筋腱の緊張度

筋腱の緊張度すなわちタイトネスは，動作をスムーズに行うことや，肉離れや腰痛などのスポーツ外傷・障害の発生と関係する。タイトネステスト（tightness test）は，ある筋が筋線維の走行に沿った方向に伸長された時の硬さや柔らかさを示し，関節角度や距離を測定する（**図13-4**）。左右差や拮抗筋とのアンバランスは，アライメントにも影響をおよぼす。例えば，腸腰筋が硬い場合は腰椎前弯・骨盤前傾（反り腰姿勢）といった代償運動が生じる。

4) アライメント [11]

骨の配列をアライメントといい，先天的に，またはスポーツ動作により身体の一定部位にストレスが加わり，変形をきたすことがある（**図13-5**）。

(1) O脚およびX脚

足部の内側が接するように立った時，膝の内側に2横指以上の距離がある場合はO脚となる。O脚は膝関節外側に伸長ストレス，内側に圧縮ストレスがかかりやすい。X脚は，立位姿勢をとった時に，太ももの内側が接し，左右の足部が開く形となる。X脚は膝関節内側に伸長ストレス，外側に圧縮ストレスがかかりやすい。

(2) Q-angle

上前腸骨棘と膝蓋骨中心を結ぶ線と，膝蓋骨中心から脛骨粗面までを結ぶ線とのなす角をいう。男性で約15°，女性で約10°程度と考えられている。Q-angleが大きいと，膝関節の外反が生じやすく

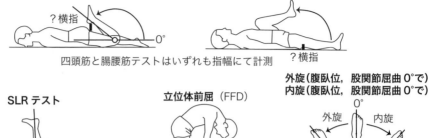

四頭筋と腸腰筋テストはいずれも指幅にて計測

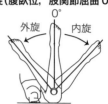

1. 大腿四頭筋：踵を殿部につけるように行い，踵と殿部の距離を指幅で計測する。
2. 腸腰筋：検査側と反対の股関節，膝関節を深く屈曲させる。検査側の股関節が屈曲した場合は，膝窩と床の距離を指幅で計測する。
3. ハムストリング：下肢伸展挙上テスト（SLR テスト：straight leg raising test）の手技を用い，膝伸展位の股関節屈曲角度を計測する。
4. 腰部・ハムストリング：立位体前屈で指床間距離（finger from distance：FFD）を計測する。床に容易に手がつく場合は，台上に乗り，台と指先の距離を計測する。
5. 股関節周囲筋：代償運動が起きない範囲で，腹臥位の股関節内外旋角度を計測する。

| 図 **13-4** | 筋タイトネステスト （文献 3 より引用） |

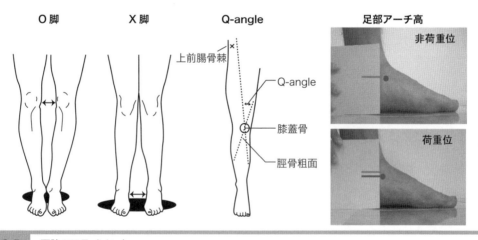

| 図 **13-5** | 下肢のアライメント |

なるため，膝関節の外傷・障害につながるストレスがかかりやすい。

(3) 足部アーチ高

　足のアーチには内側・外側縦アーチ，横アーチがあり，扁平足はアーチが低下した状態を指す。扁平足の評価として，内側縦アーチの最高点に位置する舟状骨を基準にアーチ高を計測する。座位と荷重位で床面から舟状骨結節までの距離の差分を求め，荷重位で 10 mm 以上の低下を認めた場合を扁平足とする。扁平足は，外反母趾や開張足などのアライメント異常とも関係する。

図13-6 膝関節伸展の徒手筋力検査。**a**：まず，抵抗を加えずに膝屈曲位から伸展位までの運動範囲を完全に動かすことができるかを確認する（表13-1，段階3の判定）。**b**：抵抗自動運動テスト：検者は矢印のように，運動方向と逆の方向に徐々に抵抗を強めていき，被検者の運動が起こらなくなってしまうまで抵抗を加え続ける。抑止テスト：被検者が膝伸展位で伸ばし続けようとすることに対して，検者は抑止するように抵抗を加える。

表13-1　徒手筋力検査の判定基準

数的スコア	質的スコア	判定方法
5	normal（N）正常	関節の運動範囲を完全に動かすことが可能で，最大の抵抗を加えても最終運動域を保持できる
4	good（G）優	関節の運動範囲を完全に動かすことが可能で，強力な抵抗を加えても最終運動域を保持できる
3	fair（F）良	重力の抵抗だけに抗して運動範囲を完全に動かすことができ，抵抗が加わると運動が妨げられる
2	poor（P）可	重力の影響を最小にした肢位でなら，運動範囲全体にわたり完全に動かすことができる
1	trace（T）不可	関与する筋または筋群に，ある程度筋収縮活動が目にみえる，手で触知できる
0	zero（Z）ゼロ	触知によっても，視認によっても全く筋収縮活動がないもの

（文献8より引用）

5）筋力検査

(1) 徒手筋力検査

　徒手筋力検査（manual muscle testing）は，各関節または特定の関節の運動に対する筋力発揮を評価でき，特別な器具を必要としないというメリットがある。検査に際しての抵抗は，抑止テスト（運動最終域で抵抗を加える），自動運動テスト（運動開始から最終域まで抵抗を加え続ける）の2種から選択する（**図13-6**）。**表13-1**の判定基準をもとに，筋力の段階付けを行う。

(2) 機器による筋力検査

　等速性筋力測定装置や徒手筋力測定装置などの機器を用いた筋力検査では，客観的な結果が得られる。選手の競技特性に応じて，評価する筋群や動作を選択する。例えば，ラグビーやアメリカンフットボールのようなコンタクトスポーツでは，徒手筋力測定装置を用いて頸部の筋力を測定する。

6. 研究例

　以下に，抄録形式で実際にどのような内容を記述すればよいのか，一例を示している。課題や卒業論文執筆の際には，これらを踏まえながら執筆することをすすめる。

研究例（サンプル）

肉離れ損傷と筋柔軟性との関係

【背景・目的】

　肉離れ損傷はスポーツ現場において頻発する損傷である。その主症状として発揮筋力の低下や疼痛，さらに重症例では損傷部の線維化や筋萎縮が生じ，競技復帰までの期間が長いことが問題視されている。さら肉離れ損傷は，たとえ競技復帰を果たしたとしても，再受傷が生じやすいともいわれているが，その原因は不明である。

　本研究では肉離れ損傷の病態理解を目的として，肉離れ損傷経験者の筋の柔軟性を評価することとする。

【方　　法】

対象とインフォームド・コンセント

　被験者へは事前に本研究の趣旨および目的を説明し，さらに本研究により起こりうる事象について述べた後，研究参加への同意を得た。

　30 名の男子学生を対象とした。被験者は 2 群に設定し，大腿後面筋群 (ハムストリング) 肉離れ既往者からなる損傷群（年齢：20.1 ± 1.2 歳，身長：170.7 ± 5.0 cm，体重：65.9 ± 8.0 kg)，および損傷歴のないコントロール群（年齢：21.1 ± 0.8 歳，身長：165.2 ± 5.0 cm，体重：70.8 ± 2.0 kg）とした。

筋タイトネステスト

　下肢伸展挙上テストを用いてハムストリングの緊張度を評価した。被験者に仰向けになるように指示し，膝関節を伸展させた状態で他動的に下肢を挙上した。その際の股関節屈曲角度を測定した。

【統計分析】

　両群における年齢，身長，体重，筋タイトネスのデータは，すべて対応のない t 検定を使用して統計解析を行い，有意水準は 5% 以下に設定した。

【結　　果】

　コントロール群および損傷群の年齢，身長，体重に有意な差は認められなかった。

　損傷群における股関節の可動域は，コントロール群よりも低い値を示していた（**図 1**）。

【考察と結論】

　結果で示したように，肉離れ損傷群の股関節屈曲可動域は，コントロール群よりも低値を示していた。肉離れ損傷を起こすと，時間経過に伴って

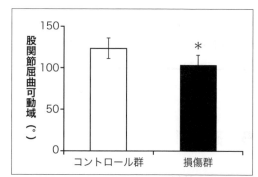

図 1　コントロール群と損傷群の股関節屈曲可動域。
＊：$p < 0.05$

筋の拘縮や，重度の場合は線維化を伴うことが明らかとされている。したがって今回の結果は，損傷によってハムストリングの柔軟性が低下したことに起因する可能性が考えられる。

---

7. 課　題

1) 本章で扱った測定評価項目の中から1項目を選択し，その測定データを集計して表または図を作成すること。
2) 1) でどのような結果が得られたのかを記述し，なぜそのような結果が導かれたのかを考察すること。

参考文献

1) 赤間高雄 編：スポーツ医学 内科，化学同人，京都，pp.17-21，2014.
2) International Olympic Committee: The IOC Consensus Statement on Periodic Health Evaluation of Elite Athletes. https://olympics.com/ioc/news/the-ioc-consensus-statement-on-periodic-health-evaluation-of-elite-athletes（2021年12月30日最終確認）
3) 鹿屋体育大学スポーツトレーニング教育研究センター 編：スポーツ選手と指導者のための体力・運動能力測定法，大修館書店，東京，p.4，2004.
4) 厚生労働省：医学研究に関する指針一覧. https://www.mhlw.go.jp/stf/seisakunitsuite/bunya/hokabunya/kenkyujigyou/i-kenkyu/index.html（2021年12月30日最終確認）
5) 日本医師会：ヘルシンキ宣言. https://www.med.or.jp/dl-med/wma/helsinki2013j.pdf（2021年12月30日最終確認）
6) 日本臨床スポーツ医学会：投稿規定. https://www.rinspo.jp/paper_submission.html（2021年12月30日最終確認）
7) 日本整形外科学会身体障害委員会，日本リハビリテーション医学会評価基準委員会：関節可動域表示ならびに測定法. リハビリテーション医学，11: 127-132, 1995.
8) 日本スポーツ協会：公認アスレティックトレーナー専門科目テキスト5 検査・測定と評価，文光堂，東京，pp.32-33, 48-53, 2010.
9) 日本スポーツ協会指導者育成専門委員会スポーツドクター部会 監：スポーツ医学研修ハンドブック 基礎科目，第2版，文光堂，東京，2011.
10) 日本体育協会スポーツ医・科学研究報告：国体選手における医・科学サポートとガイドライン. https://www.japan-sports.or.jp/Portals/0/data0/publish/pdf/guide6i.pdf（2021年12月30日最終確認）
11) 陶山哲夫 監，赤坂清和 編：スポーツ理学療法学 動作に基づく外傷・障害の理解と評価・治療の進め方，第2版，メジカルビュー社，東京，pp.4-5, 2018.
12) World Medical Association: Declaration of Helsinki. https://www.wma.net/what-we-do/medical-ethics/declaration-of-helsinki/（2021年12月30日最終確認）

14 スポーツとコーチング

矢野　広明，廣岡　大地，富永梨紗子

はじめに

　読者は，「コーチング学とはどのような学問か」と問われた場合，どのように答えるだろうか。「アスリートの競技力を向上させる方法を研究する学問」と回答する人が多いと考えられるが，実際にはアスリートの競技力向上にとどまらず，より広範な領域をカバーする学問だということを知ってほしい。

　本章は，コーチング学研究の変遷や研究手法，特徴などを概観するとともに，具体的な研究事例としてアクションリサーチを紹介し，読者がスポーツ・コーチングに関する研究を行う土台をつくることを目的としている。

1. コーチング学研究の背景

　日本コーチング学会は，1950年に設立された日本体育学会の第6回大会において，「指導に関する部門」という発表部門が設けられ，後に「体育方法」専門分科会として設置されたのが始まりである[22]。当時，「スポーツ」は遊びとして軽視されており，公的名称は「体育」一辺倒の時代であった。

　だが1964年に開催されたオリンピック東京大会を機に「スポーツ」ならびに「スポーツ科学」という言葉が注目されるようになった。その後，オリンピック大会などの国際大会を中心に，トップレベルでの国際競争が激化し，スポーツに関連する活動が活発化していった。この流れは1980年代に一層拡大し，1984年のオリンピック大会の民営化とともに，スポーツ選手とコーチ・指導者のプロ化が世界規模で広がり，同時にスポーツ医・科学研究への社会的関心も高まった。

　また，スポーツのグローバル化に伴い，教育的意味に限定された「体育」ではなく，自由で民主的かつ総合的な意味を持つ「スポーツ」という言葉が広く使用されることになった。そのような潮流の中，「体育方法」専門分科会から独立し，より開かれた「スポーツ方法学会」が設立された。

　その後，変化する社会環境と体育・スポーツに関連する実践活動の拡大・浸透による意識変化により，「体育方法」や「スポーツ方法」といった言葉ではなく「コーチング」という言葉が広く使われるようになった。

　実践現場で「目的達成に向けて導く」ことを意味する「コーチング」という言葉を使用することは，日本コーチング学会の原点に立ち返ることにつながる。また，種目横断的な一般理論を構築し，一般コーチング論を構築する役割を担っていくためにも，「コーチング」という言葉を用いることは必要不可欠であると考えられた。これらのことから2010年に「日本スポーツ方法学会」を改め，「日本コーチング学会」と改名することになった。

2．一般的な研究手法

　1970 年以降のコーチング学研究は，圧倒的に量的研究に基づいて行われてきた[9]。これは，体育教育学[28]やスポーツ心理学[3]の研究と同様である。しかし，コーチング学研究の発展とともに，質的研究の使用が増加している傾向がある。とはいえ，コーチング学に関する研究が発表されるようになってまだ 40 ～ 50 年ほどしか経っておらず，発展途上の領域である。コーチングは複雑でダイナミックでコンテクストに依存するプロセスであり[19]，その本質をとらえ有用な情報を提供するためには，量的・質的研究のどちらかに限定せずどちらの手法も活用した混合研究という方法も有効である。どのような研究手法を採用すべきなのかは研究課題によって決まるため，ここでは各研究手法（量的研究・質的研究・混合研究）の概要を紹介する。

1）量的研究（Quantitative Research）

　演繹的な推論，無作為抽出，大量のサンプルサイズ，人工的または操作された設定，および統計的データ分析をすることを特徴とした研究方法である。量的研究方法を用いて実施されたコーチング学

表 14-1　量的研究方法を用いて実施されたコーチング学研究の事例	
研究例	内容
日本における高校柔道部員とコーチ間の人間関係の検討— CART-Q を用いて[29]	全国 12 の高校柔道部員 141 名を対象に CART-Q を用いた調査をした。CART-Q とは，コーチ - 競技者関係に関する感情・思考・行動について回答者に「自分にどの程度あてはまるか」を 7 段階で評定してもらう質問紙のことである。その結果，高校柔道運動部員の感じているコーチとのかかわりや親密さなどは，いずれにおいても高い評定点を得られなかった。また同じ質問紙を使用した 7 ヵ国と比較してもきわめて低い順位であった
バスケットボールエキスパートコーチの指導行動に関する組織的観察研究[11]	フレズノ州立大学男子バスケットボール部の Tarkanian コーチを対象に，1 シーズンを通して組織的観察分析を行った。その結果，「戦術的な指導行動」が最も頻繁に発生する行動であることが明らかになった。その他にも賞賛や励まし，一般的な指導など 6 つのカテゴリーに分けることができた。

表 14-2　質的研究方法を用いて実施されたコーチング学研究の事例	
研究例	内容
「コーチング哲学」の基礎づけ[27]	コーチング哲学とは「アスリートやチームの卓越性を向上させ，その卓越性を発揮させるコーチング実践において，①様々な原理として目指される目的，②コーチに方向性を与える基本的方針，③コーチによって設定される価値観についての包括的な言明」である。また，コーチング哲学を構築する場合，自分が行っている競技の特性，チーム構成やアスリートの特徴，チームやアスリートを取り巻く状況や環境など様々な要素を考慮に入れたうえで，柔軟性をもって，その具体的な内実を決定しなければならない
伝統ある大学女子バレーボールチームのデリバレット・プラクティスを妨げる「シゴト」[26]	伝統ある N 大学女子バレーボール部に所属する選手らを対象に，デリバレット・プラクティスを妨げる要因について選手とコーチにインタビューを行い調査した。デリバレット・プラクティスとは多大な努力を必要とする意図的，計画的で高度に構造化された練習を指す。その結果，「シゴト」と「規律」が要因として現れ，それらの根底には厳しい上下関係があると考えられた

表 14-3　混合研究方法を用いて実施されたコーチング学研究の事例	
研究例	内容
アクションリサーチを用いた Questioning スキルの熟達：ストレングス＆コンディショニングコーチに着目して[8]	S&C コーチにおける Questioning スキルの習熟過程を明らかにするため調査を行った。組織的観察法を用いてコーチの行動を分析し，コーチのコーチングに対する意識を調査するため，選手にインタビューを行った。その結果，①選手が考える上位の Questioning の活用，②意図的で計画的な上位と下位の Questioning の使い分け，③選手の回答を待つ，という過程を経ることで Questioning スキルの向上が明らかになった

研究の例を**表** 14-1 に示す。

2) 質的研究（Qualitative Research）

帰納的な推論，目的を持ったサンプリング，少量のサンプルサイズ，自然主義的な設定，研究者の特徴などを，記述的または解釈的にデータ分析することを特徴とした研究方法である。質的研究の具体的方法として，ナラティブ研究，現象学的研究，エスノグラフィ，グラウンデッド・セオリーなど様々な方法論がある [5]。質的研究方法を用いて実施されたコーチング学研究の例を**表** 14-2 に示す。

3) 混合研究（Mixed Methods Approaches）

混合研究法の定義はいくつも提唱されている [15]。その基本的前提は，質的研究や量的研究の一方を用いただけでは得られないような洞察を，質と量の結果を合わせることで導き出す方法論である [5]。混合研究方法を用いて実施されたコーチング学研究の例を**表** 14-3 に示す。

3. 研究の内容

上述したとおり，コーチング学研究の特徴の 1 つに，コーチの行動やプロセスなどに焦点をあてて研究することがあげられる。ここからは，具体的にこれまでどのような研究が進められてきたのかを紹介していく。1970 年から 2001 年までの研究では，主に以下の 4 つの分野に焦点があてられている [9]。①コーチの行動：コーチは何をすべきなのかに焦点をあてたもの，②コーチの思考：コーチが考えたり感じたりすることに焦点をあてたもの，③コーチの特徴：コーチがどのような人物であるかを説明するもの，④コーチのキャリア開発：コーチに関するキャリアの問題に焦点をあてたもの，である。また近年はこれらに加えて，コーチングプロセス（プランニングなど），関係構築（リーダーシップ，コーチとアスリートの関係など），コーチングプラクティス（効果，効能，行動など），コーチの教育と開発（学習，専門知識，コーチ開発者など）[4,19] に関する研究も行われるようになってきている（**図** 14-1）。2014 年には国際的なスポーツコーチング研究誌である International Sports

1970 年～2001 年までの研究で取り扱われていた研究の焦点

研究の焦点	コーチの行動	コーチの思考	コーチの特徴	コーチのキャリア開発
キーワード	コーチとアスリートの関係 一般的な行動 リーダーシップスタイル 効果	態度 意思決定 知識 認識	人口統計 性別 資格	燃え尽き症候群 キャリアの機会 キャリアの満足度 コーチ教育

コーチング学研究の発展とともに変化している

近年の研究で取り扱われていた研究の焦点

研究の焦点	コーチングプロセス	関係構築	コーチング プラティクス	コーチの教育と開発
キーワード	プランニング	リーダーシップ コーチとアスリートの関係	コーチングの効果 コーチングの効能 コーチの行動	コーチの学習 専門知識 コーチ開発者

図 14-1 コーチング学研究で取り扱われていた研究の焦点（文献 4, 9, 19 をもとに作成）

Coaching Journal（ISCJ）が創刊され，コーチに影響を与える多くの要因を考慮しつつ，これらの研究が報告されている。

4. 論文の種類と妥当性

　日本コーチング学会の学会誌である『コーチング学研究』に掲載されている論文の種類は，総説，原著論文（論考，実践論文，事例研究），研究資料，実践報告（case report），短報，書評，内外の研究動向，研究上の問題提起のいずれかである。これらの中で，2013 年に事例研究が原著論文の種類として加えられ，実践報告が新たな論文の種類として加えられた。事例研究とは「コーチング学研究における種々の問題に対して，事例をもとにして，新規性と普遍性の高い原理原則を明らかにし，コーチング学研究の発展に直接的に寄与する論文」であり，実践報告とは「コーチング学研究における種々の問題に対して，現場で実際に行った事例として正確に記述し報告したレポート」である。會田[2] によれば，この 2 点が加えられたことは，日本コーチング学会が「実践現場で起こった具体的な事例を科学的に検討し，コーチの学びに生かす」と改めて主張している点で，注目に値すると述べている。事例研究と実践報告の例を**表** 14-4 に示す。

　コーチ 1 人が経験できるコーチング実践には限りがある。そのため，この 2 種類の研究を用いることで，コーチの実践と省察に役立つ貴重な情報を得ることができ，さらに他者のコーチングに関する理解や学びを促すこともできる。また，意味ある多数の事例研究と実践報告を蓄積することで，ある種の共通事項を導き出し，整理統合し一般論を構築していく。以上の事例研究と実践報告についてまとめたものを**図** 14-2 に示した。また，実践に根ざした研究は，コーチング学研究だけでなく他に看護研究や介護研究，臨床医学研究などがあげられる。これらの研究方法は，従来の研究方法にはない研究者自身が実践の現場に自ら入り込み，「当事者」となって内部の人々と実践体験を共有することで発展を遂げている。コーチング学も今後実践者であるコーチや指導者自身が研究を推進するという他に，研究者が「当事者」となって実践の現場へと自ら入り込み，選手とともに実践体験を共有する研究が求められる[30]。

　これらの研究において，結果の妥当性が重要な観点になる。コーチング学のような実践学における結果の妥当性は，スポーツ科学のように量的なものとしては示すことが難しいため，実践現場のリアリティを正確にとらえ，正しく記述しているかが重要な評価基準となる。例えばコーチング学研究で行われる「事例研究」は，研究結果をすべての人に一般化することは難しく，研究結果を自らの状況

表 14-4　事例研究と実践報告の実例	
研究例	**内容**
卓越したテニス指導者におけるグラウンドストローク指導の実践知に関する事例研究[18]	テニスの戦術に役立つと思われるグラウンドストローク指導の実践的なヒントを明らかにするため，国際レベルで活躍した女子テニスプレーヤーを対象に，インタビューを行った。結果として，①「相手に対する戦術的な能力」で個人戦術を評価する，②習得すべきショットの優先順位を明らかにする，③戦術的能力を高めるためには，ゲーム状況を認識したり予測するためのヒントを与える，④技術を身につけるためにはドリル形式の練習を取り入れる，の 4 点の知見が得られた
「ある初心者コーチ」が経験したコーチング開始当初数ヵ月間の学びに関する事例（実践報告）[13]	初心者コーチを対象に，2014 年 4 月から 10 月までの 7 ヵ月にわたって，初心者コーチの学習過程を調査した。結果では，コーチはコーチング実践と省察の一定のプロセスを繰り返し行うことが不可欠であることが明らかになった

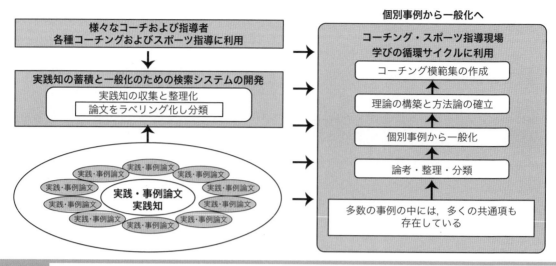

図14-2 事例研究・実践報告の蓄積から一般理論の構築と方法論確立へのフローチャート（文献36より引用）

にあてはめることができる人にしか適用の可能性がないため，外的妥当性は低い。さらに，複数のデータ源を用いることや，データの信頼性と解釈の妥当性を研究対象者に確認すること，データの収集と観察を長期間繰り返すこと，研究結果を研究者間で評価，検証することによって，内的妥当性を高めていく必要性がある。

また，どのような手法や過程，内省を経て得られた調査結果なのかを詳細に明記することで，誰がみても理解できるようにし，さらに行動そのものだけでなく現場の特徴や文脈も含めて明記することで，他の研究者やコーチの実践現場において活用できる有用な知にできる。

5. 具体的な研究事例

ここからは，混合研究の実践例としてアクションリサーチ（Action Research，以下AR）を取り上げて紹介する。

1）定義と意義

ARはLewinによって開発された組織開発のアプローチ方法の１つである[23]。近年，企業や教育現場における組織開発や人材育成，さらには国際開発などにおいて注目されている。中村[24]によると，ARは「社会のあるシステムにおいて現実に起こっていることに対して，目標とする状態の実現に向けての変革を施行した活動が行われるとともに，それらの活動，現場の把握や活動の影響の調査，行動科学の知見の応用や生成を相互に関連させていく実践過程を通しての研究である。その過程においては，参加による民主的な価値観がベースとなることが多く，変革に向けて，研究者と当事者や当事者同士による協働的な実践が，時に，当事者自身が研究者になって実践が展開される」と定義される。本稿ではこの定義を援用する。また，ARはいくつかのタイプに分類される。例えば，Hartらは「実験的」「組織的」「専門的」「エンパワー」の４つに分類している[12]。「実験的」は社会科学の視点が中心となるアプローチ，「組織的」は経営層が外部コンサルタントに依頼して実施する組織変革のアプローチ，「専門的」は教育学や看護学などでみられる専門家による内省的な実践，「エンパワー」は

地域社会開発から派生したボトムアップ的な変化を促進するアプローチである[24]。AR はコーチング領域でもいくつかの先行研究が報告されており，コーチの実践力向上に有効であることが示されてきている[1,8,17]。

2）取り扱うテーマ

コーチング学で AR を用いる際，上記の分類でいうなれば「専門的」なタイプで行われることが多いだろう。本論では研究者自身がコーチであり，自身のコーチングの改善を図る例を紹介する。まず，自身のコーチング

No.	内容
1	ルール，制限の中で選択肢を与える
2	タスクや制限についての根拠を提示する
3	他の人の感情や観点を認める
4	アスリートが主体的かつ自主的に行動する機会を与える
5	制御したフィードバックをしない
6	制御する行動を避ける ・あからさまな制御を避ける ・非難や制御するような発言を避ける ・魅力的なタスクに対して報酬を与えない
7	選手の自我関与を防ぐ

表 14-5　自律性支援行動

（文献 20 を参考に作成）

の改善を図るうえで，どのようなコーチングを行えるようになりたいのか，そのための現状の課題は何かを分析する必要がある。その際，コーチングの参考となる理論的根拠を示すことも必要となる。例えば，Mageau らが提唱する，選手の自律性を高めるためにコーチが取るべき自律性支援行動（autonomy-supportive behavior）[20]（**表 14-5**）や，文部科学省が提唱するグッドコーチに向けた 7 つの提言[7]，さらに日本ラグビーフットボール協会などの各競技団体が提唱するコーチング指針などである。このような理論的根拠から何を選択するかは，自身が現時点で理想とするコーチングを明確にすることで絞り込むことが可能である。そして，その理論的根拠を参考としながら，自身のコーチングの中でどのような部分を改善させたいのかを明確にすることが重要である。具体的には，Questioning スキル[8]や特定のコーチングアプローチスキル[25]などがあげられる。

しかし，中には理想とするコーチングが定まっていないコーチや，自身のコーチングの中で改善させたい部分が明確になっていないコーチもいるだろう。その場合は，AR の初期段階で自身のコーチングの改善点を洗い出すという段階を踏むことも 1 つの選択肢である。

また，AR を進めていくうちに，自身が改善させたい部分が変わる可能性も考慮しておくべきである。コーチング現場は混沌としており，構造化された即興の連続であるため[6]，コーチは常にその場の文脈に適した対応を求められている。コーチが自分だけの理想にとらわれていては，せっかくのコーチの学びが結果に繋がらず，逆にマイナスに作用することも考えられる。したがって，AR は研究室のみで完結せず，常に実践現場の文脈を念頭に置きながら進めなくてはならない。

3）手順と協力者

AR は反復的なサイクルで継続的に取り組まれることが多い。いくつかの手順があるが，中村[24]を参考に AR の反復サイクルを**図 14-3** に示す。

これらの一連の流れは，研究者であり実践者でもある当事者が行うが，研究をともに進める協力者も存在する。日本体育大学大学院体育学専攻コーチング実践学学位プログラムでは，コーチング学の専門家（Academic Supervisor：AS），競技の専門家（Master Coach：MC），批判的な助言ができる他コーチ（Critical Friend：CF）らに研究を進めていく協力者としてチームに加わってもらい，専門的および客観的な視点を提供してもらうようにしている[9]。これらは，自身が置かれている文脈によって，人数や誰に協力してもらうかを選定する必要がある。また，AR の利点として，これら協

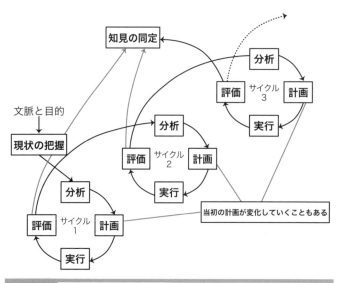

力者からの視点を取り入れながら，研究者が省察を行えることがあげられる（**図 14-4**）。自身ができていないことに気づいていない状態のことを無意識的無能（unconscious incompetence）と呼ぶが[21]，この状態では自身の実践力を意識的に向上させていくことはきわめて困難である。AR によって他者とかかわることによって自身の盲点に気づき，無意識的無能の状態から意識的無能（conscious incompetence）の状態になる可能性を高めることができるのである。他者の視点を取り入れることはイノベーションにも欠かせない。イノベーションとは既存のもの同士を掛け合わせることで新しいものを生み出すことであるが，自身が知っている範囲のみのことを安易に掛け合わせるだけでは，中長期的にイノベーションは枯渇する。コンピテンシー・トラップ[14]と呼ばれるこの状態を回避するためにも，他者の視点を得られる環境を作為することが重要である。

図 14-3 アクションリサーチを説明する図（文献 28 を参考に作成）

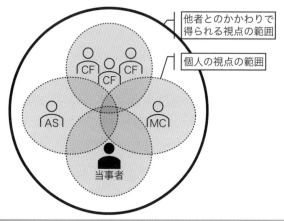

図 14-4 アクションリサーチにおける当事者（＝研究者・実践者）と協力者の関係図。AS：アカデミックスーパーバイザー，MC：マスターコーチ，CF：クリティカルフレンド

4）データの取得

　AR ではコーチが行った様々なアクション（言動）に関するデータの取得を行う。これまでに様々な研究の具体例をみてきたが，それらのすべてがここでのデータになりうるといっても過言ではない。目的とした行動によって必要とされるデータは異なるが，コーチング行動の改善を主眼とした場合，コーチング行動を記録したビデオ映像と音声データ，フィールドノーツ，協力者らと行うミーティング中の発言内容などが中心となるだろう。

　また，取得されたデータなどに関しては内的妥当性を確保することが重要である。そのためには，前述した AS ら研究の協力者と何度も互いの解釈をすり合わせ，共通の認識を得ること必要である。

5）アクションリサーチの実践例
(1) 文脈

　私立中高一貫女子校の硬式テニス部であり，部員数は 50 名，活動頻度は週 4 ～ 5 回である。実践者であるコーチは日本体育大学大学院で学ぶ女性コーチ A であり，プロフェッショナルプレーヤーとして活動した後，大学院にてコーチング学を学んでいた。

(2) テーマと協力者

　コーチ A はコーチングに関する様々な書籍や論文を読み，理想とするコーチ像を構築した。特に参考としたのは自律性支援行動であった。

　次に，研究の協力者を得た。AS として，コーチ A の大学院における指導教員でありコーチング学を専門とする大学院教員 1 名，MS として，テニスの専門家として普段からコーチ A に助言を与え

表14-6　日本体育大学大学院コーチング学専攻で使用したアクションリサーチ評価シート

Issue Setting（課題）	Action Plan（行動計画）	Action（行動）	Reaction（反応）	Reflection-in-action（行動中の省察）	Reflection-on-action（行動後の省察）	Retrospective-reflection-on-action（回顧的な省察）	Evaluation（評価）
互いに教え合う環境づくり	オーナーシップを持たせながら教え合うように促しをする	他の生徒のプレーを参照しながらのアドバイスや，他の生徒に聞きに行かせる促しをした	興味を持って聞いていた。聞きに行きそうな感じではなかった	どちらも教え合いに繋がる気がしない	教え合いに続くような促しをするべきだった	もっと時間をかけて促して行ってよいのではないか	互いに教え合う環境をつくることに関しては最初よりかなりうまく行きつつある

互いに教え合う環境をつくるということを強調しすぎて放任になっている

声かけが言い放しになる時がある。不満は目標に反している

上級生のエゴが出ている

教えつつ生徒の学びを阻害しないで学ぶ力をつけていく促し

生徒は教え方を知らないので，教え方のオプションを持たせてあげることが必要

安全面の問題はなくなった |
| | | 似たプレースタイルのグループ分けをした | 不満続出 | 不満に対してよい声かけができなかった | 唐突すぎた。説明不足 | 不満の理由にスジがないので説明したうえで実施するべき | |
| | | グループの上級生に練習メニューを考えさせた | 練習メニューは作ってきた。難しいといっていたが自分のメニューができるのは楽しそうだった | 取り組みが積極的になったが，下級生はやらされているだけのように感じる | よかったと思うが，もっと下級生を巻き込める方法を考えたい | これを実施したらおもしろいと思えるようなものにする。トライし続けるべき行動である | |
| | | 直接的に教え合うように声かけをした | 教えるようになった

上級生が下級生に教える場を作りたいと申し出てきて実践した | 上級生が教える気になってきていると判断し，実施させた。下級生に教えているところでのファシリテートが難しい | 直接いえば伝わることがわかった。教え合いをできる環境を考え，設定していく必要がある | 互いに教え合うことを生徒に促しているが，なぜ教え合わないといけないのかが伝わっておらず，生徒を納得させるものがないのではないか | |
| | | 球出しの立ち位置を変更した | スムースに行えていた | 球出しの立ち位置を変えることで安全になった。ゲームとかけ離れることなく練習を開始できた | 球出しの立ち位置や方法を変えるだけでよくなった | メニュー内容や球出しにより，練習の意味がなくなってしまうことがないよう工夫していくべき | |

るコーチ 1 名，CF として，コーチ A と同じく大学院でコーチング学を学んでいる他種目を専門とする友人 3 名を，研究の協力者とした。

(3) 実行とデータの取得

コーチ A の指導現場におけるコーチング風景をビデオで録画し，ワイヤレスマイクを使用して音声を録音した。録音した音声はすべて文字起こしを行った。これらの録画映像と逐語データを研究協力者らと視聴し，コーチ A の目指すコーチ像と照らし合わせながら，コーチングの改善点を分析し，改善するための対策を案出した。

その後，実践現場で約 1 ヵ月かけて行動の修正を行い，実践した具体的な内容と，プレーヤーの反応を記録した。また，改善に向けたコーチングに対して 3 つの段階で省察を行った。すなわち，実践している最中に行った行動内省察，行動が終わってから行った行動後省察，研究協力者らと映像などを視聴しながら行った回顧的省察であった。

これらの情報は Gilbert らのスポーツコーチの省察モデル[10]を参考にして独自に作成した AR 評価シート（**表 14-6**）に逐次記入し，研究協力者らと内容を精査しながら共通の認識を構築した。

これら以外にも，コーチの行動変容に伴うプレーヤーの変化をまとめたデータも活用できる。例えば，録画映像や録音音声などからプレーヤーの反応を抜き出して変化を分析することや，フィールドノーツとしてコーチ自身や協力者がプレーヤーの反応を逐次記録することなどが考えられる。また，コーチとアスリート間の人間関係を図る CART-Q[16]などの様々な尺度を用いて，質問紙による調査を行うことも有効である。

6) アクションリサーチの応用

今回は日本体育大学大学院体育学専攻コーチング実践学学位プログラムで行った例を紹介したが，AR は学部での卒業論文としても実施することは十分に可能である。例えば，自らの競技力向上を目指した実践プロジェクトを題材とするなどである。ただし，実施するにあたっては学術的・理論的背景に基づいた AR を行う必要があるため，指導教員らと綿密な打ち合わせを行い，先行研究の調査や研究計画の策定を適切に実施すべきである。

6. 研究例

コーチング学的研究手法を用いた研究要旨の一例を以下に示す。

研究例（サンプル）

中高一貫校のテニス部を対象とし
選手のパーソナルアセット向上を目指したアクションリサーチ

【目　的】

スポーツにおいてパフォーマンスの向上だけでなく，スポーツに参加し続けることや人間的な成長（以下 3P's）が結果として求められている。コーチはこれらの結果にアスリートを結びつけていく必

要がある。効果的なコーチングとは，アスリートの有能さ，自信，関係性，人間性といわれるパーソナルアセットを向上させることであると定義されている。以上のことから，コンテキストに合わせてアスリートのパーソナルアセットを向上させることに焦点をあてながら 3P's を達成させることが効果的なコーチングであるといえる。

　3P's を達成させるためにコーチが実施できることは，スポーツ活動において，アスリートのパーソナルアセット向上を目指しながら，多様な活動への参加，質の高い人間関係，適切な環境設定などの動的な要素に働きかけていくことであり，それにより 3P's が自然と達成されていく。よってこの 3 つの動的な要素によりよい働きかけをしていくことがコーチにとって重要な役割であると考えられる。また効果的なコーチングを実施するために必要なコーチの知識の中には，個人内の知識がある。これは，コーチが自らの実践（行動）を理解し省察する能力のことである。さらに，優れたコーチは省察の時間を自らの成長の時間として使っていることが明らかになっている。これらのことから，コーチは効果的なコーチングを実施するために省察を行い成長していく必要があるといえるだろう。

　以上のことを踏まえ，本研究ではコーチが実践を通じて省察を行い，動的な要素にうまく働きかけをしていくことにより，自身のコーチング能力を向上させることで，生徒のパーソナルアセット向上を目指すことを目的とした。

【方　法】

　本研究では省察を行いながらコーチング能力を向上させる方法として，アクションリサーチ（以下：AR）を取り入れた。計画・行動・観察・省察を繰り返し行う AR スパイラルの方法を採用し，2022 年 1 月 1 日から 12 月 31 日までの 365 日間で，1 ヵ月 1 サイクル，計 12 サイクル実施した。対象のコーチは中高一貫女子校のテニス部にコーチとして務めている筆者であり，コーチング対象は，筆者がコーチングしているテニス部に所属する生徒 44 名であった。

　AR のサイクルを回していく最初の取り組みとして，プレ AR を実施した。ビデオカメラを用いて筆者が行っているありのままのコーチングの様子を記録した。これらの記録したデータを使用し，コーチング学の専門家としてコーチング行動に対し理論的にアドバイスをするアカデミックスーパーバイザー，テニスの専門家としてテニスの技術や練習メニューなどに対してアドバイスをくれるマスターコーチ，筆者と同じ立場から遠慮なくポジティブかつ批判的に意見をするクリティカルフレンドとともにミーティングを行った。このミーティングの様子もビデオカメラと IC レコーダーで記録し，その内容の文字起こしを行い，データとして活用した。

　さらによりシステマチックに省察を行うことが可能な省察シートを開発し，それを活用した。

【結　果】

　AR の結果の一例を**表 1**（本文の表 14-6 を参照）に示した。それぞれのサイクルにおいて，AR 参加者から，選出された課題に対してよくなっているという評価を得た。また，12 サイクルを通して生徒の様子も互いに教え合う様子が自然とみられるようになってきたという評価を得た。

【考察と結論】

　本研究では AR を実施し，AR 参加者から理論的な指摘や評価を受け，筆者自ら省察を行ったことでコーチング能力を向上させることができたのではないかと考えられる。またこれによりコーチであ

る筆者のコーチング行動が変化したことで，生徒の行動にも変化がみられ，有能さや自身に向上がみられた。本研究の限界としてパーソナルアセットすべてが向上したわけではなかった。そのため今後もARを継続し，さらにコーチング能力を向上させていく必要がある。

7. 課 題

1）コーチング学研究ではどのようなテーマ・研究手法が扱われているか述べなさい。

2）アクションリサーチの目的と手順について述べなさい。

3）自身がアクションリサーチをこれから行うと仮定し，スポーツに関係する自らの行動について省察し，改善するべき点をあげなさい。

参考文献

1) Ahlberg M, Mallett C, Tinning R: Developing autonomy supportive coaching behaviors: an action research approach to coach development. International Journal of Coaching Science, 2(2): 1-20, 2008.

2) 會田　宏：コーチの学びに役立つ実践報告と事例研究のまとめ方．コーチング学研究，27(2): 163-167, 2014.

3) Biddle S: Current trends in sport and exercise psychology research. The Psychologist: Bulletin of the British Psychological Society, 10 (2): 63-69, 1997.

4) Callary B, Gearity B: Coach Education and Development in Sport: Instructional Strategies, Routledge, Abingdon, 2020.

5) Creswell JW: Qualitative Inquiry and Research Design: Choosing Among Five Approaches, Sage Publications, Thousand Oaks, 2007.

6) Cushion C: Modelling the complexity of the coaching process. International Journal of Sports Science & Coaching, 2: 427-433, 2007.

7) Dodds P, Placek JH: Silverman's RT-PE review: too simple a summary of a complex field. Res Q Exerc Sport, 62: 365–368, 1991.

8) 藤野健太，和田博史，山内　亮 他：アクションリサーチを用いた Questioning スキルの熟達―ストレングス＆コンディショニングコーチに着目して．体育学研究，62: 187-201, 2017.

9) Gilbert WD, Trudel P: Analysis of coaching science research published from 1970-2001. Res Q Exerc Sport, 75: 388-399, 2004.

10) Gilbert WD, Trudel P: Learning to coach through experience: reflection in model youth sport coaches. Journal of Teaching in Physical Education, 21: 16-34, 2001.

11) Bloom GA, Crumpton R, Anderson JE: A systematic observation study of the teaching behaviors of an expert basketball coach. The Sport Psychologist, 13: 157-170, 1999.

12) Hart E, Bond M: Action Research and Social Care: A Guide to Practice, Open University Press, Buckingham, 1995.

13) 林　陵平，金井　瞳，図子浩二：" ある初心者コーチ " が経験したコーチング開始当初数ヵ月間の学びに関する事例―大学跳躍チームのアシスタントコーチ経験を省察することからみえる初心者コーチの学び．コーチング学研究，29: 229-238, 2016.

14) 伊藤雅充：日本体育大学大学院コーチング学系に所属する大学院生コーチが修士論文を執筆することの意義．日本体育大学紀要，45: 39-52, 2015。

15) Johnson RB, Onwuegbuzie AJ, Turner LA: Toward a definition of mixed methods research. Journal of Mixed Methods Research, 1 :112-133, 2007.

16) Jowett S, Ntoumanis N: The coach-athlete relationship questionnaire (CART-Q): development and initial validation. Scand J Med Sci Sports, 14: 245-257, 2004.

17) Kidman L, Lombardo BJ: Athlete-Centred Coaching: Developing Decision Makers, 2nd edition, IPC Print Resources, Worcester, pp.201-228, 2010.

18) 北崎悦子，會田　宏：卓越したテニス指導者におけるグランドストローク指導の実践知に関する事例研究―ショットのコンビネーションに着目して．コーチング学研究，33: 175-183, 2020.

19) Lyle J: Sports Coaching Concepts: A Framework for Coaches' Behaviour, Routledge, London, 2002.

20) Mageau GA, Vallerand RJ: The coach–athlete relationship: a motivational model. Journal of Sports

Sciences, 21, 883-904. 2003.

21) 文部科学省：グッドコーチに向けた「7つの提言」．http://www.mext.go.jp/b_menu/houdou/27/03/__icsFiles/afieldfile/2015/03/13/1355873_1.pdf（2021年10月15日参照）

22) 村木征人：コーチング学研究の小史と展望．コーチング学研究，24: 1-13, 2010.

23) 中原　淳，中村和彦：組織開発の探究―理論に学び，実践に活かす，ダイヤモンド社，東京，pp.142-145, 2018.

24) 中村和彦：アクションリサーチとは何か？．人間関係研究　南山大学人間関係研究センター紀要，7: 1-25, 2008.

25) 日本ラグビーフットボール協会：World Rugby Coaching style, https://99292875-899b-4e4c-b756-888f6602ded4.filesusr.com/ugd/21408f_2dbdb672ad1b4d77a1ccecb852a5e22e.pdf（2021年10月22日参照）

26) 野中俊英，根本　研，伊藤雅充：伝統ある大学女子バレーボールチームのデリバレット・プラクティスを妨げる‘シゴト’．日本体育大学紀要，50: 1121-1131, 2021.

27) 佐良土茂樹：「コーチング哲学」の基礎づけ．体育学研究，63: 547-562, 2018.

28) Silverman S, Skonie R: Research on teaching in physical education: an analysis of published research. Journal of Teaching in Physical Education, 16: 300-311, 1997.

29) 山口　香，岡田弘隆，増地克之 他：日本における高校柔道部員とコーチ間の人間関係の検討―CART-Qを用いて．筑波大学体育系紀要，38: 59-67, 2015.

30) 図子浩二：体育方法学研究およびコーチング学研究が目指す研究のすがた．コーチング学研究，25: 203-209, 2012.

付録 1
体育・スポーツ学における測定とレポート作成の基礎

編集：

日本体育大学体育研究所

目　次

体育・スポーツ学における測定とレポート作成の基礎

鈴川　一宏，大石　健二，向本　敬洋

1. 形　態

　形態の測定は，身体を測定するうえで最も基本的かつ重要な項目である。形態の発育は，常に身体の諸機能の発達に伴っていくため，身体機能の発育・発達と関連的に検討することが望ましい。

　形態の測定法は以下の 4 つに大別することができる。

1.　長育（からだの長さを表わすもの。骨の長さに関連。身長）
2.　周育（各部のまわりの長さ。周径囲）
3.　幅育（からだの正面または側面からみた長さ。周育に含む場合もある）
4.　量育（からだの重さに関するもの。体重）

1）身　長

　人間が直立したときの床面から頭頂部までの垂直最大距離。身体発育の最も基本的な長育の発育指標である。身長は，朝が大きく夜は小さくなる。測定時間は，午前 10 時頃がよい。

(1) 測定器

1.　身長計（伸長式または固定式のもの，デジタル式）

(2) 測定手順

1.　被測定者を裸足で台座上に直立させる（両足先は 30〜40°開かせる）。
2.　背中を支柱の中央に位置させ，両踵，後背部，臀部をつける。
3.　膝は伸ばし，腹部を引いて背・腰椎の湾曲をなくし，胸を張らない。
4.　両手（掌）を内側にして，大腿部の両側につける。
5.　頸椎を伸ばして，頭部を支柱に軽くつけてまっすぐにする。
6.　耳と目の線を水平に保つようにさせる（耳眼水平位）（図 B-1）。
7.　カーソルを頭頂部まで静かにおろして，目盛りを読む。
8.　単位は cm で表示し，小数第 1 位までを記録する。

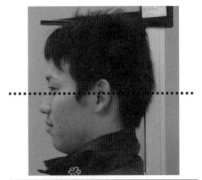

図 B-1　身長の測定

（3）測定上の注意

1. 目盛りを読むときは，測定者の目の高さがカーソルの底辺と身長計の目盛りが，水平になるようにする（補助椅子などを使用するとよい）。
2. マルチン人体測定器で測定する場合は，被測定者を壁の前に立たせ，測定器を被測定者の前で垂直に保つように注意して測定する。

2）体　重

　身体の発育や量育を総括して表わす最も基本的な指標である。身長に比べて，後天的な環境の影響を受けやすく，健康管理上，有効な指標として適用することができる。体重は，食後1〜2時間後がほぼ平均値を示すといわれ，午前10時頃に計測するのが望ましい。

（1）測定器

1. 自動体重計（バネ式・デジタル式）
2. 台秤（天秤式）体重計

（2）測定手順

1. 計測器の（メーター）の指針を基点（0 kg の位置）に修正する。
2. 体重計は，動かないように水平に置く。
3. 被測定者は，最小限の薄着になる（男子はパンツのみ）のが望ましいが，着衣の重量を計測値から差し引いて補正してもよい。
4. 被測定者は静かに台上の中央に立ち，身体を動かさないようにし，体重計の指針が停止したときの目盛りを読みとる。
5. 測定者は計器盤と指針と交差する位置を正面，または真上から読む。
6. 単位は kg で表示し，100 g 単位までを記録する。

（3）測定上の注意

1. 原則としては裸体で測定するのが望ましい。
2. 測定の約1時間前からの飲食は避け，測定前に排尿・排便をすませる。
3. 合宿時，あるいは計画的なトレーニング期間中など，毎日測定する場合には朝食前がよい。
4. 体重計測前には，必ず体重計の検定を行うことが必要である。
5. 天秤形式を使用することが最も望ましいが，バネ式の体重計では検定とともに，体重計に乗る位置が一定になるよう，足形などを描いて，立つ位置を明示しておく必要がある。

〈BMI（Body Mass Index：体格指数）〉

BMI＝体重（kg）÷身長（m）^{2}

標準体重（kg）＝22×身長（m）^{2}

例：身長 175.0 cm，体重 70.0 kg の場合

BMI＝70.0 kg÷1.750（m）^{2}＝70.0 kg÷1.750 m÷1.750 m＝22.9

標準体重（kg）＝22×1.75（m）^{2}＝67.4

3) 体脂肪率

身体組成を評価する際には，体重や BMI，肥満度だけでなく，身体内部における脂肪や筋の量などの質的な評価が重要である。体脂肪率の測定によって日頃の栄養状態を把握することができるため，健康管理上，有効な指標として適用することができる。また，体脂肪は生体が健常に機能するには必要不可欠な組織であるが，過剰蓄積された場合は，高血糖や高血圧，脂質異常症をはじめとするメタボリックシンドロームや動脈硬化の増悪因子になる可能性がある。ここでは，簡易的かつ非侵襲的に測定できる生体インピーダンス法と皮下脂肪厚法（キャリパー法）を用いた体脂肪率の測定法について述べる。

①生体インピーダンス法

体内の電気抵抗値が，電解質を多く含む体水分と脂肪組織とでは異なることから，生体インピーダンス法は，微弱な電流を身体に流して，その抵抗値を推定式に当てはめて体脂肪率などを推定する方法である。各種測定計が市販されており，簡便ではあるが，体水分量の影響を受けやすいため，測定時間などの条件を一定にして測定する必要がある。

（1）測定器

1. 生体インピーダンス法体組成計

（2）測定手順

1. 測定器を硬く平らな所に置く。
2. 被測定者は，最小限の薄着になる（男子はパンツのみ）のが望ましいが，着衣の重量を測定器から差し引いて補正してもよい。
3. 被測定者は測定器の両側面にあるグリップ電極をすべての指が電極部にかかるようにしっかり持って，素足で静かに台上の左右のつま先側とかかと側の電極板に立つ。両腕は曲げずに自然な状態でグリップ電極を持ち，脇と腕は若干あけておく（**図 B-2**）。
4. 測定時は身体を動かさないようにする。
5. 測定値はパーセント（%）で表示され，小数点第 1 位までの値を記録する。

（3）測定上の注意

1. 原則としては裸体で測定するのが望ましい。
2. 測定の約 1 時間前からの飲食は避け，測定前に排尿・排便をすませる。
3. 合宿時，あるいは計画的なトレーニング期間中など，毎日測定する場合には朝食前がよい。

（4）次の場合，正常な測定ができないため注意する

1. 靴下やタイツなどを履いていたり，掌や足の裏にゴミやホコリなどがついている場合。

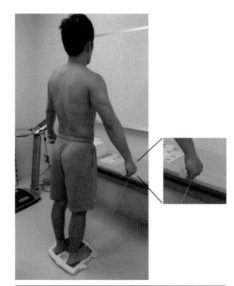

図 B-2　生体インピーダンス法

【男性】	10%	20%	30%	40%
18～39歳	5 6 7 8 9 10 11 12 13 14 15 16 17 18 19	20 21 22 23 24 25 26 27 28 29	30 31 32 33 34 35 36 37 38 39	40 41 42 43 44 45
40～39歳	5 6 7 8 9 10 11 12 13 14 15 16 17 18 19	20 21 22 23 24 25 26 27 28 29	30 31 32 33 34 35 36 37 38 39	40 41 42 43 44 45
60歳以上	5 6 7 8 9 10 11 12 13 14 15 16 17 18 19	20 21 22 23 24 25 26 27 28 29	30 31 32 33 34 35 36 37 38 39	40 41 42 43 44 45
【女性】				
18～39歳	5 6 7 8 9 10 11 12 13 14 15 16 17 18 19	20 21 22 23 24 25 26 27 28 29	30 31 32 33 34 35 36 37 38 39	40 41 42 43 44 45
40～39歳	5 6 7 8 9 10 11 12 13 14 15 16 17 18 19	20 21 22 23 24 25 26 27 28 29	30 31 32 33 34 35 36 37 38 39	40 41 42 43 44 45
60歳以上	5 6 7 8 9 10 11 12 13 14 15 16 17 18 19	20 21 22 23 24 25 26 27 28 29	30 31 32 33 34 35 36 37 38 39	40 41 42 43 44 45

□やせ　■−標準　■＋標準　■軽肥満　■肥満

図 B-3　体脂肪率判定表（全身）
WHO と日本肥満学会の肥満判定に基づき，DXA 法（二重エネルギー X 線吸収法）のデータより作成。

2. かかとの表面が固い（角質層）状態の場合。

3. 多量の発汗後（サウナや長湯，激しい運動の後）。

4. 脇と腕，足の内側（内腿）がついている場合

②皮下脂肪厚法（キャリパー法）

　皮下脂肪厚法（キャリパー法）は，皮下脂肪厚と身体密度との間には高い相関関係にあることから，数ヵ所の皮下脂肪厚から身体密度を推定し，体脂肪率を算出する方法である。この方法は測定精度によって若干数値が異なる可能性があるため，同種の測定器を用いて，同じ測定部位を，できれば同じ測定者が計測することが望ましい。

（1）測定器

1. キャリパー（栄研式皮下脂肪計）

（2）測定手順

1. キャリパーのつまむ圧力を一定圧（10 g/mm²）に調節する。**図 B-4** のようにキャリパーを左手で持ち，接点がやや上向きでアームが垂直になるように保持し，アーム先端の穴に 200 g の重りを下げる。このとき，下側アームのつけ根と接点とが水平で指針が目盛板の朱書の範囲内 15〜25 mm（日本人の平均皮厚）を指すように圧力補正つまみをまわして調整する。

2. 被測定者を直立させる。

3. 測定部位（2 点法）（**図 B-5**）
   ①上腕背部：肩峰突起と肘頭の中間点に当たる上腕背部を長軸に対して平行につまむ。
   ②肩甲骨下部：肩甲骨下端の直下を脊柱より肩甲骨下点に向かって斜め下方（45°）につまむ。
   ※中高年齢者およびスポーツ選手には，腹部（へその横を縦につまむ）を足して 3 点で推定することが一般的である。

4. 測定点をよく確認し，測定点から 1 cm 離れた位置を広く深く脂肪層を十分につまみ上げ，測定点をキャリパーで挟んで測定する。

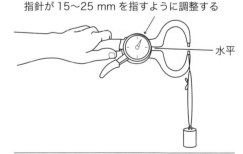

指針が 15〜25 mm を指すように調整する

水平

図 B-4　キャリパーの調節

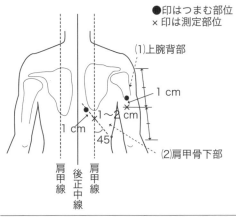

●印はつまむ部位
×印は測定部位

(1)上腕背部

1 cm

1～2 cm

1 cm

45

(2)肩甲骨下部

肩甲線　後正中線　肩甲線

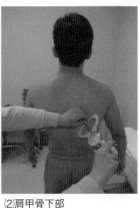

(1)上腕背部　　　　　　　(2)肩甲骨下部

図 B-5　キャリパーによる皮下脂肪厚の測定法

5.　数値の読み取りは，キャリパーに一定圧がかかった後 2 秒以内に行い，測定を何度か繰り返して数値を確かめる。

6.　数値は mm で表示し，0.5 mm 間隔で読み取る。2 ヵ所の数値の和を以下の推定式に代入し，体脂肪率を算出する。

7.　算出式〔体表面積（m²）の算出→身体密度（D）の算出→体脂肪率（%）の算出〕

　2 点法：皮下脂肪厚（mm）＝上腕背部（mm）＋肩甲骨下部（mm）

　　　　　体表面積（cm²）＝72.46×身長（cm）$^{0.725}$×体重（kg）$^{0.425}$……これを（m²）にする。

　　　　　体表面積（m²）＝体表面積（cm²）÷10,000（**表 B-1** の換算表参照）

　　　　　X'＝皮下脂肪厚（mm）×体表面積（m²）÷体重（kg）×100

　　　　　身体密度（D）＝1.0923－0.000514X'（長嶺と鈴木, 1964）

　　　　　体脂肪率（%）＝（4.570/D－4.142）×100（Brozek, 1963）

　　　　　除脂肪体重（kg）＝体重（kg）×（100－体脂肪率（%））÷100

　　例：皮下脂肪厚 17 mm（上腕背部 8 mm，肩甲骨下部 9 mm），身長 170 cm，体重 60 kg

　　　　　体表面積（cm²）：72.46×170（cm）$^{0.725}$×60（kg）$^{0.425}$＝17095.75

　　　　　体表面積（m²）：17,095.75÷10,000＝1.709575

　　　　　X'：17（mm）×1.709575（m²）÷60（kg）×100＝48.43795

　　　　　身体密度（D）：1.0923－0.000514×48.43795＝1.067403　　（長嶺と鈴木, 1964）

　　　　　体脂肪率（%）：（4.570/1.067403－4.142）×100＝13.9（%）　　（Brozek, 1963）

　　　　　除脂肪体重（kg）：60（kg）×（100－13.9（%））÷100＝51.7（kg）

【**参考**】

　　3 点法：皮下脂肪厚（mm）＝上腕背部＋肩甲骨下部＋腹部

　　　　　体表面積（cm²）＝72.46×身長（cm）$^{0.725}$×体重（kg）$^{0.425}$……これを（m²）にする。

　　　　　体表面積（m²）＝体表面積（m²）÷10,000

　　　　　X'＝皮下脂肪厚（mm）×体表面積（m²）÷体重（kg）×100

　　　　　身体密度（D）＝1.0925－0.000297X'（長嶺と鈴木, 1964）

　　　　　体脂肪率（%）＝（4.570/D－4.142）×100（Brozek, 1963）

表 B-1 身長と体重による体表面積換算表（単位：m²）

身長 (cm)	体重 (kg)																														
	40	42	44	46	48	50	52	54	56	58	60	62	64	66	68	70	72	74	76	78	80	82	84	86	88	90	92	94	96	98	100
140	1.25	1.29	1.30	1.33	1.35	1.37	1.40	1.42	1.44	1.46	1.49	1.51	1.53	1.55	1.57	1.59	1.60	1.62	1.64	1.66	1.68	1.70	1.71	1.73	1.75	1.76	1.78	1.80	1.81	1.83	1.85
142	1.26	1.29	1.32	1.34	1.36	1.39	1.41	1.43	1.46	1.48	1.50	1.52	1.54	1.56	1.58	1.60	1.62	1.64	1.66	1.68	1.70	1.71	1.73	1.75	1.77	1.78	1.80	1.82	1.83	1.85	1.86
144	1.28	1.30	1.33	1.35	1.38	1.40	1.43	1.45	1.47	1.49	1.52	1.54	1.56	1.58	1.60	1.62	1.64	1.66	1.68	1.69	1.71	1.73	1.75	1.77	1.78	1.80	1.82	1.83	1.85	1.87	1.88
146	1.29	1.32	1.34	1.37	1.39	1.42	1.44	1.46	1.49	1.51	1.53	1.55	1.57	1.59	1.61	1.63	1.65	1.67	1.69	1.71	1.73	1.75	1.77	1.78	1.80	1.82	1.84	1.85	1.87	1.89	1.90
148	1.30	1.33	1.36	1.38	1.41	1.43	1.45	1.48	1.50	1.52	1.55	1.57	1.59	1.61	1.63	1.65	1.67	1.69	1.71	1.73	1.75	1.77	1.78	1.80	1.82	1.84	1.85	1.87	1.89	1.90	1.92
150	1.31	1.34	1.37	1.39	1.42	1.44	1.47	1.49	1.52	1.54	1.56	1.58	1.60	1.63	1.65	1.67	1.69	1.71	1.73	1.75	1.76	1.78	1.80	1.82	1.84	1.85	1.87	1.89	1.91	1.92	1.94
152	1.33	1.35	1.38	1.41	1.43	1.46	1.48	1.51	1.53	1.55	1.58	1.60	1.62	1.64	1.66	1.68	1.70	1.72	1.74	1.76	1.78	1.80	1.82	1.84	1.85	1.87	1.89	1.91	1.92	1.94	1.96
154	1.31	1.37	1.39	1.42	1.45	1.47	1.50	1.52	1.55	1.57	1.59	1.61	1.64	1.66	1.68	1.70	1.72	1.74	1.76	1.78	1.80	1.82	1.84	1.85	1.87	1.89	1.91	1.93	1.94	1.96	1.98
156	1.35	1.38	1.41	1.43	1.46	1.49	1.51	1.54	1.56	1.58	1.61	1.63	1.65	1.67	1.69	1.72	1.74	1.76	1.78	1.80	1.82	1.83	1.85	1.87	1.89	1.91	1.93	1.94	1.96	1.98	2.00
158	1.36	1.39	1.42	1.45	1.47	1.50	1.53	1.55	1.57	1.60	1.62	1.64	1.67	1.69	1.71	1.73	1.75	1.77	1.79	1.81	1.83	1.85	1.87	1.89	1.91	1.93	1.94	1.96	1.98	2.00	2.01
160	1.38	1.41	1.43	1.46	1.49	1.51	1.54	1.56	1.59	1.61	1.64	1.66	1.68	1.70	1.72	1.75	1.77	1.79	1.81	1.83	1.85	1.87	1.89	1.91	1.93	1.94	1.96	1.98	2.00	2.02	2.03
162	1.39	1.42	1.45	1.47	1.50	1.53	1.55	1.58	1.60	1.63	1.65	1.67	1.70	1.72	1.74	1.76	1.78	1.80	1.82	1.85	1.87	1.89	1.90	1.92	1.94	1.96	1.98	2.00	2.02	2.03	2.05
164	1.40	1.43	1.46	1.49	1.51	1.54	1.57	1.59	1.62	1.64	1.66	1.69	1.71	1.73	1.76	1.78	1.80	1.82	1.84	1.86	1.88	1.90	1.92	1.94	1.96	1.98	2.00	2.02	2.03	2.05	2.07
166	1.41	1.44	1.47	1.50	1.53	1.56	1.58	1.61	1.63	1.66	1.68	1.70	1.73	1.75	1.77	1.79	1.82	1.84	1.86	1.88	1.90	1.92	1.94	1.96	1.98	2.00	2.02	2.03	2.05	2.07	2.09
168	1.43	1.46	1.49	1.51	1.54	1.57	1.59	1.62	1.65	1.67	1.69	1.72	1.74	1.77	1.79	1.81	1.83	1.85	1.87	1.89	1.92	1.94	1.98	1.98	1.99	2.01	2.03	2.05	2.07	2.09	2.11
170	1.44	1.47	1.50	1.53	1.55	1.58	1.61	1.63	1.66	1.69	1.71	1.73	1.76	1.78	1.80	1.83	1.85	1.87	1.89	1.91	1.93	1.95	1.99	1.99	2.01	2.03	2.05	2.07	2.09	2.11	2.12
172	1.45	1.48	1.51	1.54	1.57	1.60	1.62	1.65	1.67	1.70	1.72	1.75	1.77	1.80	1.82	1.84	1.86	1.88	1.91	1.93	1.95	1.97	1.99	2.01	2.03	2.05	2.07	2.09	2.11	2.12	2.14
174	1.46	1.49	1.52	1.55	1.58	1.61	1.64	1.66	1.69	1.71	1.74	1.76	1.79	1.81	1.83	1.86	1.88	1.90	1.92	1.94	1.96	1.99	2.01	2.03	2.05	2.07	2.09	2.10	2.12	2.14	2.16
176	1.48	1.51	1.54	1.57	1.59	1.62	1.65	1.68	1.70	1.73	1.75	1.78	1.80	1.83	1.85	1.87	1.89	1.92	1.94	1.96	1.98	2.00	2.02	2.04	2.06	2.08	2.10	2.12	2.14	2.16	2.18
178	1.49	1.52	1.55	1.58	1.61	1.64	1.66	1.69	1.72	1.74	1.77	1.79	1.82	1.84	1.86	1.89	1.91	1.93	1.95	1.98	2.00	2.02	2.04	2.06	2.08	2.10	2.12	2.14	2.16	2.18	2.20
180	1.50	1.53	1.56	1.59	1.62	1.65	1.68	1.70	1.73	1.76	1.78	1.81	1.83	1.86	1.88	1.90	1.93	1.95	1.97	1.99	2.01	2.03	2.06	2.08	2.10	2.12	2.14	2.16	2.18	2.20	2.21
182	1.51	1.54	1.57	1.60	1.63	1.66	1.69	1.72	1.74	1.77	1.80	1.82	1.85	1.87	1.89	1.92	1.94	1.96	1.99	2.01	2.03	2.05	2.07	2.09	2.11	2.13	2.15	2.17	2.19	2.21	2.23
184	1.52	1.56	1.59	1.62	1.65	1.68	1.70	1.73	1.76	1.78	1.81	1.84	1.86	1.89	1.91	1.93	1.96	1.98	2.00	2.02	2.05	2.07	2.09	2.11	2.13	2.15	2.17	2.19	2.21	2.23	2.25
186	1.54	1.57	1.60	1.63	1.66	1.69	1.72	1.74	1.77	1.80	1.82	1.85	1.88	1.90	1.92	1.95	1.97	1.99	2.02	2.04	2.06	2.08	2.11	2.13	2.15	2.17	2.19	2.21	2.23	2.25	2.27
188	1.55	1.58	1.61	1.64	1.67	1.70	1.73	1.76	1.79	1.81	1.84	1.86	1.89	1.92	1.94	1.96	1.99	2.01	2.03	2.06	2.08	2.10	2.12	2.14	2.16	2.18	2.20	2.23	2.25	2.27	2.28
190	1.56	1.59	1.62	1.66	1.69	1.71	1.74	1.77	1.80	1.83	1.85	1.88	1.90	1.93	1.95	1.98	2.00	2.03	2.05	2.07	2.09	2.12	2.14	2.16	2.18	2.20	2.22	2.24	2.26	2.28	2.30

8. 測定の精度を高めるために

①測定の練習を十分に行うこと。

②計測は可能であれば 2 回行い，数値を確かめること。

③測定部位を正しく決めること。

④キャリパーの圧を頻繁にチェックすること。

4）周径囲

①腹　囲

　腹囲は筋の発達の状態をみることができるとともに，内臓脂肪量と相関するため，内臓脂肪量を評価する際に有用な指標である。また，この項目はメタボリックシンドローム診断のための必須項目であり，日本人では，男性は 85 cm 以上，女性は 90 cm 以上が内臓脂肪蓄積と判定される。測定は食後 2 時間経過した後に行うのが望ましい。

(1) 準　備

1. 巻き尺（メジャー）（スチール製，あるいは化学繊維製）

(2) 測定手順

1. 被測定者は腕を自然に下におろし，直立する。
2. 被測定者は腹部に余計な力が入らないようリラックスする。その後軽く一呼吸した後に測定する。
3. 被測定者に軽く両腕を上げてもらい，へその高さに巻き尺をあてる（**図 B-6**）。
4. 背中や腰に巻き尺が水平に巻かれているか確認する。
5. 測定の際は，普通の呼吸で息を吐いた終わりに目盛りを読み取る。
6. 測定値は cm で表示し，小数第 1 位までを記録する。

(3) 測定上の注意

1. へそが下にある場合，太い部分がへそのあたりでない場合などには，肋骨下縁（肋骨の一番下側）から前上腸骨棘（腸骨両側の出っぱった所）の中点の高さで測定する（**図 B-6**）。
2. 女性の被測定者に対しては，女性が測定するのが望ましい。
3. 測定する際は仕切りのある場所など，外からの視界が遮られたスペースで行うのが望ましい。

②上腕囲・前腕囲

　栄養状態，筋の発達および皮下脂肪厚の状態を把握することができる。

(1) 準　備

1. 巻き尺（メジャー）（スチール製，あるいは化学繊維製）

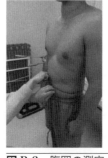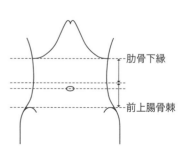

図 B-6　腹囲の測定

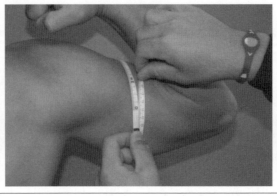

図 B-7 上腕囲・前腕囲の測定

(2) 測定手順（図 B-7）

1. 上腕囲の「伸位」は，腕を下ろした状態で上腕二頭筋の最も太い部分に，メジャーを水平にあてて測定する。
2. 上腕囲の「屈位」は，伸位の状態から，上腕二頭筋を収縮させて肘を強く曲げた状態のときに上腕部の最も太い部分を測定する。
3. 前腕囲は，腕を下げた状態で前腕部の最も太い部分を測定する。
4. 測定値は cm で表示し，小数第 1 位までを記録する。

(3) 測定上の注意

1. 上腕囲の伸位と屈位を計測する場合は，まず伸位を測定し，続けて屈位を測定すると連続して測定することができる。
2. 上腕の外後側は皮下脂肪が軟らかいため，メジャーが食い込まないように注意する。

③大腿囲・下腿囲

　大腿および下腿は筋や皮下脂肪がつきやすく，測定によって栄養状態，筋の発達，皮下脂肪厚の状態を把握することができる。

(1) 測定器

1. 巻き尺（メジャー）（スチール製，あるいは化学繊維製）

(2) 測定手順（図 B-8）

1. 被測定者の両足を 5〜10 cm 開くようにして立たせる。
2. 大腿囲は，大腿の内側の最も太い部分（臀部の下の筋肉が，最も内側に膨らんでいる部分）を計測する。
3. メジャーは，大腿の軸に直角に合わせて周径囲を測定する。
4. 下腿囲は，下腿三頭筋の最も太いところを水平に測定する。
5. 測定値は cm で表示し，小数第 1 位までを記録する。

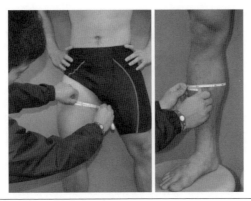

図 B-8 大腿囲・下腿囲の測定

(3) 測定上の注意

1. 大腿囲の場合，衣服がメジャーにかからないように注意する。

2. 大腿囲の測定では，被測定者の外陰部に触れたり，メジャーを臀部に掛けたり，臀溝部に触れないように十分注意する。

3. 足を開くため，下肢が斜めになりやすいので，メジャーを軸に対して直角にまわすよう注意する。

4. 下腿囲などは，測定者の目とメジャーとが水平になりにくいため，被測定者を台の上に立たせたほうがよい。

　次ページからの表に自分たちのデータを記録して，得られたデータをもとに基本統計量を計算してみよう。

	氏名	身長（cm）	体重（kg）	BMI	体脂肪率（%）インピーダンス法	筋肉量（kg）インピーダンス法
1						
2						
3						
4						
5						
6						
7						
8						
9						
10						

	身長（cm）		体重（kg）		BMI		体脂肪率（%）インピーダンス法		筋肉量（kg）インピーダンス法	
	データ x	データ x²	データ x	データ x²	データ x	データ x²	データ x	データ x²	データ x	データ x²
1										
2										
3										
4										
5										
6										
7										
8										
9										
10										
合計	A=	B=	A=	B=	A=	B=	A=	B=	A=	B=
平均値 $\bar{x}$	$\bar{x}=\dfrac{A}{n}=$		$\bar{x}=\dfrac{A}{n}=$		$\bar{x}=\dfrac{A}{n}=$		$\bar{x}=\dfrac{A}{n}=$		$\bar{x}=\dfrac{A}{n}=$	
分散 $(s_x)^2$	$(s_x)^2=\dfrac{B}{n}-\left(\dfrac{A}{n}\right)^2=$		$(s_x)^2=\dfrac{B}{n}-\left(\dfrac{A}{n}\right)^2=$		$(s_x)^2=\dfrac{B}{n}-\left(\dfrac{A}{n}\right)^2=$		$(s_x)^2=\dfrac{B}{n}-\left(\dfrac{A}{n}\right)^2=$		$(s_x)^2=\dfrac{B}{n}-\left(\dfrac{A}{n}\right)^2=$	
標準偏差 s_x	$s_x=\sqrt{(s_x)^2}=$		$s_x=\sqrt{(s_x)^2}=$		$s_x=\sqrt{(s_x)^2}=$		$s_x=\sqrt{(s_x)^2}=$		$s_x=\sqrt{(s_x)^2}=$	

	氏名	上腕背部 (mm) 皮下脂肪厚法	肩甲骨下部 (mm) 皮下脂肪厚法	体脂肪率 (%) 皮下脂肪厚法	除脂肪体重 (kg) 皮下脂肪厚法	腹囲（cm）
1						
2						
3						
4						
5						
6						
7						
8						
9						
10						

	上腕背部 (mm) 皮下脂肪厚法		肩甲骨下部 (mm) 皮下脂肪厚法		体脂肪率 (%) 皮下脂肪厚法		除脂肪体重 (kg) 皮下脂肪厚法		腹囲（cm）	
	データ x	データ x²	データ x	データ x²	データ x	データ x²	データ x	データ x²	データ x	データ x²
1										
2										
3										
4										
5										
6										
7										
8										
9										
10										
合計	A=	B=	A=	B=	A=	B=	A=	B=	A=	B=
平均値 $\bar{x}$	$\bar{x}=\dfrac{A}{n}=$		$\bar{x}=\dfrac{A}{n}=$		$\bar{x}=\dfrac{A}{n}=$		$\bar{x}=\dfrac{A}{n}=$		$\bar{x}=\dfrac{A}{n}=$	
分散 $(s_x)^2$	$\left(s_x\right)^2=\dfrac{B}{n}-\left(\dfrac{A}{n}\right)^2=$		$\left(s_x\right)^2=\dfrac{B}{n}-\left(\dfrac{A}{n}\right)^2=$		$\left(s_x\right)^2=\dfrac{B}{n}-\left(\dfrac{A}{n}\right)^2=$		$\left(s_x\right)^2=\dfrac{B}{n}-\left(\dfrac{A}{n}\right)^2=$		$\left(s_x\right)^2=\dfrac{B}{n}-\left(\dfrac{A}{n}\right)^2=$	
標準偏差 s_x	$s_x=\sqrt{\left(s_x\right)^2}=$		$s_x=\sqrt{\left(s_x\right)^2}=$		$s_x=\sqrt{\left(s_x\right)^2}=$		$s_x=\sqrt{\left(s_x\right)^2}=$		$s_x=\sqrt{\left(s_x\right)^2}=$	

	氏名	上腕囲（右）(伸位)(cm)	上腕囲（右）(屈位)(cm)	前腕囲（右）(cm)	大腿囲（右）(cm)	下腿囲（右）(cm)
1						
2						
3						
4						
5						
6						
7						
8						
9						
10						

	上腕囲（右）(伸位)(cm)		上腕囲（右）(屈位)(cm)		前腕囲（右）(cm)		大腿囲（右）(cm)		下腿囲（右）(cm)	
	データ x	データ x²	データ x	データ x²	データ x	データ x²	データ x	データ x²	データ x	データ x²
1										
2										
3										
4										
5										
6										
7										
8										
9										
10										
合計	A=	B=	A=	B=	A=	B=	A=	B=	A=	B=
平均値 $\bar{x}$	$\bar{x}=\dfrac{A}{n}=$		$\bar{x}=\dfrac{A}{n}=$		$\bar{x}=\dfrac{A}{n}=$		$\bar{x}=\dfrac{A}{n}=$		$\bar{x}=\dfrac{A}{n}=$	
分散 $(s_x)^2$	$(s_x)^2=\dfrac{B}{n}-\left(\dfrac{A}{n}\right)^2=$		$(s_x)^2=\dfrac{B}{n}-\left(\dfrac{A}{n}\right)^2=$		$(s_x)^2=\dfrac{B}{n}-\left(\dfrac{A}{n}\right)^2=$		$(s_x)^2=\dfrac{B}{n}-\left(\dfrac{A}{n}\right)^2=$		$(s_x)^2=\dfrac{B}{n}-\left(\dfrac{A}{n}\right)^2=$	
標準偏差 s_x	$s_x=\sqrt{(s_x)^2}=$		$s_x=\sqrt{(s_x)^2}=$		$s_x=\sqrt{(s_x)^2}=$		$s_x=\sqrt{(s_x)^2}=$		$s_x=\sqrt{(s_x)^2}=$	

2. 呼吸・循環

　筋を活動させるためには，呼吸循環器系の働きが重要となる。呼吸・循環とは心臓–血管–肺における一連の働きをいう。呼吸循環機能の「呼吸機能」は，肺の働きをみるものであり，ここでは肺活量の測定について述べる。また，循環機能は呼吸機能との関係が大きく，心臓および血管の機能をみるものであり，血圧および心拍数，呼気数の測定について述べる。

1）肺活量

　肺活量とは，最大に吸気をして最大に吐き出した呼気の量のことをいう。肺活量は肺の容積に大きく影響されるが，その他に呼吸に携わる筋機能も関与しており，スポーツ活動やトレーニングによって増加する。また，肺活量は身体の大きさによって異なるため，肺活量が大きいからといって，呼吸機能が優れているとはいえない。したがって，体重，身長あるいは体表面積あたりの％肺活量で評価し，80％以上が正常とされている。また，値が大きい場合，相対的に肺機能が優れていることになる。

　安静時の状態からさらに努力して吸入できる量を予備吸気量，呼出できる量を予備呼気量という。しかし，最大努力で呼出しても肺内には約 1,000 ml の空気が残り，これを残気量という。肺活量と残気量を合わせて全肺気量という。

（1）準　備
　1.　肺活量計（水槽タンク式）

（2）測定手順
　1.　肺活量計の標示線まで水を入れる。
　2.　タンク内の水温を水温計で測定し，タンク外標の水温指標に合わせる。
　3.　被測定者は自然体で立ち，最大に空気を吸った後，その空気を吹込み口に吐き出す。
　4.　吹込み口とタンクを結ぶホースは細いので，静かに長く吐き出すよう指示する。
　5.　回転槽が静止したら，回転槽の斜めの指標線と，水温指標の交差した値を読む。
　6.　記録は 100 cc 以上を読み，それ未満は四捨五入する。
　7.　タンクの排気バルブを解除して，静かに回転槽をもどす。

（3）測定上の注意
　1.　吹込み口は，測定の前後に消毒液を浸したカット綿などで必ず消毒する。
　2.　吹込み口の横から，空気が漏れないようにしっかり口をあて，さらに，鼻からも空気が漏れないようにクリップ状のもので押さえるか鼻をつまむとよい（**図 B-9**）。
　3.　測定前に必ずバルブが閉じた状態であることを確認する。
　4.　測定回数が増すと水温が上昇するので，常に水温を確認する。

図 B-9　肺活量の測定

〈参考〉

%肺活量＝肺活量実測値÷標準肺活量×100

標準肺活量の算出には以下の Baldwin の式を用いる。

男性：標準肺活量（ml）＝［27.63 − (0.112 × 年齢)］× 身長（cm）

女性：標準肺活量（ml）＝［21.78 − (0.101 × 年齢)］× 身長（cm）

2）血　圧

　血圧の測定では，心臓の収縮する力と血管の弾力性をみる。普通，最大血圧（収縮期血圧）と最小血圧（拡張期血圧）を測定する。また，それらの差を脈圧という。血圧を決定する因子は，①心臓の収縮力，②末梢抵抗，③循環血液量，④動脈壁の弾性などがある。

（1）準　備

1. リパロッチ型水銀マノメーターもしくは自動血圧計（**図 B-10**）（自動血圧計の測定原理はリパロッチ型水銀マノメーターと同じため，以下の説明ではマノメーターについて記す）

（2）測定手順

1. 被測定者を椅子に座らせ，上腕にマンシェットを巻きつける。その際，上腕が心臓と同じ高さになるように右（左）腕を机上に置かせる。
2. 前腕部が屈曲する近くの上腕動脈に聴診器を当て，脈拍音を確認する。
3. 加圧ポンプを押して徐々に空気を送り，血流を停止させる（脈音が聞こえない状態）。
4. マンシェット内の空気を徐々に抜き，再び血流が開始する（脈音が聞こえてくる）時点のマノメーターの値が最大血圧である。
5. さらに空気を抜いていき，脈音が聞こえなくなった時点の値を読む。これが最小血圧になる。人によっては脈音が消失しない場合があるが，その場合は聴診している音の変化を捉え，第3音（ドンドン）から第4音（サーサー）に変わるときのマノメーターの値を読む。

（3）測定上の注意

1. マンシェットを巻く際にはあまりきつく巻かない。

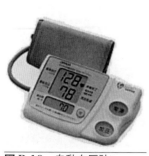

図 B-10　自動血圧計

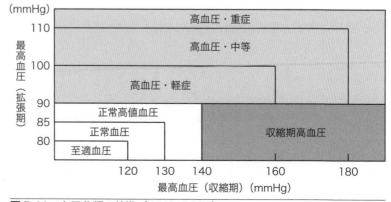

図 B-11　血圧分類の基準（WHO, 1999）

2. 空気を入れる際に，急速に加圧しない。また，必要以上に加圧しない。

3. 上腕動脈の位置は，マンシェットを巻く前に確認する。

4. 水銀柱の間に空気が入った場合には，血圧計を床に軽くたたく。

5. マノメーターをしまう際には，必ず水銀を完全に落とし，バルブを閉める。

3) 脈拍数（心拍数）

心拍数とは，心臓の単位時間あたり（1 分間）の拍動数をいう。心拍数の測定により，そのときの身体の状況が推測でき，身体運動中の心拍数の測定によって，その負荷強度および生体負担度がわかる。

(1) 準 備

1. ストップウォッチ

(2) 測定手順

1. 測定者（あるいは被測定者）は示指（人差し指），中指，環指（薬指）の 3 本の指先を揃えて，橈骨動脈に当てて脈を感知する。

2. 脈拍数は通常，1 分間で測るが，10 秒間値の 6 倍，15 秒間値の 4 倍，20 秒間値の 3 倍，30 秒間値の 2 倍でもよい。

(3) 測定上の注意

1. 測定時間が短いと不整脈を発見できないなど，正確性に欠ける。

2. 体表面の近くに動脈が存在しているところは脈拍が触れやすいが，一般的には，橈骨動脈を用いる。

4) 呼気数

呼気数とは，単位時間あたり（1 分間）の呼吸数をいう。呼吸数の測定により，そのときの身体の状況が推測でき，身体運動中の呼吸数の測定によって，その負荷強度および生体負担度がわかる。

(1) 準 備

1. ストップウォッチ

(2) 測定手順

1. 呼気数は通常，1 分間で測るが，10 秒間値の 6 倍，15 秒間値の 4 倍，20 秒間値の 3 倍，30 秒間値の 2 倍でもよい。

2. 測定時間を計測してもらい，自分自身で呼吸数を計測する。

次ページからの表に自分たちのデータを記録して，得られたデータをもとに基本統計量を計算してみよう。

	氏名	肺活量 (ml)	%肺活量 (%)	最高血圧 (mmHg)	最低血圧 (mmHg)	脈圧 (mmHg)
1						
2						
3						
4						
5						
6						
7						
8						
9						
10						

	肺活量 (ml)		%肺活量 (%)		最高血圧 (mmHg)		最低血圧 (mmHg)		脈圧 (mmHg)	
	データ x	データ x^2	データ x	データ x^2	データ x	データ x^2	データ x	データ x^2	データ x	データ x^2
1										
2										
3										
4										
5										
6										
7										
8										
9										
10										
合計	A=	B=	A=	B=	A=	B=	A=	B=	A=	B=
平均値 $\bar{x}$	$\bar{x}=\dfrac{A}{n}=$		$\bar{x}=\dfrac{A}{n}=$		$\bar{x}=\dfrac{A}{n}=$		$\bar{x}=\dfrac{A}{n}=$		$\bar{x}=\dfrac{A}{n}=$	
分散 $(s_x)^2$	$(s_x)^2=\dfrac{B}{n}-\left(\dfrac{A}{n}\right)^2=$		$(s_x)^2=\dfrac{B}{n}-\left(\dfrac{A}{n}\right)^2=$		$(s_x)^2=\dfrac{B}{n}-\left(\dfrac{A}{n}\right)^2=$		$(s_x)^2=\dfrac{B}{n}-\left(\dfrac{A}{n}\right)^2=$		$(s_x)^2=\dfrac{B}{n}-\left(\dfrac{A}{n}\right)^2=$	
標準偏差 s_x	$s_x=\sqrt{(s_x)^2}=$		$s_x=\sqrt{(s_x)^2}=$		$s_x=\sqrt{(s_x)^2}=$		$s_x=\sqrt{(s_x)^2}=$		$s_x=\sqrt{(s_x)^2}=$	

	氏名	脈拍数 (血圧計) (拍/分)	脈拍数 (触診) (拍/分)	呼気数 (回/分)		
1						
2						
3						
4						
5						
6						
7						
8						
9						
10						

	脈拍数 (血圧計) (拍/分)		脈拍数 (触診) (拍/分)		呼気数 (回/分)					
	データ x	データ x²	データ x	データ x²	データ x	データ x²	データ x	データ x²	データ x	データ x²
1										
2										
3										
4										
5										
6										
7										
8										
9										
10										
合計	A=	B=	A=	B=	A=	B=	A=	B=	A=	B=
平均値 $\bar{x}$	$\bar{x}=\dfrac{A}{n}=$		$\bar{x}=\dfrac{A}{n}=$		$\bar{x}=\dfrac{A}{n}=$		$\bar{x}=\dfrac{A}{n}=$		$\bar{x}=\dfrac{A}{n}=$	
分散 $(s_x)^2$	$(s_x)^2=\dfrac{B}{n}-\left(\dfrac{A}{n}\right)^2=$		$(s_x)^2=\dfrac{B}{n}-\left(\dfrac{A}{n}\right)^2=$		$(s_x)^2=\dfrac{B}{n}-\left(\dfrac{A}{n}\right)^2=$		$(s_x)^2=\dfrac{B}{n}-\left(\dfrac{A}{n}\right)^2=$		$(s_x)^2=\dfrac{B}{n}-\left(\dfrac{A}{n}\right)^2=$	
標準偏差 s_x	$s_x=\sqrt{(s_x)^2}=$		$s_x=\sqrt{(s_x)^2}=$		$s_x=\sqrt{(s_x)^2}=$		$s_x=\sqrt{(s_x)^2}=$		$s_x=\sqrt{(s_x)^2}=$	

3. 神経−筋系能力・柔軟性

1) 神経−筋系能力

　身体運動をエネルギー供給系の側面から大きく分類すると，無酸素的エネルギー供給系と有酸素的エネルギー供給系に分けられる。無酸素的エネルギー供給系では，運動の直接のエネルギー源であるATPを再合成するのに酸素を必要としない。この系は，比較的短い時間（かつ高強度）の運動で主に用いられている。ここでは無酸素的能力を評価する方法として「握力」，「上体起こし」，「垂直とび」，「背筋力」について述べる。

①握　力

（1）準　備

1. 握力計

（2）測定手順

1. 握力計の指針が外側になるように持つ。このとき，人差し指の第2関節が，ほぼ直角になるように握りの幅を調節する（**図 B-12**）。
2. 直立の姿勢で両足を左右に自然に開き，腕を自然に下げ握力計を身体や衣服に触れないようにして力いっぱい握りしめる。この際，握力計を振りまわさない。
3. 左右交互に2回ずつ実施する。記録は kg 単位とし，それ未満は切り捨てる。
4. 左右おのおののよいほうの記録の平均を計算する。kg 未満は四捨五入する。

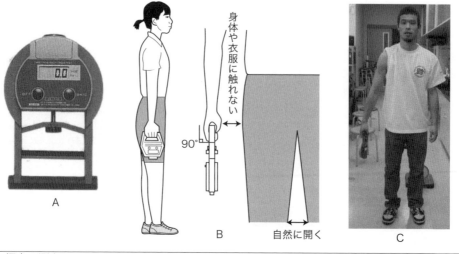

図 B-12　握力の測定

②背筋力

背筋力は，背部の筋力以外にも上肢，下肢および腰部の筋力など，ほとんど全身の筋力が関係している。

(1) 準　備

1. 背筋力計

(2) 測定手順

1. 背筋力計の台の上に両足先を約 15 cm 離して立ち，膝を伸ばしたまま背筋力計のハンドルを順手で握る。
2. 被測定者は背を伸ばした状態から体幹を 30°前方に傾け，測定者は被測定者が正しい姿勢になるように背筋力計の鎖を調節する（**図 B-13**）。
3. 被測定者はハンドルをしっかり握り，徐々に力を入れながら力いっぱい引く。この際，膝を曲げないで上体を起こすようにする。
4. 2 回実施して，よいほうを記録する。
5. 単位は kg とし，kg 未満は四捨五入する。
6. 背筋力指数〔背筋力（kg）÷体重（kg）〕を算出する。小数第 2 位以下は四捨五入する。

(3) 測定上の注意

1. 測定開始姿勢をとったとき，握りが順手になっているか，また膝がまっすぐ伸びているかを確認する。
2. 上体の角度を修正するための鎖の調節は，被測定者ではなく測定者が行う。
3. 背筋力計は，後方に引っぱらないようにする。
4. 急に引っぱらない。

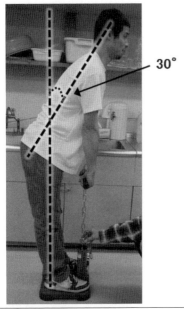

30°

図 B-13　背筋力の測定

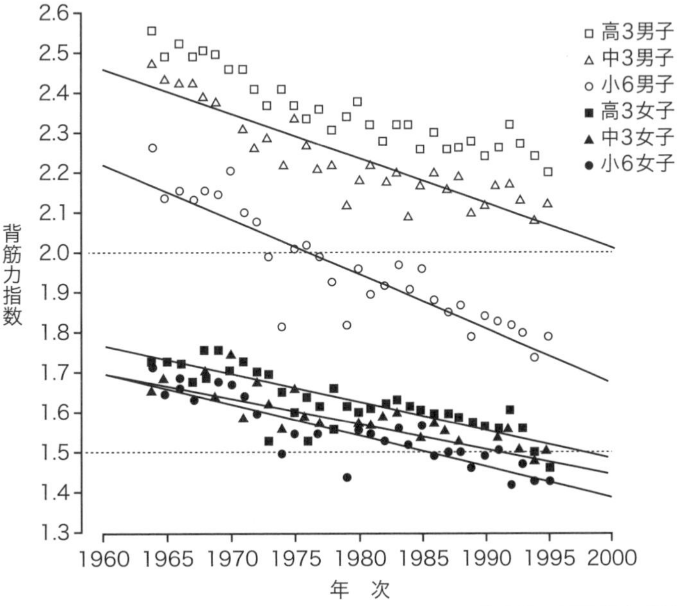

図 B-14　【参考】小中高校生の背筋力指数の年次変化

③上体起こし

（1）準　備

1.　マット，ストップウォッチ

（2）測定手順

1.　あお向けになり，両腕を胸の前で組んで，両膝の角度を 90°に保つ（**図 B-15**）。
2.　補助者は，実施者の両ひざをおさえ，固定する。
3.　「はじめ」の合図で，あお向け姿勢から，両肘と両大腿部がつくまで上体を起こす。両肘が両大腿部についたら，すばやく開始時のあお向け姿勢にもどす。
4.　30 秒間，この上体起こしをできるだけ多く繰り返す。
5.　30 秒間の上体起こし（両肘と両大腿部がついた）回数を記録する。あお向け姿勢にもどしたとき，背中がマットにつかない場合は回数としない。実施は 1 回のみとする。

（3）測定上の注意

1.　実施者は両脇を締めて腕を組み，両肘を動かさないようにする。
2.　あお向け姿勢では，背中（肩甲骨）がマットにつくまで上体を倒すようにする。
3.　実施者と補助者の頭がぶつからないように注意する。また，実施者のメガネははずすようにする。

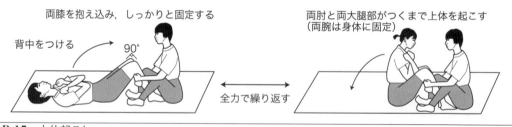

図 B-15　上体起こし

④垂直跳び

　下肢筋力および瞬発力を測定する最も一般的な項目である。従来，壁を利用し，チョークと棒尺を用いて測定されてきたが，最近では壁を利用しない測定方法や，携帯用の器具が開発されてきている。

(1) 準　備
　1.　ジャンプメーター（ここではベルトで腰に固定するデジタル式ジャンプメーターについて述べる）（**図 B-16**）

(2) 測定手順
　1.　ひもの付いたベルトを腰に巻く。
　2.　その場で上方に跳躍する。
　3.　2 回実施し，成績の高いほうを記録する。
　4.　単位は cm とし，cm 未満は四捨五入する。

(3) 測定上の注意
　1.　跳躍するとき助走をしない。

　通常の垂直跳び測定に加え，①腕を後ろ手に組んで，腕の振りを制限しての跳躍，②腕の振りと反動動作を制限したいわゆる「スクワットジャンプ」についても測定してみよう。

図 B-16　垂直跳び

2) 柔軟性

柔軟性の測定は関節がどれだけ屈曲するかを長さで測る「距離法」と，屈曲角度を測る「角度法」とがある。ここでは文部省の新体力テストに準じ，「距離法」を用いて長座位体前屈を測定する。さらに，整形外科的メディカルチェックで柔軟性評価の項目に用いられている「ルーズネステスト」についても述べる。ルーズネステストは広義の「角度法」，「距離法」をともに含むものである。

①長座体前屈

上体の前屈を測定するテストである。従来は立位体前屈が用いられていたが，腰部に対する負担のより少ない本テストに変更された。

（1）準　備

1. 長座体前屈計（**図 B-17**）

（2）測定手順

1. 測定開始時の姿勢：被測定者は両足を長座体前屈計に入れて長座姿勢をとる。背すじを伸ばし，壁に背・尻をぴったりつける（靴を脱いで測定する）。足首の角度は自由とする。肩幅の広さで両手を広げ，手のひらの中央付近が箱手前端にかかるように置く。両肘，背筋を伸ばした状態で手のひらが届くところまで箱を手前に十分ひきつける（**図 B-17**）。ON/C（クリア）ボタンを押し，値を「0.0」に設定する。

2. 前屈：被測定者は両手を箱から離さずにゆっくりと前屈して長座体前屈計をまっすぐ前方にすべらせる。前屈開始時に反動をつけないように注意する。最大に前屈したところで長座体前屈計を手から離す。このとき膝が曲がらないように注意する。

3. 測定：測定開始時から最大前屈までの箱の移動距離を測定値とする。記録は cm 単位とし，小数点以下は切り捨てる。測定は 2 回実施し，大きい値を採用する。

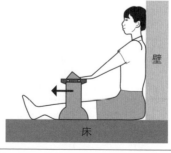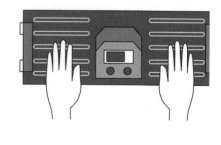

図 B-17　長座対前屈の測定

②ルーズネステスト（looseness test）

　ルーズネステストはスポーツ損傷予防の観点から行われる整形外科的メディカルチェックの項目の 1 つである。

(1) 準　備
　1.　角度計

(2) 測定手順

　ルーズネステストは 6 大関節（手・肘・肩・膝・足・股）と脊柱（体幹）を加えた 7 ヵ所の可動性をテストするものである。それぞれ **図 B-18** に示したような肢位をとり，1 項目を 1 点としてルーズネススコアを算出する。各項目ごとの基準は以下のとおりである。

　1.　手関節：指が前腕の掌側につく。片方のみがつく場合は 0.5 とする。
　2.　膝関節：10°以上の反張がみられる。角度計を 10°に合わせ，大腿を基本軸（膝回転中心と大転子を結ぶ線）として角度計をあて腓骨小頭が 10°より前にあるかどうかで判定する。片方のみの場合 0.5 とする。
　3.　体幹：手掌が床につく。膝を曲げない。
　4.　肘関節：15°以上伸展する。
　5.　肩関節：背中で指を組むことができる。指がつく程度では不可。片方のみの場合は 0.5。
　6.　足関節：45°以上背屈する。台の上に足を乗せて測定することが望ましい。角度計を 45°に合わせ床に角度計を置き，腓骨小頭が 45°より前にきているかどうかで判定する。
　7.　股関節：180°以上開く。膝を曲げない。

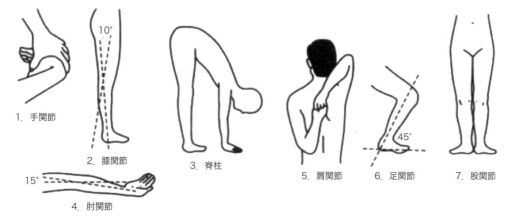

関節	1．手	2．膝	3．体幹	4．肘	5．肩	6．足	7．股	総合得点
	右	右		右	右上	右		
	左	左		左	左上	左		
得点								

図 B-18　ルーズネステスト

　次ページからの表に自分たちのデータを記録して，得られたデータをもとに基本統計量を計算してみよう。

■神経−筋系能力

	氏名	握力（右）(kg)	握力（左）(kg)	握力（平均）(kg)	背筋力(kg)	背筋力指数
1						
2						
3						
4						
5						
6						
7						
8						
9						
10						

	握力（右）(kg)		握力（左）(kg)		握力（平均）(kg)		背筋力(kg)		背筋力指数	
	データ x	データ x^2	データ x	データ x^2	データ x	データ x^2	データ x	データ x^2	データ x	データ x^2
1										
2										
3										
4										
5										
6										
7										
8										
9										
10										
合計	A=	B=	A=	B=	A=	B=	A=	B=	A=	B=
平均値 $\bar{x}$	$\bar{x}=\dfrac{A}{n}=$		$\bar{x}=\dfrac{A}{n}=$		$\bar{x}=\dfrac{A}{n}=$		$\bar{x}=\dfrac{A}{n}=$		$\bar{x}=\dfrac{A}{n}=$	
分散 $(s_x)^2$	$(s_x)^2=\dfrac{B}{n}-\left(\dfrac{A}{n}\right)^2=$		$(s_x)^2=\dfrac{B}{n}-\left(\dfrac{A}{n}\right)^2=$		$(s_x)^2=\dfrac{B}{n}-\left(\dfrac{A}{n}\right)^2=$		$(s_x)^2=\dfrac{B}{n}-\left(\dfrac{A}{n}\right)^2=$		$(s_x)^2=\dfrac{B}{n}-\left(\dfrac{A}{n}\right)^2=$	
標準偏差 s_x	$s_x=\sqrt{(s_x)^2}=$		$s_x=\sqrt{(s_x)^2}=$		$s_x=\sqrt{(s_x)^2}=$		$s_x=\sqrt{(s_x)^2}=$		$s_x=\sqrt{(s_x)^2}=$	

	氏名	上体起こし (回)	垂直跳び (cm)	腕振りなし 垂直跳び（cm）	反動なし 垂直跳び（cm）	スクワット ジャンプ（cm）
1						
2						
3						
4						
5						
6						
7						
8						
9						
10						

	上体起こし (回)		垂直跳び (cm)		腕振りなし 垂直跳び（cm）		反動なし 垂直跳び（cm）		スクワット ジャンプ（cm）	
	データ x	データ x²	データ x	データ x²	データ x	データ x²	データ x	データ x²	データ x	データ x²
1										
2										
3										
4										
5										
6										
7										
8										
9										
10										
合計	A=	B=	A=	B=	A=	B=	A=	B=	A=	B=
平均値 $\bar{x}$	$\bar{x}=\dfrac{A}{n}=$		$\bar{x}=\dfrac{A}{n}=$		$\bar{x}=\dfrac{A}{n}=$		$\bar{x}=\dfrac{A}{n}=$		$\bar{x}=\dfrac{A}{n}=$	
分散 $(s_x)^2$	$(s_x)^2=\dfrac{B}{n}-\left(\dfrac{A}{n}\right)^2=$		$(s_x)^2=\dfrac{B}{n}-\left(\dfrac{A}{n}\right)^2=$		$(s_x)^2=\dfrac{B}{n}-\left(\dfrac{A}{n}\right)^2=$		$(s_x)^2=\dfrac{B}{n}-\left(\dfrac{A}{n}\right)^2=$		$(s_x)^2=\dfrac{B}{n}-\left(\dfrac{A}{n}\right)^2=$	
標準偏差 s_x	$s_x=\sqrt{(s_x)^2}=$		$s_x=\sqrt{(s_x)^2}=$		$s_x=\sqrt{(s_x)^2}=$		$s_x=\sqrt{(s_x)^2}=$		$s_x=\sqrt{(s_x)^2}=$	

■柔軟性

	氏名	長座体前屈 (cm)	ルーズネステスト （点）			
1						
2						
3						
4						
5						
6						
7						
8						
9						
10						

	長座体前屈 (cm)		ルーズネステスト （点）							
	データ x	データ x^2	データ x	データ x^2	データ x	データ x^2	データ x	データ x^2	データ x	データ x^2
1										
2										
3										
4										
5										
6										
7										
8										
9										
10										
合計	A=	B=	A=	B=	A=	B=	A=	B=	A=	B=
平均値 $\bar{x}$	$\bar{x}=\dfrac{A}{n}-$		$\bar{x}=\dfrac{A}{n}=$		$\bar{x}=\dfrac{A}{n}=$		$\bar{x}=\dfrac{A}{n}=$		$\bar{x}=\dfrac{A}{n}=$	
分散 $(s_x)^2$	$(s_x)^2=\dfrac{B}{n}-\left(\dfrac{A}{n}\right)^2=$		$(s_x)^2=\dfrac{B}{n}-\left(\dfrac{A}{n}\right)^2=$		$(s_x)^2=\dfrac{B}{n}-\left(\dfrac{A}{n}\right)^2=$		$(s_x)^2=\dfrac{B}{n}-\left(\dfrac{A}{n}\right)^2=$		$(s_x)^2=\dfrac{B}{n}-\left(\dfrac{A}{n}\right)^2=$	
標準偏差 s_x	$s_x=\sqrt{(s_x)^2}=$		$s_x=\sqrt{(s_x)^2}=$		$s_x=\sqrt{(s_x)^2}=$		$s_x=\sqrt{(s_x)^2}=$		$s_x=\sqrt{(s_x)^2}=$	

4. 有酸素的能力

比較的低強度で長時間継続できるような運動では，主に有酸素的エネルギー供給系が運動に必要なエネルギーを供給している。有酸素的能力の評価には，1500 m 走（女子は 1000 m 走）や 12 分間走，踏み台昇降運動テスト，シャトルランなどが用いられている。ここでは，現在スポーツテストで行われているシャトルランと踏み台昇降運動テストについて述べる。

1）シャトルラン

(1) 準 備

1. テスト用 CD またはテープ，再生用プレーヤー，20 m 間隔の 2 本の平行線。ポール 4 本を平行線の両端に立てる（**図 B-19**）。

(2) 測定手順

1. 実施者は一方の線上に立ち，5 秒間のカウントダウンの後，開始を告げる電子音によって 20 m 先の線に向かってスタートする。
2. 一定の間隔で 1 音ずつ電子音が鳴る。次の電子音が鳴るまでに 20 m 先の線に達し，足が線を越えるか，触れたら，その場で向きをかえる。この動作を繰り返す。次の電子音が鳴る前に線に達してしまった場合は，向きをかえて電子音を待ち，電子音が鳴った後に再び走りはじめる。
3. 電子音の間隔ははじめはゆっくりだが，1 分ごとに速くなる。設定された音についていけなくなって走るのをやめたとき，または 2 回続けてどちらかの足で線に触れることができなくなったときに終了する。
4. テスト終了時（電子音についていけなくなった直前）の折り返しの総回数を記録とする。ただし，2 回続けてどちらかの足で線に触れることができなかったときは，最後に触れることができた折り返しの総回数を記録とする。
5. 実施者のパートナーが折り返しの数をチェックする。

(3) 測定上の注意

1. 電子音からの遅れが 1 回の場合で，次の電子音に間に合って遅れを解消することができれば，テストを継続する。CD（テープ）によって設定された速度で走り続けるようにし，走り続けることができなくなった場合は，自発的に退くことを指導しておく。
2. 被測定者に対し，最初のランニングスピードがどの程度か知らせる。
3. CD プレーヤー使用時は，音がとんでしまうおそれがあるので，走行場所から離して置く。
4. 実施者の健康状態に十分注意する。実施が困難と思われる者については行わない。
5. テスト実施前はウォーミングアップ，終了後はクーリングダウンをする。

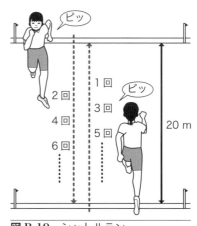

図 B-19 シャトルラン

表 B-2　【参考】20 m シャトルラン（往復持久走）最大酸素摂取量推定表（12〜19 歳）

凡例: 各レベルの上段=折り返し数、中段=推定最大酸素摂取量（男子）、下段=推定最大酸素摂取量（女子）

レベル 2	8	9	10	11	12	13	14	15
男子	33.1	33.2	33.4	33.6	33.7	33.9	34.1	34.3
女子	25.1	25.4	25.6	25.8	26.1	26.3	26.6	26.8

レベル 3	16	17	18	19	20	21	22	23
男子	34.4	34.6	34.8	34.9	35.1	35.3	35.4	35.6
女子	27.0	27.3	27.5	27.7	28.0	28.2	28.5	28.7

レベル 4	24	25	26	27	28	29	30	31	32
男子	35.8	36.0	36.1	36.3	36.5	36.6	36.8	37.0	37.1
女子	28.9	29.2	29.4	29.6	29.9	30.1	30.4	30.6	30.8

レベル 5	33	34	35	36	37	38	39	40	41
男子	37.3	37.5	37.7	37.8	38.0	38.2	38.3	38.5	38.7
女子	31.1	31.3	31.6	31.8	32.0	32.3	32.5	32.7	33.0

レベル 6	42	43	44	45	46	47	48	49	50	51
男子	38.8	39.0	39.2	39.4	39.5	39.7	39.9	40.0	40.2	40.4
女子	33.2	33.5	33.7	33.9	34.2	34.4	34.6	34.9	35.1	35.4

レベル 7	52	53	54	55	56	57	58	59	60	61
男子	40.5	40.7	40.9	41.1	41.2	41.4	41.6	41.7	41.9	42.1
女子	35.6	35.8	36.1	36.3	36.5	36.8	37.0	37.3	37.5	37.7

レベル 8	62	63	64	65	66	67	68	69	70	71	72
男子	42.2	42.4	42.6	42.8	42.9	43.1	43.3	43.4	43.6	43.8	43.9
女子	38.0	38.2	38.5	38.7	38.9	39.2	39.4	39.6	39.9	40.1	40.4

レベル 9	73	74	75	76	77	78	79	80	81	82	83
男子	44.1	44.3	44.5	44.6	44.8	45.0	45.1	45.3	45.5	45.6	45.8
女子	40.6	40.8	41.1	41.3	41.5	41.8	42.0	42.3	42.5	42.7	43.0

レベル 10	84	85	86	87	88	89	90	91	92	93	94
男子	46.0	46.2	46.3	46.5	46.7	46.8	47.0	47.2	47.3	47.5	47.7
女子	43.2	43.5	43.7	43.9	44.2	44.4	44.6	44.9	45.1	45.4	45.6

レベル 11	95	96	97	98	99	100	101	102	103	104	105	106
男子	47.9	48.0	48.2	48.4	48.5	48.7	48.9	49.0	49.2	49.4	49.6	49.7
女子	45.8	46.1	46.3	46.5	46.8	47.0	47.3	47.5	47.7	48.0	48.2	48.4

レベル 12	107	108	109	110	111	112	113	114	115	116	117	118
男子	49.9	50.1	50.2	50.4	50.6	50.7	50.9	51.1	51.3	51.4	51.6	51.8
女子	48.7	48.9	49.2	49.4	49.6	49.9	50.1	50.4	50.6	50.8	51.1	51.3

レベル 13	119	120	121	122	123	124	125	126	127	128	129	130	131
男子	51.9	52.1	52.3	52.4	52.6	52.8	53.0	53.1	53.3	53.5	53.6	53.8	54.0
女子	51.5	51.8	52.0	52.3	52.5	52.7	53.0	53.2	53.4	53.7	53.9	54.2	54.4

レベル 14	132	133	134	135	136	137	138	139	140	141	142	143	144
男子	54.1	54.3	54.5	54.7	54.8	55.0	55.2	55.3	55.5	55.7	55.8	56.0	56.2
女子	54.6	54.9	55.1	55.4	55.6	55.8	56.1	56.3	56.5	56.8	57.0	57.3	57.5

レベル 15	145	146	147	148	149	150	151	152	153	154	155	156	157
男子	56.4	56.5	56.7	56.9	57.0	57.2	57.4	57.5	57.7	57.9	58.1	58.2	58.4
女子	57.7	58.0	58.2	58.4	58.7	58.9	59.2	59.4	59.6	59.9	60.1	60.3	60.6

←折り返し数
←推定最大酸素摂取量（男子）（女子）

6.　折り返しの総回数から最大酸素摂取量を推定する場合は，【参考】「20 m シャトルラン（往復持久走）最大酸素摂取量推定表」（**表 B-2**）を参照する。

2）踏み台昇降運動テスト

　踏み台昇降運動テストは，心拍数を用いた全身持久力（スタミナ）を評価するための代表的なテストである。一定の高さの踏み台を一定時間昇り降りした後の心拍数を測定し，心拍数の回復をみることによって有酸素的能力を推定する。このテストは，一般的に有酸素的能力が高い人は一定負荷に対する心拍数が低く抑えられ，さらに心拍数の回復が早いことを根拠に活用されている。

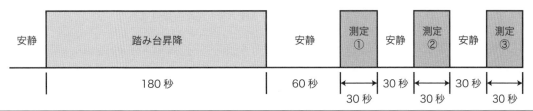

図 B-20 踏み台昇降の測定手順

(1) 準 備

1. 踏み台（男性 40 cm，女性 35 cm）
2. メトロノーム
3. ストップウォッチ

(2) 測定手順

1. 3 分間の踏み台昇降運動を実施する。その際のテンポは 1 分間に 30 回（29 歳以下）または 24 回（30 歳以上）の昇降とする。
2. 運動終了直後から椅子に座り，心拍数を測定する。
3. 測定時間と測定回数：運動終了後 1 分～1 分 30 秒（①），2 分～2 分 30 秒（②），3 分～3 分 30 秒（③）の 3 回測定する（**図 B-20**）。

(3) 評価方法

〔180（秒）/（3 回分の心拍数の和 × 2）〕× 100

例：①50 拍/30 秒，②40 拍/30 秒，③35 拍/30 秒であった場合

計算式

〔180（秒）/（（①＋②＋③）× 2）〕× 100

〔180/（（50＋40＋35）× 2）〕× 100

＝〔180/（125 × 2）〕× 100

＝〔180/250〕× 100

＝〔0.72〕× 100＝72

判定指数全国平均：男子（19 歳）63.38 ± 11.66，女子（19 歳）61.68 ± 11.60

（平成 8 年度体力・運動能力報告書，文部省体育局（現：文部科学省スポーツ・青少年局），pp. 39～47，1997）

(4) 測定・計算する内容

1. 安静時心拍数（座位）
2. 運動終了 1 分後心拍数（30 秒）①
3. 運動終了 2 分後心拍数（30 秒）②
4. 運動終了 3 分後心拍数（30 秒）③
5. 運動終了後 3 回の心拍数の和（①＋②＋③）
6. 踏み台昇降評価値

表 B-3　【参考】踏み台昇降運動テスト判定指数早見表

	0	1	2	3	4	5	6	7	8	9
90	100.0	98.9	97.8	96.8	95.7	94.7	93.8	92.8	91.8	90.9
100	90.0	89.1	88.2	87.4	86.5	85.7	84.9	84.1	83.3	82.6
110	81.8	81.1	80.4	79.6	78.9	78.3	77.6	76.9	76.3	75.6
120	75.0	74.4	73.8	73.2	72.6	72.0	71.4	70.9	70.3	69.8
130	69.2	68.7	68.2	67.7	67.2	66.7	66.2	65.7	65.2	64.7
140	64.3	63.8	63.4	62.9	62.5	62.1	61.6	61.2	60.8	60.4
150	60.0	59.6	59.2	58.8	58.4	58.1	57.7	57.3	57.0	56.6
160	56.3	55.9	55.6	55.2	54.9	54.5	54.2	53.9	53.6	53.3
170	52.9	52.6	52.3	52.0	51.7	51.4	51.1	50.8	50.6	50.3
180	50.0	49.7	49.5	49.2	48.9	48.6	48.4	48.1	47.9	47.6
190	47.4	47.1	46.9	46.6	46.4	46.2	45.9	45.7	45.5	45.2
200	45.0	44.8	44.6	44.3	44.1	43.9	43.7	43.5	43.3	43.1
210	42.9	42.7	42.5	42.3	42.1	41.9	41.7	41.5	41.3	41.1
220	40.9	40.7	40.5	40.4	40.2	40.0	39.8	39.6	39.5	39.3
230	39.1	39.0	38.8	38.6	38.5	38.3	38.1	38.0	37.8	37.7
240	37.5	37.3	37.2	37.0	36.9	36.7	36.6	36.4	36.3	36.1
250	36.0	35.9	35.7	35.6	35.4	35.3	35.2	35.0	34.9	34.7

3分間の昇降運動後に3回測定した心拍数の和の100の位と10の位を縦軸に，1の位を横軸に示してある。例えば，3回の心拍数の合計が153のときは，左欄の150を右にたどり，最上欄の3を下へたどった交点の58.8が判定指数となる。

　　次ページからの表に自分たちのデータを記録して，得られたデータをもとに基本統計量を計算してみよう。

	氏名	シャトルラン（回）	推定最大酸素摂取量（ml/kg/分）	安静時心拍数（拍/分）	踏み台昇降運動テスト判定指数	年齢（歳）
1						
2						
3						
4						
5						
6						
7						
8						
9						
10						

	シャトルラン（回）		推定最大酸素摂取量（ml/kg/分）		安静時心拍数（拍/分）		踏み台昇降運動テスト判定指数		年齢（歳）	
	データ x	データ x²	データ x	データ x²	データ x	データ x²	データ x	データ x²	データ x	データ x²
1										
2										
3										
4										
5										
6										
7										
8										
9										
10										
合計	A=	B=	A=	B=	A=	B=	A=	B=	A=	B=
平均値 $\bar{x}$	$\bar{x} = \dfrac{A}{n} =$		$\bar{x} = \dfrac{A}{n} =$		$\bar{x} = \dfrac{A}{n} =$		$\bar{x} = \dfrac{A}{n} =$		$\bar{x} = \dfrac{A}{n} =$	
分散 $(s_x)^2$	$\left(s_x\right)^2 = \dfrac{B}{n} - \left(\dfrac{A}{n}\right)^2 =$		$\left(s_x\right)^2 = \dfrac{B}{n} - \left(\dfrac{A}{n}\right)^2 =$		$\left(s_x\right)^2 = \dfrac{B}{n} - \left(\dfrac{A}{n}\right)^2 =$		$\left(s_x\right)^2 = \dfrac{B}{n} - \left(\dfrac{A}{n}\right)^2 =$		$\left(s_x\right)^2 = \dfrac{B}{n} - \left(\dfrac{A}{n}\right)^2 =$	
標準偏差 s_x	$s_x = \sqrt{\left(s_x\right)^2} =$		$s_x = \sqrt{\left(s_x\right)^2} =$		$s_x = \sqrt{\left(s_x\right)^2} =$		$s_x = \sqrt{\left(s_x\right)^2} =$		$s_x = \sqrt{\left(s_x\right)^2} =$	

5. 測定データの取り扱い

　それぞれの測定において，グループに参加している全員が測定者と被測定者の両方を行う。したがって，5人のグループであれば，ある1つの測定で5つのデータが収集されることになる。得られた測定値はヒストグラムなど視覚化することで全体の特徴をつかむことが可能である。それ以外にも，平均値や中央値などのグループの代表値を算出し，その特徴を捉えることも可能である。通常，代表値には平均値を用いるが，平均値だけではグループ全体を的確に表現することは不可能である。そこで，グループ内でのデータの散らばり（代表値からのずれ）を合わせて表示することが多い。データの散らばりを表わすものが分散や標準偏差である。腕の太さと握力の関係のように，2つの測定データの関係をみたい場合には，2つの測定データの相関をみる。また，一方のデータ（例えば腕の太さ）でもう片方のデータ（握力）を説明しようとする際には回帰分析を行う。本実習では，基本統計量と呼ばれる平均値，分散，標準偏差，および回帰分析の相関係数，回帰直線の求め方を理解し，これらを使って最終的なレポートを作成する。

　まず，一般的説明から入り，後で具体的な例をあげて解説する。測定データが次の**表 B–4** のように整理されているとする。

表 B-4

番号	測定データ x
1	x_1
2	x_2
・	・
・	・
・	・
n	x_n

　すなわち1番（の人）の測定値がx_1，2番（の人）の測定値がx_2であり，n番（の人）の測定値がx_nとなる測定結果を得たとする。

1）平均値

　この測定データの平均値$\bar{x}$は測定値の総和をデータの総数nで割った値で，次式で表わされる。

$$\bar{x} = \frac{x_1 + x_2 + \cdots + x_n}{n}$$ 　　　　　［式1］

2）中央値

　測定値を小さい順（あるいは大きい順）に並び替えたとき，その中央の順位にくる値を中央値と呼ぶ。ただしデータの総数nが偶数のときは中央に2つの測定値が並ぶため，それらの平均を中央値とする。例えば**表 B-5** の中央値は，$(600+800)\div2=700$である。得られた測定値のなかにはずれ値がある場合，平均値より中央値のほうが測定値の分布を代表する値として適当なことがある。

　通常，代表値には平均値を用いる。しかし，平均値だけではどのくらいの散らばりをもったグループなのかがわからないので，グループをより的確に代表させるために，平均値と散らばりの両方を表示するとよい。グループ内でのデータの散らばり（平均値からのずれ）を知るためには，分散と標準

表 B-5

番号	測定データ x
1	300
2	550
3	600
4	800
5	800
6	8,000

偏差を求める。

3) 測定データの分散と標準偏差

測定データ**表 B-4** の分散 s^2 と標準偏差 s は次式で表わされる。

分散 s^2 は

$$s^2 = \frac{\left(x_1 - \bar{x}\right)^2 + \left(x_2 - \bar{x}\right) + \cdots + \left(x_n - \bar{x}\right)^2}{n} \qquad [式2]$$

標準偏差 s は

$$s = \sqrt{s^2} \qquad [式3]$$

となる。

もし標準偏差 s が 0 であれば，もちろん分散 s^2 も 0 である。このとき［式2］から，すべての測定値が平均値に等しい。標準偏差が小さければ，測定値の平均値からの散らばり具合が小さいということになる。

4) 相関と回帰

実際の実習では，1 回の実習時間内において 2 つ以上の項目（例えば体重と身長）を測定することになる。異なる 2 つの項目の測定を行って得たデータは**表 B-6** のように整理できる。

表 B-6

番号	測定データ x	測定データ y
1	x_1	y_1
2	x_2	y_2
·	·	·
·	·	·
·	·	·
n	x_n	y_n

このように表わされるデータを二次元のデータと呼ぶことがある。この 2 つのデータを区別を設けず対等に比較する見方や方法を相関といい，ある一方のデータでもう一方のデータを説明できるかという観点からみることを回帰という。本実習では相関や回帰を用いて二次元データの処理を行う。

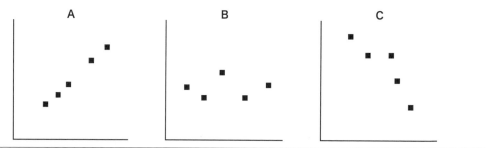

図 B–21 散布図の例

（1）相 関

二次元のデータにおける相関は二次元平面にデータをプロットすることで視覚的に明らかになる。このような図を散布図と呼ぶ。**図 B-21** に 3 つの散布図の例を示す。

Aの散布図では二次元のデータの間に何らかの関係がありそうだが，B の散布図では関係がなさそうにみえる。このように散布図を描いて 2 つのデータ群の間の相関を検討する。特にAの例のようにプロットが右上がりの場合（多くの場合直線関係）を正の相関関係，C のように右下がりの場合を負の相関関係という。B のような場合明らかな相関関係は認められない，あるいは相関関係がないという。

散布図を作成し相関関係が認められた場合，その関係の強さを比較するためには共分散と相関係数を求める。

（2）共分散，相関係数

図 B-20 のように整理された二次元測定データについて，測定データ x, y の共分散 s_{xy}，相関係数 r_{xy} は次式で表わされる（測定データ x の標準偏差を s_x，測定データの標準偏差を s_y で表わす）。

$$s_{xy} = \frac{(x_1 - \bar{x}) \times (y_1 - \bar{y}) + (x_2 - \bar{x}) \times (y_2 - \bar{y}) + \cdots + (x_n - \bar{x}) \times (y_n - \bar{y})}{n} \qquad [\text{式 4}]$$

$$r_{xy} = \frac{s_{xy}}{s_x \times s_y}$$
$$= \frac{(x_1 - \bar{x}) \times (y_1 - \bar{y}) + (x_2 - \bar{x}) \times (y_2 - \bar{y}) + \cdots + (x_n - \bar{x}) \times (y_n - \bar{y})}{\sqrt{(x_1 - \bar{x})^2 + \cdots + (x_n - \bar{x})^2} \times \sqrt{\times (y_1 - \bar{y})^2 + \cdots + (y_n - \bar{y})^2}} \qquad [\text{式 5}]$$

相関係数 r_{xy} は［式 5］より常に $-1 \leqq r_{xy} \leqq 1$ の範囲にある（詳細は略す）。また，r_{xy} が 1 あるいは-1に近いほど高い相関関係がある。特に 1 に近い場合，正の相関関係があり，-1 に近い場合は負の相関関係がある。

ある二次元の測定データに関して散布図と相関係数をみて，高い相関関係が存在することが確認された場合，多くの場合，その 2 つの測定データ x と y の間に $y_1 = ax_1 + b, y_2 = ax_2 + b, \cdots, y_n = ax_n + b$ で表わされる直線関係があるとみなして統計処理を続行する。すなわち，実際には y_1 と $ax_1 + b$ は等しくないが，その差は測定にかかわる誤差とみなして無視する。

このように一方の測定データを x とし，もう片方のデータ y と $y = ax + b$ の関係を求める（すなわち片方のデータでもう片方のデータを説明する）ことを回帰といい，その際得られる直線 $y = ax + b$ を回帰直線という。

(3) 回帰直線

表 B-6 のように整理された二次元測定データについて，散布図と相関係数をみて変数 x と y の間に

$$y = ax + b \qquad [式6]$$

で表わされる直線関係が（測定誤差を無視すれば）存在することが予想される場合，その a, b は測定データから計算で決定することができる。勝手な直線に $y = Ax + B$ 対して誤差を図る値として，

$$L[Ax+B] = \{y_1 - (ax_1 + b)\}^2 + \{y_2 - (ax_2 + b)\}^2 + \cdots + \{y_n - (ax_n + b)\}^2 \qquad [式7]$$

を設定すると，特に回帰直線 $y = ax + b$ に対して

$$L[Ax+B] \geq L[ax+b] \qquad [式8]$$

となる（誤差に関する最小二乗の原理）。詳細は省略するが［式9］より a, b は

$$a = \frac{s_{xy}}{s_x \times s_y} \qquad [式9]$$

$$b = \overline{y} - a\overline{x} \qquad [式10]$$

となることがわかる。このようにして得られる直線 $y = ax + b$ を回帰直線，得られる a を回帰係数，b を切片と呼ぶ。［式10］は，$(\overline{x}, \overline{y})$ 点が必ず回帰直線上にあることを意味している。

(4) 相関係数と回帰直線

測定値 x_i に対して回帰直線 $y = ax + b$ により求められる値 $ax_i + b$ と実際に測定された値 y_i とは一致しない場合がほとんどである。この誤差を d_i と表わすと（詳細は略す），

$$\begin{aligned} L[Ax+B] &= (d_1)^2 + (d_2)^2 + \cdots + (d_n)^2 \\ &= (1 - (r_{xy})^2) \times \{(y_1 - \overline{y})^2 + (y_2 - \overline{y})^2 + \cdots + (y_n - \overline{y})^2\} \end{aligned} \qquad [式11]$$

となる関係式がある。r_{xy} は先に述べた相関係数である。この式は $(r_{xy})^2$ が 1 に近いほど回帰直線による値が実際の値をよく近似することを示している。この $(r_{xy})^2$ を決定係数という。

(5) 電卓を使っての計算方法

測定データが**表 B-7** のように整理されていたとする。

表 B-7

番号	測定データ x
1	x_1
2	x_2
・	・
・	・
・	・
n	x_n

すなわち 1 番（の人）の測定値が x_1，2 番（の人）の測定値が x_2 であり，n 番（の人）の測定値が x_n となる測定結果を得たとする。このデータ x の平均値 $\overline{x}$ と分散 $(s_x)^2$，標準偏差 s_x を電卓を使って具体的に計算する。そのために電卓を使い**表 B-8** を作成する。

表 B-8

番号	データ x	データ x^2
1	x_1	$(x_1)^2$
2	x_2	$(x_2)^2$
・	・	・
・	・	・
・	・	・
n	x_n	$(x_n)^2$
合計	$A = x_1 + \cdots + x_n$	$B = (x_1)^2 + \cdots + (x_n)^2$

この表をもとに平均 $\overline{x}$，分散 $(s_x)^2$ と標準偏差 s_x は次の式で計算できる。

$$\overline{x} = \frac{A}{n} \qquad\qquad \text{［式 12］}$$

$$\left(s_x\right)^2 = \frac{B}{n} - \left(\frac{A}{n}\right)^2 \qquad\qquad \text{［式 13］}$$

$$s_x = \sqrt{\frac{B}{n} - \left(\frac{A}{n}\right)^2} \qquad\qquad \text{［式 14］}$$

［式 12］は ［式 1］と同じである。［式 13］は ［式 2］と異なるが，数学の式としては同じであることを確かめてみよう。それは次の簡単な式の変形によりわかる。

$$
\begin{aligned}
n \times \left(s_x\right)^2 &= \left(x_1 - \overline{x}\right)^2 + \left(x_2 - \overline{x}\right)^2 + \cdots + \left(x_n - \overline{x}\right)^2 \\
&= \left\{(x_1)^2 - 2x_1\overline{x} + (\overline{x})^2\right\} + \left\{(x_2)^2 - 2x_2\overline{x} + (\overline{x})^2\right\} + \cdots + \left\{(x_n)^2 - 2x_n\overline{x} + (\overline{x})^2\right\} \\
&= \left\{(x_1)^2 + (x_2)^2 + \cdots + (x_n)^2\right\} - 2\overline{x} \times \left\{x_1 + x_2 + \cdots + x_n\right\} + n \times (\overline{x})^2 \\
&= \left\{(x_1)^2 + (x_2)^2 + \cdots + (x_n)^2\right\} - 2\overline{x} \times n \times \overline{x} + n \times (\overline{x})^2 \\
&= B - n \times (\overline{x})^2
\end{aligned}
$$

$$
\begin{aligned}
\left(s_x\right)^2 &= \frac{B}{n} - (\overline{x})^2 \\
&= \frac{B}{n} - \left(\frac{A}{n}\right)^2
\end{aligned}
$$

［式 2］と ［式 13］は数学の式としては同じであるが，測定値を代入して実際に電卓で計算するとき，［式 13］のほうが優れている。まず計算に要する操作の手数が少ない。さらに重要なことは x_1，x_2，$\cdots$ x_n があくまで測定値であることにいつも注意しておくことが重要である。これらの測定値は測定器具あるいは測定者によって微妙に変わりうるので真の値とは必ず誤差がある。したがって，電卓操作の手数が多いほど誤差が大きくなり，しかも電卓自身が近似計算しかしないので，手数の少ない ［式 13］のほうが ［式 2］より優れていることになる。

2 つの項目を測定して得たデータを整理したのが**表 B-9** の二次元のデータとする。

この二次元データの共分散 s_{xy}，相関係数 r_{xy}，回帰直線 $y = ax + b$ を実際に電卓を使って計算する。そのために電卓を使い**表 B-10** を作成する。

表 B-9

番号	測定データ x	測定データ y
1	x_1	y_1
2	x_2	y_2
・	・	・
・	・	・
・	・	・
n	x_n	y_n

表 B-10

番号	データ x	データ y	データ x^2	データ y^2	データ xy
1	x_1	y_1	$(x_1)^2$	$(y_1)^2$	$x_1 \times y_1$
2	x_2	y_2	$(x_2)^2$	$(y_2)^2$	$x_2 \times y_2$
・	・	・	・	・	・
・	・	・	・	・	・
・	・	・	・	・	・
n	x_n	y_n	$(x_n)^2$	$(y_n)^2$	$x_n \times y_n$
合計	$A = x_1 + \cdots + x_n$	$B = y_1 + \cdots + y_n$	$C = (x_1)^2 + \cdots + (x_n)^2$	$D = (y_1)^2 + \cdots + (y_n)^2$	$E = x_1 \times y_1 + \cdots + x_n \times y_n$

この表をもとに次の式で計算できる。

$$s_{xy} = \frac{n \times E - A \times B}{n^2} \qquad [式15]$$

$$r_{xy} = \frac{n \times E - A \times B}{\sqrt{(n \times C - A \times A)(n \times D - B \times B)}} \qquad [式16]$$

$$a = \frac{n \times E - A \times B}{n \times C - A \times A} \qquad [式17]$$

$$b = \frac{B \times C - A \times E}{n \times C - A \times A} \qquad [式18]$$

これらの式は［式4］,［式5］,［式9］,［式10］とは違うが, 数学的にはまったく同じ式である。それは次の等式より簡単にわかる。

$$
\begin{aligned}
&(x_1 - \bar{x})(y_1 - \bar{y}) + (x_2 - \bar{x})(y_2 - \bar{y}) + \cdots + (x_n - \bar{x})(y_n - \bar{y}) \\
&= (x_1 \times y_1 - \bar{x} \times y_1 - x_1 \times \bar{y} + \bar{x} \times \bar{y}) + (x_2 \times y_2 - \bar{x} \times y_2 - x_2 \times \bar{y} + \bar{x} \times \bar{y}) + \cdots + (x_n \times y_n - \bar{x} \times y_n - x_n \times \bar{y} + \bar{x} \times \bar{y}) \\
&= (x_1 \times y_1 - x_2 \times y_2 + \cdots + x_n \times y_n) - \bar{x} \times (y_1 + y_2 + \cdots + y_n) - (x_1 + x_2 + \cdots + x_n) \times y + n \times \bar{x} \times \bar{y} \\
&= E - \frac{A}{n} \times B - A \times \frac{B}{n} + n \times \frac{A}{n} \times \frac{B}{n} \\
&= E - \frac{A \times B}{n}
\end{aligned}
$$

これより［式15］は明らかであるし,［式13］,［式14］を使って［式5］を変形すると,

$$
\begin{aligned}
r_{xy} = \frac{s_{xy}}{s_x \times s_y} &= \frac{\dfrac{n \times E - A \times B}{n^2}}{\sqrt{\dfrac{n \times C - A \times A}{n^2}} \sqrt{\dfrac{n \times D - B \times B}{n^2}}} \\
&= \frac{n \times E - A \times B}{\sqrt{n \times C - A \times A} \sqrt{n \times D - B \times B}}
\end{aligned}
$$

となる。傾き a については,

$$a = r_{xy} \times \frac{s_y}{s_x} = \frac{s_{xy}}{s_x \times s_y} \times \frac{s_y}{s_x} = \frac{s_{xy}}{\left(s_x\right)^2}$$

$$= \frac{\dfrac{n \times E - A \times B}{n^2}}{\dfrac{C}{n} - \left(\dfrac{A}{n}\right)^2} = \frac{n \times E - A \times B}{n \times C - A \times A}$$

さらに切片 b については

$$b = \bar{y} - a \times \bar{x}$$

$$= \frac{B}{n} - \frac{n \times E - A \times B}{n \times C - A \times A} \times \frac{A}{n}$$

$$= \frac{B \times (n \times C - A \times A) - A \times (n \times E - A \times B)}{n \times (n \times C - A \times A)}$$

$$= \frac{B \times n \times C - B \times A \times A - A \times n \times E + A \times A \times B}{n \times (n \times C - A \times A)}$$

$$= \frac{B \times C - A \times E}{n \times C - A \times A}$$

5）計算式のまとめ

以上を次の計算準備表（**表** B-11）と計算式表（**表** B-12）にまとめることができる。

表 B-11　計算準備表

番号	データ x	データ y	データ x^2	データ y^2	データ xy
1	x_1	y_1	$(x_1)^2$	$(y_1)^2$	$x_1 \times y_1$
2	x_2	y_2	$(x_2)^2$	$(y_2)^2$	$x_2 \times y_2$
・	・	・	・	・	・
・	・	・	・	・	・
・	・	・	・	・	・
n	x_n	y_n	$(x_n)^2$	$(y_n)^2$	$x_n \times y_n$
合計	$A = x_1 + \cdots + x_n$	$B = y_1 + \cdots + y_n$	$C = (x_1)^2 + \cdots + (x_n)^2$	$D = (y_1)^2 + \cdots + (y_n)^2$	$E = x_1 \times y_1 + \cdots + x_n \times y_n$

表 B-12　計算式表

名称	記号	定義式	計算式
データ x の平均	$\bar{x}$	$\dfrac{A}{n}$	
データ y の平均	$\bar{y}$	$\dfrac{B}{n}$	
データ x の分散	s_x^2	$\dfrac{\sum_{j=1}^{n}\left(x_j - \bar{x}\right)^2}{n}$	$\dfrac{1}{n^2}\left(n \times C - A^2\right)$
データ y の分散	s_y^2	$\dfrac{\sum_{j=1}^{n}\left(y_j - \bar{y}\right)^2}{n}$	$\dfrac{1}{n^2}\left(n \times D - B^2\right)$
データ x の標準偏差	s_x	$\sqrt{s_x^{\,2}}$	$\sqrt{\dfrac{1}{n^2}\left(n \times C - A^2\right)}$
データ y の標準偏差	s_y	$\sqrt{s_y^{\,2}}$	$\sqrt{\dfrac{1}{n^2}\left(n \times D - B^2\right)}$
共分散	s_{xy}	$\dfrac{1}{n}\sum_{j=1}^{n}\left(x_j - \bar{x}\right)\left(y_j - \bar{y}\right)$	$\dfrac{1}{n^2}\left(n \times E - A \times B\right)$
相関係数	r_{xy}	$\dfrac{s_{xy}}{s_x s_y}$	$\dfrac{n \times E - A \times B}{\sqrt{\left(n \times C - A^2\right)\left(n \times D - B^2\right)}}$
傾き	a	$r_{xy}\dfrac{s_y}{s_x}$	$\dfrac{n \times E - A \times B}{n \times C - A^2}$
切片	b	$\bar{y} - a\bar{x}$	$\dfrac{B \times C - A \times E}{n \times C - A^2}$
回帰直線		$y = ax + b$	
決定係数	$(r_{xy})^2$		

6) データの処理例

あるグループで身長と体重を測定し，**表 B-13** のような測定値の表が得られたとする。

これらデータ x とデータ y についての基本統計量（平均，標本標準偏差，相関係数，回帰直線）を求めてみよう。そのために上記で説明した**表 B-11** を電卓で計算して求める。

表 B-13

番号（名前）	データ x （身長：cm）	データ y （体重：kg）
1（a さん）	189	70
2（b さん）	174	67
3（c さん）	165	54
4（d さん）	178	72
5（e さん）	172	65

表 B-14

番号	データ x	データ y	データ x^2	データ y^2	データ xy
1	189	70	35,721	4,900	13,230
2	174	67	30,276	4,489	11,658
3	165	54	27,225	2,916	8,910
4	178	72	31,684	5,184	12,816
5	172	65	29,584	4,225	11,180
合計	$A=878$	$B=328$	$C=154,490$	$D=21,714$	$E=57,794$

表 B-12 にまとめた計算式を使い計算する。

身長の平均値： $\bar{x} = \dfrac{A}{n} = \dfrac{878}{5} = 175.6$

体重の平均値： $\bar{x} = \dfrac{B}{n} = \dfrac{328}{5} = 65.6$

身長の標本分散： $s_x^2 = \dfrac{1}{n^2}\left(n \times C - A^2\right)$

$\qquad\qquad = \dfrac{1}{5^2} \times \left(5 \times 154,490 - 878^2\right)$

$\qquad\qquad = \dfrac{1}{25} \times \left(772,450 - 770,884\right) = \dfrac{1}{25} \times 1,566 = 62.64$

体重の標本分散： $s_y^2 = \dfrac{1}{n^2}\left(n \times D - B^2\right)$

$\qquad\qquad = \dfrac{1}{5^2} \times \left(5 \times 21,714 - 328^2\right)$

$\qquad\qquad = \dfrac{1}{25} \times \left(108,570 - 107,584\right) = \dfrac{1}{25} \times 986 = 39.44$

身長の標本標準偏差： $s_x = \sqrt{s_x^2} = \sqrt{62.64} = 7.914 \cdots = 7.91$

体重の標本標準偏差： $s_y = \sqrt{s_y^2} = \sqrt{39.44} = 6.280 \cdots = 6.28$

相関係数： $r_{xy} = \dfrac{n \times E - A \times B}{\sqrt{(n \times C - A^2)(n \times D - B^2)}}$

$$= \frac{5 \times 57,794 - 878 \times 328}{\sqrt{(5 \times 154,490 - 878 \times 878)(5 \times 21,714 - 328 \times 328)}}$$

$$= \frac{288,970 - 287,984}{\sqrt{(772,450 - 770,884) \times (108,570 - 107,584)}}$$

$$= \frac{986}{\sqrt{1,566 \times 986}}$$

$$= \frac{986}{\sqrt{1,544,076}} = \frac{986}{1,242.6085} = 0.79 \cdots = 0.8$$

傾　　き： $a = \dfrac{n \times E - A \times B}{n \times C - A^2}$

$$= \frac{5 \times 57,794 - 878 \times 328}{5 \times 154,490 - 878 \times 878}$$

$$= \frac{288,970 - 287,984}{772,450 - 770,884} = \frac{986}{1,566} = 0.629 \cdots = 0.63$$

切　　片： $b = \dfrac{B \times C - A \times E}{n \times C - A^2}$

$$= \frac{328 \times 154,490 - 878 \times 57,794}{5 \times 154,490 - 878 \times 878}$$

$$= \frac{50,672,720 - 50,743,132}{772,450 - 770,884} = \frac{-70,412}{1,566} = -44,962 \cdots = -44.96$$

　本書を作成するにあたり，参考・引用した資料を以下に示したので，さらに詳しい情報を得たい場合にはこれらの資料を参考にすること．

参考文献

1) 大内哲彦：体育・スポーツのための測定評価, さつき書房, 東京, 2001.
2) 永田　晟 編：〔新訂〕体育の測定・評価, 第一法規出版, 東京, 1996.
3) 体育科教育研究会 編：体育学実験・演習概説, 大修館書店, 東京, 1991.
4) 神奈川県栄養士養成施設協会カリキュラム研究会 監：解剖生理学実習書, 第一出版, 東京, 1990.
5) 第一学習社 http://www.daiichi-g.co.jp/stest/
6) 文部科学省・指導資料集 http://www.mext.go.jp/a_menu/sports/jyujitsu/
7) 東京大学教養学部統計学教室 編：統計学入門, 東京大学出版会, 東京, 1991.
8) 東京大学教養学部基礎実験テキスト編集委員会 編：基礎実験 II 物質科学実験 A 生命化学実験, 東京大学出版会, 東京, 1996
9) 中嶋寛之：運動のためのメディカルチェック −整形外科系−. 臨床スポーツ医学, 17(3): 350-356, 2000.
10) 鳥居　俊, 中嶋寛之, 中嶋耕平：発育期のスポーツ傷害防止のための整形外科的メディカルチェック（第 2 報）−関節弛緩性・筋柔軟性と傷害発生との関係−. 整スポ会誌, 14(3): 359-366, 1995.
11) 中村隆一, 斎藤　宏：基礎運動学, 第 4 版, 医歯薬出版, 東京, 1992.

6. レポート作成に関して

　レポートは自分の測定結果とそれに基づく意見を他人に伝えるものである。その記述内容は正確かつ明快であり，理路整然としていることが要求される。当然その内容は誰が読んでも誤解のない読みやすいものでなければならない。したがって，レポートは日常的な文章とは性質を異にしているものであり，その作成・表現には一定の決まりや技術が必要である。その作成には測定と同様かそれ以上の時間と労力を要するものであることを銘記しておいて欲しい。

　レポートは，①明快な目的，②整理された結果，③結論を導き出すに妥当な考察，の3点を主眼とし，ある一定の形式でまとめられている。以下にレポートの構成を示しながら具体的に解説する。

1) レポートの構成

　レポートに必要な項目は，表紙（題目，日付，氏名，共同測定者），目的，実験方法，結果，考察，結論，参考文献などである。

(1) 目　的

　レポート作成にあたった背景，レポート作成の目的を自分の言葉で記す。

(2) 方　法

　自分が実際の測定の際に行った方法を書く。原則的にはその文章を読めば誰でもその測定を再現できる程度に記載する。測定はすでに終わったことなので，文章は原則的に過去形で書く。

(3) 結　果

　得られた結果を文章で説明する（過去形）。また，必要に応じて個々の測定値を多少整理した形（表・グラフ）で示す。測定値を直接示す場合もある。図表はそれぞれ通し番号とタイトルをつけ，グラフの縦軸，横軸には目盛りと単位を必ずつける。グラフ上の測定値は誤差表記も行う。グラフ作成には必ずグラフ用紙を用いる。表のタイトルは表の上，図のタイトルは図の下に記載することに注意。

(4) 考　察

　実験データをもとに得られた結果を先行文献などと比較して，その妥当性を考察する。そのため，必ず参考となる文献を利用すること。なお，考察と感想を混同しないこと。

(5) 結　論

　レポート全体から導き出された結論を簡潔な文章で記載する。

(6) 参考文献

　レポート作成の際に参考にした本，雑誌などを記載する。

　一般的に，本の場合は「著者，本の題名，版数，参照したページ，出版社，発刊年」，学術論文や学術雑誌の場合は「著者，論文のタイトル，雑誌名，巻（号），ページ，年」，インターネット上の記事の場合は「著者，記事名，URL，年月日」など，ほかの人がみてその文献を探せるように情報を提示

する。

2) レポート課題

　レポートの課題はこれまで行ってきた測定結果を用いて，自分が関係のありそうだと考えた異なる測定項目における相関関係と回帰直線を求めること，およびその結果から因果関係に関して考察を加える。また，いくつの組み合わせしてみても構わないが，最低 3 つの関係をみる。つまり相関関係をみるための図が最低 3 つできることになる。各自で最も興味をもった組み合わせを選択してみて欲しい。

　測定のグループは 6〜10 名程度であったが，レポート作成にあたっては最低 10 名のデータを集めること。なお共分散，相関係数などの統計量の計算に関しては次ページ以降の計算表を用いて各自電卓にて計算を行うこと。

3) レポート作成指導と評価

　レポートは日本体育大学指定のレポート用紙を用い，手書きにて作成する。目的，方法，結果，考察，結論，参考文献とセクションが変わるときには新しいページから書きはじめる。

　必ず所定の表紙をつける。毎回の課題のチェックシートがレポートの表紙を兼ねている。課題チェックが 4 つとも終わっていない場合はレポートを提出できないので注意する。

　レポートは次回の授業までに作成し，次回の授業時間に提出する。教員の添削を受け，合格のものはレポート作成終了とする。レポートの形式（表紙，目的，方法，結果，考察，結論，参考文献，図表）が揃ってなかったり，内容に不備があるなどの指摘を教員に受けた場合には再提出する。

データ処理用計算票 1 （測定項目：　　　　　　と　　　　　　　　）

氏名	データ x （項目：　　　）	データ y （項目：　　　）	データ x^2	データ y^2	データ xy
1					
2					
3					
4					
5					
6					
7					
8					
9					
10					
合計	$A=$	$B=$	$C=$	$D=$	$E=$

名称	記号	計算式	値
データ x の平均	$\bar{x}$	$\dfrac{A}{n}$	
データ y の平均	$\bar{y}$	$\dfrac{B}{n}$	
データ x の分散	s_x^2	$\dfrac{1}{n^2}\left(n \times C - A^2\right)$	
データ y の分散	s_y^2	$\dfrac{1}{n^2}\left(n \times D - B^2\right)$	
データ x の標準偏差	s_x	$\sqrt{\dfrac{1}{n^2}\left(n \times C - A^2\right)}$	
データ y の標準偏差	s_y	$\sqrt{\dfrac{1}{n^2}\left(n \times D - B^2\right)}$	
共分散	s_{xy}	$\dfrac{1}{n^2}(n \times E - A \times B)$	
相関係数	r_{xy}	$\dfrac{n \times E - A \times B}{\sqrt{\left(n \times C - A^2\right)\left(n \times D - B^2\right)}}$	
傾き	a	$\dfrac{n \times E - A \times B}{n \times C - A^2}$	
切片	b	$\dfrac{B \times C - A \times E}{n \times C - A^2}$	
回帰直線			
決定係数	$(r_{xy})^2$		

データ処理用計算票 2（測定項目：　　　　　　と　　　　　　）

氏名	データ x （項目：　　）	データ y （項目：　　）	データ x^2	データ y^2	データ xy
1					
2					
3					
4					
5					
6					
7					
8					
9					
10					
合計	$A=$	$B=$	$C=$	$D=$	$E=$

名称	記号	計算式	値
データ x の平均	$\bar{x}$	$\dfrac{A}{n}$	
データ y の平均	$\bar{y}$	$\dfrac{B}{n}$	
データ x の分散	s_x^2	$\dfrac{1}{n^2}\left(n\times C-A^2\right)$	
データ y の分散	s_y^2	$\dfrac{1}{n^2}\left(n\times D-B^2\right)$	
データ x の標準偏差	s_x	$\sqrt{\dfrac{1}{n^2}\left(n\times C-A^2\right)}$	
データ y の標準偏差	s_y	$\sqrt{\dfrac{1}{n^2}\left(n\times D-B^2\right)}$	
共分散	s_{xy}	$\dfrac{1}{n^2}(n\times E-A\times B)$	
相関係数	r_{xy}	$\dfrac{n\times E-A\times B}{\sqrt{\left(n\times C-A^2\right)\left(n\times D-B^2\right)}}$	
傾き	a	$\dfrac{n\times E-A\times B}{n\times C-A^2}$	
切片	b	$\dfrac{B\times C-A\times E}{n\times C-A^2}$	
回帰直線			
決定係数	$(r_{xy})^2$		

データ処理用計算票 3（測定項目：　　　　　と　　　　　）

氏名	データ x （項目：　　）	データ y （項目：　　）	データ x^2	データ y^2	データ xy
1					
2					
3					
4					
5					
6					
7					
8					
9					
10					
合計	$A=$	$B=$	$C=$	$D=$	$E=$

名称	記号	計算式	値
データ x の平均	$\bar{x}$	$\dfrac{A}{n}$	
データ y の平均	$\bar{y}$	$\dfrac{B}{n}$	
データ x の分散	s_x^2	$\dfrac{1}{n^2}\left(n\times C-A^2\right)$	
データ y の分散	s_y^2	$\dfrac{1}{n^2}\left(n\times D-B^2\right)$	
データ x の標準偏差	s_x	$\sqrt{\dfrac{1}{n^2}\left(n\times C-A^2\right)}$	
データ y の標準偏差	s_y	$\sqrt{\dfrac{1}{n^2}\left(n\times D-B^2\right)}$	
共分散	s_{xy}	$\dfrac{1}{n^2}(n\times E-A\times B)$	
相関係数	r_{xy}	$\dfrac{n\times E-A\times B}{\sqrt{\left(n\times C-A^2\right)\left(n\times D-B^2\right)}}$	
傾き	a	$\dfrac{n\times E-A\times B}{n\times C-A^2}$	
切片	b	$\dfrac{B\times C-A\times E}{n\times C-A^2}$	
回帰直線			
決定係数	$(r_{xy})^2$		

データ処理用計算票 4（測定項目：　　　　　と　　　　　）

氏名	データ x （項目：　）	データ y （項目：　）	データ x^2	データ y^2	データ xy
1					
2					
3					
4					
5					
6					
7					
8					
9					
10					
合計	$A=$	$B=$	$C=$	$D=$	$E=$

名称	記号	計算式	値
データ x の平均	$\bar{x}$	$\dfrac{A}{n}$	
データ y の平均	$\bar{y}$	$\dfrac{B}{n}$	
データ x の分散	s_x^2	$\dfrac{1}{n^2}\left(n\times C - A^2\right)$	
データ y の分散	s_y^2	$\dfrac{1}{n^2}\left(n\times D - B^2\right)$	
データ x の標準偏差	s_x	$\sqrt{\dfrac{1}{n^2}\left(n\times C - A^2\right)}$	
データ y の標準偏差	s_y	$\sqrt{\dfrac{1}{n^2}\left(n\times D - B^2\right)}$	
共分散	s_{xy}	$\dfrac{1}{n^2}(n\times E - A\times B)$	
相関係数	r_{xy}	$\dfrac{n\times E - A\times B}{\sqrt{\left(n\times C - A^2\right)\left(n\times D - B^2\right)}}$	
傾き	a	$\dfrac{n\times E - A\times B}{n\times C - A^2}$	
切片	b	$\dfrac{B\times C - A\times E}{n\times C - A^2}$	
回帰直線			
決定係数	$(r_{xy})^2$		

スポーツ研究 B レポート（サンプル）

「形態とパフォーマンス」

> タイトルはレポートで何がいいたいのかを反映したものにする

【目的】

> レポート作成にあたった背景や目的をまとめる

　筋力は筋の断面積に比例する[1,2]。すなわち筋が太くなれば発揮される筋力も大きくなる。このレポートではまず第一にこの関係が本当に成り立つのかどうかを前腕囲と握力の関係をみることで確かめることにした。握力と前腕囲の関係は比較的単純な関節運動での関係であるが，より複雑な動作でも同じような関係がみられるかどうかについても興味をもった。そこで全身パワーの指標として測定されることの多い垂直跳びと大腿囲の関係について調べてみた。また垂直跳びの動作は足関節，膝関節，股関節という下肢3関節の動き，腕の振り，反動動作といった様々な要素が複雑に組み合わさったものであるが，背筋力という股関節伸展の等尺性筋力も垂直跳びのパフォーマンスに影響を与えていると予測し，その関係について確かめてみることにした。

【方法】

> 方法を読めば，誰でもその研究が再現できるようにまとめる

> 目的では，仮説を立てることも大切

1. 被験者

　被験者は体育大学男子学生83名であった。被験者の平均（±標準偏差）年齢，身長，体重，BMIはそれぞれ19±1歳，170.3±17.7 cm，66.4±6.5 kg，22.5±2.0であった。

2. 測定

　測定項目は前腕周径囲，大腿周径囲，握力，背筋力，垂直跳びの5項目であった。前腕周径囲は腕を下げた状態で前腕部の最も太い部分を測定した。大腿囲の測定では，被験者を両足間隔約10 cmで立たせ，右大腿の内側の最も太い部分（臀部の下の筋肉が最も内側にふくらんでいる部分）を，大腿の長軸に垂直に測定した。握力の測定には握力計（ヤガミ）を用いた。握力計の握り幅を人差し指の第二関節がほぼ直角になるように調節し，被験者の右手に持たせた。被験者は直立姿勢で両足を左右に自然に開き，腕を自然に下げて，握力計を身体や衣服に触れないようにして力いっぱい握りしめた。背筋力測定には背筋力計（ヤガミ）を用いた。被験者を背筋力計の台の上に両足先を約15 cm離して膝を伸ばしたまま立たせた。背を伸ばした状態で上体を約30°前方に傾けたところでチェーンの長さを調節した。その後，被験者に膝を曲げないで真上に全力で引き上げるように指示した。垂直跳びの測定にはデジタル式のジャンプメーター（ヤガミ）を用いた。ジャンプメーターを被験者の腰部にしっかりと固定し，マットの上で直上に全力で跳躍するように指示した。握力，背筋力，垂直跳びの測定はそれぞれ2回行い，よいほうの記録を採用した[3]。

3. 統計処理

　数値は平均値±標準偏差で表わした。2変数の関係をみるために相関係数を求め，5%水準で有意な相関関係が認められた場合のみ回帰直線式を算出した。

【結果】
> 得られた結果を文章で説明する。
> 必要に応じて表やグラフを使う

　今回の全被験者の前腕囲，大腿囲，握力，背筋力，垂直跳びの平均値（±標準偏差）を表1にまとめた。測定項目のうち，①前腕囲と握力，②大腿囲と垂直跳び，③背筋力と垂直跳びの3つの関係（図1〜3）について相関係数を求めたところ，前腕囲と握力，および背筋力と垂直跳びの間

> 表にはすべて通し番号をつけ，表の上にタイトルをつける。単位も忘れずに

表1　各測定項目の平均値　（n＝83）

前腕囲（cm）	26.5 ± 1.6
大腿囲（cm）	54.0 ± 3.8
握　力（kg）	48.6 ± 8.1
背筋力（kg）	146.9 ± 26.5
垂直跳び（cm）	62.4 ± 9.4

には有意な正の相関関係（それぞれ r＝0.52, 0.35）が認められたが，大腿囲と垂直跳びの間には統計的に有意な関係は認められなかった（r＝0.08）。

> 実験はすでに終わったことなので，文章は過去形で書く

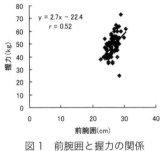
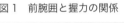

図1　前腕囲と握力の関係

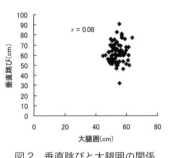

図2　垂直跳びと大腿囲の関係

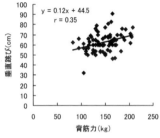

図3　背筋力と垂直跳びの関係

> 図にはすべて通し番号をつけ，図の下にタイトルをつける

> 有意な相関関係がない場合は回帰直線を描かず，相関関係のみ記入

> 図の軸には必ず目盛りと軸タイトル，単位をつける

【考察】
> 得られた結果について，その妥当性を検討する。必要に応じて先行研究を引用しながら考察する。考察と感想を混同しないこと

　本レポートの1つめの目的であった「筋断面積と筋力の関係」については握力と前腕囲の関係（図1）で確認することができた。これは先行研究の結果と一致するものであった[1,3]。しかし，実際には前腕囲として測定された値には握力にかかわる筋以外にも皮下脂肪や骨，指や手の伸筋群などが含まれている。前腕囲が同じでも握力の値に大きなばらつきがみられたのは，これらのことが関与しているからかもしれない。

> 必要に応じて先行研究を比較する

　2つめの目的は，より複雑な動作である垂直跳びのパフォーマンスと主働筋の1つである大腿四頭筋の断面積に関係すると考えられる大腿囲の関係について調べることであった。比較的単純な運動パフォーマンスである握力と前腕囲については先述のように両者の間に有意な正の相関関係が認められたが，大腿囲と垂直跳びの間には有意な相関関係は認められなかった。垂直跳びには大腿部以外にも下腿や股関節，上体などの多くの筋がかかわっているために，大腿囲と垂直跳びの間に関係を見出せなかった可能性がある。また握力と前腕囲の関係のところで同様のことを述べたが，大腿囲には大腿四頭筋以外の筋や多の組織の太さも含まれていることも影響を及ぼしていると推察できた。

　垂直跳びは，立位から足関節背屈，膝関節屈曲，股関節屈曲により重心を下げた後，すばやく動作方向を上向きに切り替えて，足関節底屈，膝関節伸展，股関節伸展を行い，最終的に離地する。背筋力は，股関節伸展筋群と上体背部の筋群が中心となり発揮される筋力である。垂直跳び

の際の股関節伸展を力強く行うことができれば，跳躍高も大きくなるのではないかと予測し，垂直跳びと背筋力の関係を調べた結果，予想通り正の相関関係が得られた。つまり，背筋力が優れている人のほうが垂直跳びのパフォーマンスが高いということになる。今回は背筋力の測定しか行わなかったが，膝関節伸展筋力や足関節底屈筋力も垂直跳びのパフォーマンスと関係があるのかもしれない。

　本レポートを通じて，筋力は筋の断面積（実際に測定したのは周径囲）と比例するが，複雑な動作になると，その関係は薄れること，そして垂直跳びパフォーマンスは静的筋力である背筋力の影響を受けることがわかった。

【結論】 レポート全体から導き出された
結論を簡潔な文章で記載する

　本レポートの結果を要約すると以下のようにまとめられる。

　1．握力と前腕囲には有意な正の相関関係が認められた。

　2．垂直跳びと大腿囲の間には有意な相関は認められなかった。

　3．垂直跳びと背筋力の間に有意な正の相関関係が認められた。

　これらの結果から，筋力は筋の断面積（実際に測定したのは周径囲）と比例するが，複雑な動作になるとその関係は薄れること，そして垂直跳びパフォーマンスは静的筋力である背筋力の影響を受けることがわかった。

【参考文献】 参考にしたり引用した文献をリ
ストアップする

1) Earle RW, Baechle TR 編 (日本語版監修　福永哲夫)：NSCAパーソナルトレーナーのための基礎知識, pp.50-62, 森永製菓株式会社健康事業部, 2005.

2) 福永哲夫 編：筋の科学事典, pp.78-113, 朝倉書店, 2002.

3) 伊藤雅充, 岩原文彦, 鈴川一宏, 中里浩一, 向本敬洋：スポーツ研究 B 実習ノート, 国際文献印刷社, 2014.

※このレポートサンプルはあくまでも"サンプル"であり，考察に参考文献として用いることができないことに注意。また，本サンプルと似たレポートを作成した場合は，全面的に書き直しとなるので注意！

付録2

体育・スポーツ学を学ぶ
大学生のための
アカデミック・ライティング
レポート編

編集：

日本体育大学総合スポーツ科学研究センター研究部門
（中里 浩一，近藤 智靖，小林 正利，須永 美歌子，波多腰 克晃）

目　次

1. アカデミック・ライティングとは

　アカデミック・ライティングは元来英語圏でできた言葉です。現在の日本ではレポートや卒業論文などの作成技法を指す言葉として使われ始めています。日本ではアカデミック・ライティングは大学に入ってから習うかあるいはその作成を迫られる場合がほとんどであるため，高等学校を卒業したばかりの学生さんたちにはその違いすらわからないという場合がほとんどです。

　以下に小学校教員に採用された場合の，簡単な事例を示します。あなたは努力の甲斐があって教員となり，本年度が 2 年目だったとします。憧れの職場で生き生きと業務をこなしています。

　そんな職場で 5 月末に運動会がありました。運動会は一大イベントですが 2 年目なので少し余裕があります。ところがその年は季節外れの熱波が日本列島を包み込み，真夏日になってしまいました。その結果，運動会中に保健室に担ぎ込まれる児童が昨年の倍以上でした。思わぬ状況に 2 年目の余裕も吹き飛びましたが，なんとか運動会を終えることができました。

　その翌日，あなたは副校長先生から呼び出しを受けます。「昨日は異例の気象とはいえ，色々と問題があったかと思います。そこで今後の参考に，資料を残しておければと考えています。ついては昨日の運動会の様子を短いレポートにして提出してもらえませんか。」

　「レポートか…，なんか卒論とかでやったやつだな。でも短くっていうからなあ。よし，なんにしろ書いてみよう。」とあなたは思います。

　そして次の文章を書き，副校長に提出しました。

暑かった運動会

　学校一丸となって準備した昨日の運動会は大成功におわりました。季節はずれの高い気温で，ぎらぎらと照り付ける太陽はまさに真夏のようでした。

　運動会が始まってみると，校長先生のあいさつの時からばたばたと倒れる児童たちに私は驚きましたが，必死で保健室に連れていきました。その数は 5 名以上でしょうか。グランド周辺には保護者が多数いましたが，なんとか道をかき分けてがんばって看護することができました。

　なぜこんなことになったのか…。原因をいろいろと考えたのですが，日ごろから一大イベントに向けて準備をしていた児童たちは大変張り切っていたのですが，準備の疲れがみえるような児童がちらほらいました。もちろんあの暑さですので，児童たちもきつかったんだと思います。テレビの天気予報でも外での運動は注意するように言っていました。今後運動会については準備段階の時からしっかり生徒たちの健康状態を把握することに努めます。暑さ対策もなにか考える必要があると思います。なにしろ大変な運動会でした。

　副校長先生がこれを見ておっしゃいました「うーん。君，レポートの書き方ってならったことあるかな？」。「しまった。やらかしたかも…。」と心の中で思うのですが，さて何をどうするやら。同僚の先生に相談したところ，その先生もレポートの執筆を頼まれたとのこと。さっそく見せてもらいます。

本年度運動会における要看護児童数の増加について

　学校体育の現場において暑熱環境下における運動は児童の体調を損ねることが知られている[1]。本年度の運動会では要看護児童が散見され，今後の運動会実施に向けてなんらかの対策が必要であると感じられた。そこで本レポートでは本年度運動会における要看護児童数の増加の原因を考察する。

　運動会当日の気温は午前9時で28℃であり，午後1時には再校気温の34℃に達した。湿度は平均80%であった。保健室を訪れた生徒数は開会式終了時点で4名，運動会終了までに8名であった。保健室を来訪した児童を聞き取り調査したところ，8名中6名の生徒が応援団などの役員の仕事に関わっていた。

　昨年の運動会の記録によれば，要看護児童数は運動会終了時までに4名であったことから，本年度は昨年度の倍であった。一番の原因としては本年度が高温多湿環境であったことがあげられる。このことは，高温多湿下での体調の不具合の訴えが多いとの報告と一致する[2]。それに加えて要看護児童のうちの75%が運動会役員であり，準備段階ですでに疲労が蓄積していた可能性も考えられる。

　今後の運動会においては，温度湿度調査により適切な環境整備を行うとともに，準備段階から児童たちの体調に関しても十分に気を配る必要があるといえる。

引用文献
1)　□□□□□
2)　△△△△△

　「ありがとうございます。参考になります。」と言ってはみたものの，心の中では「なんだか小難しいなあ。こいつ偉そうだなあ。でも書いてあることは要するに俺のとかわらないぞ。いったい何をどうすればいいんだ？」

　さて2つの文章がどのように違うのか。そのことは以下の章を読んでいくことで明らかになりますが，ポイントとしては，「レポートは，他人に客観的かつ科学的に事実を伝え，そこから結論を導き出すものである」かつ，「書き方には一定のルールがある」ということです。

2.　レポート作成

2.1　レポートを書く前に
感想文にならないように注意しましょう

　大学で提出するレポートは，自分が行った実験・調査などの結果や証拠等を，書籍や学術論文として先に世の中に示してある内容等と比較・検討し，他人の結果や意見を評価（討論）しながら自分の結果を考察し，論理を展開していくという特徴があります。

　レポートを書く場合，日常の話し言葉や，日常書く文章と異なる場合が多いので，ふさわしい文章

になっているか注意を払うことが必要です。

調べてみましょう

まず,「自分が書きたいこと」や,「なぜ？」と疑問に思ったことを調べてみましょう。「自分がレポートで書きたいと思ったこと」や仮説,疑問について,世の中ではどう考えられているのか「キーワード」検索をしてみましょう。図書館の検索サイト（「OPAC」や「NSSU サーチ」),「Google」や「Yahoo」からの検索でもかまいません。

最初はホームページなどの検索でも結構ですが,最終的にはその「キーワード」について,情報の信頼性が高いと考えられる書籍や論文を捜し出すことが重要です。（情報の信頼性が高いと考えられる書籍や論文については後述します。）

約束事を守りましょう

レポートをまとめる時は,図書館で書籍や雑誌掲載論文を捜したり,インターネットからヒントを得ることが多くなると思います。ただし,自由に発信しているインターネットからヒントを得ることはかまいませんが,できる限り,専門の書籍や論文,さらに公的機関がインターネット等で発信している情報に当たることをおすすめします[注1)]。

レポートを書く際,守らなければいけないルールや約束事がいくつかあります。そのうえで信頼性のおける情報を収集することが大切になります。

スポーツにおいてもひどいルール違反は,退場処分や一定期間の出場停止処分などの厳罰が処せられますよね。レポートで約束事を破った場合も同様にペナルティが与えられることを意識しておきましょう。〈著作権法　第 8 章　罰則　第 119 条～ 124 条〉

提出期日を守ることはいうまでもありませんが,提出用紙や書式,図表の書き方,他にも守らなければいけない約束事がいろいろあります。

2.1.1　コピペはダメ（著作権，インターネットの話）

他人が創作したものは,勝手に使用してはいけません。

即ち,他人の書籍や論文等の著作物およびホームページ,ブログ,Twitter,Facebook など Web 上で公開されているものの文章や写真,イラスト等は,著作権で保護された知的財産になり,無断でコピペ（使用）してはいけません。これらをレポートとして提出する際に,勝手に一部またはその全部を使用することは著作権を侵害したことになります。また,他人のレポートをコピペ（盗作）することもいけません。これも,レポートや著作物を書いた人たちの著作権を侵害する行為になります。

しかしながら,自分の書いたレポートに他人が書いた文章や図を使用する時は,自分の文章と引用した文章とを区別できるよう「適切な書き方」を行い「引用箇所」を示し,「どこから引用してきたのか」を明記した場合,「引用」として認められ,大丈夫ということになります。〈著作権法　第 32 条〉(2.4 引用文献の書き方参照)

注 1）「Wikipedia」,「知恵袋」,ブログ,「Facebook」等は,一般的な知識を得るためには非常に便利なツールです。しかしながら,「Wikipedia」や「知恵袋」は誰でも書き込むことができ,ブログや「Facebook」は個人の意見のみが反映されている場合があります。どれも出典先が明確でなかったり,科学的な裏付けがとれていなかったりすることがあるため必ずしも正しい情報であるとは言えません。情報の信頼性が低く,厳密性に欠けますのでレポートに引用することは絶対避けてください。

　なお，他人のレポートをコピペすることは，試験でカンニングすることと同じになってしまいます。本学では試験中に不正行為があった場合，その学期の履修科目のすべてが不合格になり，学則第 58 条に定める懲戒の対象になることを考えればその重大性はよくわかると思います。

　引用してよいのかどうかわからない時は，担当教員に聞いて確かめるか，思い切って引用することをやめましょう。

2.1.2　情報の信頼性が高いか否かを見極めるためのコツ

　では，どのような資料の信頼性が高いといえるのでしょうか。そのいくつかを挙げてみます。

（1）科学的根拠や史実的根拠が明確に示されている。

（2）引用・参考文献の出典先がきっちり明示してある。

（3）図書館の検索サイト（「OPAC」や「NSSU サーチ」）で検索できる。

（4）書籍に ISSN（International Standard Serial Number：国際標準逐次刊行物番号）や ISBN（International Standard Book Number：国際標準図書番号）がついている。

（5）上記（1）〜（4）に加えて，発行年や版数が最新のものである（特に実験系の場合）。

2.1.3　孫引きは避けましょう

　まず，著作者が調べたい内容や情報について直接書いてある資料（書籍・論文等）を「一次資料」といい，沢山の一次資料に書かれている内容を「参考・引用文献」として明記し，それをまとめたものを「二次資料」といいます（例：総論，専門辞典，年鑑，辞書，各種データベース等）。

　レポートや論文を書く場合，できる限り一次資料に基づいて書くことが求められます。「二次資料に出典先が書いてあるから，これを引用してしまえっ！」（これを孫引きといいます）と考えて引用すると，二次資料を作成した著者が間違って記載してしまっていたり，印刷ミスがあったりということがありえます。必ず一次資料を調べ，それに基づいて引用することが重要です。

2.2　どうやって書くか

　いざ，レポートを書こうとすると，多くの学生は早速つまずくでしょう。「レポートってどうやって書けばいいんだろう？」「SNS に投稿している文章をつなげればいいのかなあ？」

　もちろん，そんなはずはなく，レポートの書き方には決まりがあります。また，皆さんがこれまでに学んできた論文作成のテクニックは起承転結，序論・本論・結論，初め・中・終わり，というやり方ではなかったでしょうか。そこで，ここではもう少し具体的なレポートの作成について説明します。

2.2.1　感想文とのちがい

　多くの皆さんがこれまでに経験してきたのは，感想文や体験作文のテクニックかもしれません。しかし，この経験がレポート作成に通用すると考えてはいけません。以下に示している「薬物ドーピングについて述べよ」という出題を想定し，感想文的な表現になった失敗例を考えてみましょう。

感想文的な表現

　主張 a：「薬物ドーピングを使用すると体に悪影響を及ぼす」

　主張 b：「私は，薬物ドーピングを使用する人が毎年増えていると思います」

主張 c：「薬物ドーピングをなくすには，世界が平和になるべきです」

　このような形式であなたがレポートを提出した時には，担当の先生はおそらく，次のような指導をするでしょう。

指導のポイント
　主張 a は，どこから得られた情報なのか確認できないため，必ずしも信頼できるとはいえない。
　主張 b は，正しいか正しくないか，確かめようがない。印象にすぎない。
　主張 c は，個人の規範的信念を示しているにすぎない。

　レポートを作成する場合には，様々な文献，実験データ，調査資料を提示しながら，他の誰がみても私と同じ考えに至るはずである，という「客観的に示すことができる私の考え」を提示する必要があります。それでは次に，レポートにはどのような種類があるのかみてみましょう。

2.2.2　レポートの種類
　これから皆さんが授業の課題として作成するレポートには，次のような課題をおよそ 4 つのタイプに分類することができます。
　(1) 読んで報告するタイプ
　　例：関根正美著『スポーツの哲学的研究』不昧堂，1999 年の第 3 章を読み，要約しなさい。
　(2) 調べて報告するタイプ
　　例：スポーツ基本法について調べて報告しなさい。
　(3) 課題を与えられたうえで論じるタイプ
　　例：スポーツをすると健康になれるか否か，あなたの考えを自由に展開しなさい。
　(4) 課題を自分で決めて論じるタイプ
　　例：学習指導要領のあり方にかかわるテーマについて自由に論じなさい。
　およそ，(1) と (2) タイプはレポート作成に求められることが多いでしょう。そして，(3) と (4) タイプはレポート作成と論文作成に求められます。

2.2.3　「問い」と「答え」
　それでは，どのように取りかかればよいのでしょうか。ここでは上記した (3) と (4) タイプの課題が提示された時の作成手順について説明します。
　まず，レポートには「問い」が必要となります。
- なぜ，あの選手は速く走れるのだろうか？
- われわれはスポーツを通して社会に貢献するべきか？
- 日本のサッカーとドイツのサッカーの違いは何か？

などといった明確な「問い」（実際にはもっと具体的な問い）を立て，それを解決することを目指す文章を作成します。そして，「問い」があるということは「答え」があるということになります。あなたならどのような「問い」を立てどのように「答え」を導き出しますか。例えば，「なぜ速く走れるかと問われても…，生まれつきのような気がするし…，足が長いからかなあ。でもあの人は私より

足が短いのに速いな（笑）…あれ，何を書けばいいんだったかな…」などと「答え」が定まらずに，レポート提出日にとにかく文字を埋めなくてはと焦った経験がある人も少なくないでしょう。

　というわけで，「問い」と「答え」を導き出す，つまり，レポートを作成する時に次のことを忘れないでください。

論文作成の３つの柱（問題提起―主張―論証）

　(1) 与えられた問い，あるいは自分で立てた問いに対して…（問題提起）

　(2) １つの明確な答えを主張し…（主張）

　(3) その主張を裏づける事実的・理論的な根拠を示して主張を証明する…（論証）

　例えば，(1) が「○○は正しいかどうか」であるとします。この問いに対して (2)「私は○○は正しいと考える」という主張をしたとします。その際，(3) の根拠として「誰が何といおうと，私は○○が正しいと思っている。だから正しいんだ」という自己主張のみを世界の中心で叫んだとしても誰も認めてくれません。せいぜい，仲睦まじい２人がお互いの仲を確認する時ぐらいでしょう。一方，「以下の根拠から○○は正しいと結論づけられる。なぜなら…」と○○が正しいと考えるべき根拠がきちんと示されていれば，りっぱな客観的記述といえます。要するに，「問い」に「答え」るためにはきちんとした (3) 論拠を伴っていることがレポート作成に必要なことです。

　それでは，３つの柱を念頭に入れて，どのようにレポートの本体を構成すればよいのでしょうか。あなたはどのようなパターンで構成しますか。

３つのパターン

パターン１：問題提起―結論（主張）―論証（「私はこう思う。なぜなら」）

　問題提起の後，いきなり問題に対する自分の主張を述べるパターンです。主張の後にそれが正しいことを確かめるために根拠を述べます。この時，論証の前の段階で示される結論（主張）は，主張の後に正しいことが示されるため「仮説」という表現がふさわしいでしょう。つまり，「本レポートでは○○の原因が△△であることを明らかにする」と示すことによって，レポートの方向性を明確に読者に理解してもらうやり方です。

パターン２：問題提起―論証―結論（主張）（「複数の可能性をあげて結論にいたる」）

　このパターンは，これが本当かどうか調べてみよう，という問いを立て，様々な根拠を集めて分析した結果，こういうことが明らかになりましたと答えるやり方です。実験研究や調査研究はこのパターンになることが多いでしょう。

パターン３：問題提起―論証（先行研究の批判検討）―結論（主張）―論証
（「従来の考え方を批判し結論にいたる」）

　問題を提起してから，まずはこれまでに導きだされた「答え」を批判的に検討したうえで，自らの「答え」が他の類似するレポートよりも優れていることを示すパターンです。この場合の結論（主張）も「仮説」という考え方になります。主に文献研究はこのパターンになることが多いでしょう。

　以上のように，問題提起，論証，結論の 3 つの要素は同じでも，レポートにおける結論の導き出し方によって出てくる順番に差があるということです。それでは，あらゆる文献，実験データ，調査資料をどのような点に注意して読んでみたり，調べてみたりすればよいのでしょうか。

2.2.4　文献，実験データ，調査資料を読む時のポイント

　皆さんが，これからレポートを作成しようとする時，根拠のない自己主張に陥らないためにも，文献，実験データ，調査資料を手にして，いよいよ自らの「問い」を探さなければなりません。それでは，どのように「問い」を探せばよいのでしょうか。ここでは読んでみたり，調べてみたりする時のポイントを紹介します。そもそも，自らの「問い」を探す作業に重点を置いているわけですから，必ずしも，すべての本やデータを完璧に読み込んだり，調べてみたりする必要はありません（ただし，資料の扱い方にもよります）。むしろ，次のような箇所を探し出して読んでみたり，調べてください。

「問い」を探す時のポイント

(1) なるほどそうだったのか，と気づいた箇所

(2) そうそう，私もそう思っていたし，それがいいたかったんだ，という箇所

(3) あれ，なんだかこの考え方は変だな。どうしてそういえるんだ，という箇所

(4) なんだこれは，この考え方は間違いなくおかしい，と理解した箇所

　このような箇所をさらに突き詰めていくと，あなたのレポートの「問い」が「問題提起」となり，その「答え」はこうじゃないかな？と思ったら，それが「仮説」であり，最終的には「結論」にもなりうるということです。つまり，この発想にいたるまでに使った文献，実験データ，調査資料は，あなたの主張を支えてくれる参考資料や引用文献として扱うことができるというわけです。そして，コツコツと書き上げたレポートを卒業論文にまとめる楽しみが目の前に開けてくるはずです。卒業論文が完成すれば，その作品が大学生活の記念碑となるだけではなく，世界で唯一の「知」となります。何も大袈裟ではありません。それがいかなる内容であろうとも，それは世界に 2 つと存在しない貴重な文献に違いないのです。

2.3　こんなところに注意しましょう

　ここではレポートを作成する際に注意するところについて具体的に説明していきます。

2.3.1　聞かれていることに答えましょう

　多くの皆さんが「やってしまいがちなミス」の 1 つとして，課題をよく読んでいない点があげられます。よく読んでいない人は「△△について考えを書いてください」という課題を出されても，考えが書いていなかったりします。問いに答えるという原則を守りましょう。以下に具体例をあげます。

具体例

課題：

　子どもの体力の二極化が叫ばれていますが，この二極化についてあなたの考え方と対策を記してください。

良い例：

　二極化の問題は子どもの健康や生涯スポーツの視点からすると，極めて重要な問題であると考える。なぜなら体力テストの得点の低い生徒は，将来，大人になっても運動をしない傾向にあるという指摘が，○○のデータから読み取れるからである。そのため，得点の低い生徒に対しては，体育の時間の「体ほぐしの運動」を行い，簡単でみんなと交流できる活動によって，運動が楽しいといった印象を持てるようにする必要がある。

悪い例：

　二極化の問題は，文部科学省の平成25年度体力・運動能力調査の結果を見れば明らかである。中学校2年生女子のデータでは，体育の授業時間以外に運動をしない生徒が25〜30％いる。

　この2つの例は，どちらも良さそうにみえますが，良い例の場合，課題とされている質問に答えています。一方，悪い例は，調べたことだけを書いていて，質問に答えていません。レポートを出した先生の質問に答えていなければ，評価は低くなります。

　こうしたことは普段のレポートのみならず，就職試験の小論文や面接などの場面でもあてはまります。何を聞かれているか，重要な所に色ペンで線を引くと，ミスが防げます。

2.3.2　レポートにふさわしい表現をしましょう

　レポートは授業にかかわる文章ですので，話し言葉であったり携帯メールやSNSで友人に使う表現をしてはいけません。例えば次のような表現は，自分たちが正しいと思っていても，レポートには相応しくありません。

　〜しなくちゃ　とっても　あんまり　だって　だけど　〜みたいな　自分的には　やっぱり　やっぱ

　こうした言葉は一例に過ぎません。レポートは，いわゆる硬い表現で書くことを頭に入れておきましょう。

2.3.3　長すぎる一文にならないようにしましょう

　皆さんのレポートには，いつまでたっても「。」が出てこない文になっているものもあります。例えば，次のような文です。

　スポーツの楽しさは，「する」「みる」「ささえる」といった3つの視点から説明することができるが，その中でも「する」楽しさは，自分自身のパフォーマンスの向上がもっとも重要であるし，その結果チームにも良い影響を与えていくことも重要となるし，さらには，…

　このようにいつまでたっても「。」をつけずに，数行にわたって続いていく文章を書いてしまうと，非常に読みにくいものとなります。文の意味を明確に伝えるためにも，単文で書くことを心がけ，1つのまとまりが終わったら「。」をつけるようにして下さい。

2.3.4　結論を先に書くか，後に書くか

　レポートを書いていると，調べたことを書いているうちに，何をいいたいのかわからなくなってし

まうことがあります。レポートの形式が決まっている場合は大きな問題はないのですが，指定がない場合には，まず結論を先に書くことをおすすめします。ただし，スポーツ種目によってルールや作法が違うように，学問によって書き方の作法が違います。迷うような課題が出されたり，一定の形式を要求されたりする場合には，担当の先生に書き方を教えてもらいましょう。以下に具体例をあげます。

具体例
課題：
　生徒の投能力を向上させるためには，どのような方法が有効であるか。

結論を先に書く場合：
　生徒の投げる力を向上させるためには，日常の中で楽しく投げる機会を多くもうけること，また体育の時間の中で，投げる練習を多く取り入れ，1 年間続けることが 1 つの方法であると考える。
　生徒の投能力については，文部科学省の体力・運動能力調査によると…

結論を最後に書く場合：
　文部科学省の体力・運動能力調査から，昭和 60 年代と比べて，現在著しく低下がみられる項目として，ハンドボール投げをあげることができる。これは，日常的に野球を遊びとして取り入れていた親世代と，運動をあまりしない現在の子ども達との生活の違いを示しているともいえる。…（この後，ずっと調べたことが続く）…
　生徒の投げる力を向上させるために，どのような方法が有効であるかといえば，楽しく投げる機会を多くもうけることが重要であるといえる。

　この文章は，どちらも文部科学省の体力・運動能力調査のデータをもとにレポートを書いていますが，先に結論を書いた場合と，後から書いた場合とでは印象が違います。結論を先に示す文の方が，よりまとまっている印象を与えます。

2.3.5　話のまとまりや意味のまとまりごとに改行をしましょう

　皆さんのレポートには，段落をつけていないものが多くあります。一方で，話のまとまりがついていないうちにどんどん改行をしていくものもあります。話の流れが一段落したり，まとまりがついたりしたら改行する，という点を覚えておきましょう。

2.4　引用文献の書き方
2.4.1　文献から情報を集めましょう

　レポートを作成するにあたって，まずはテーマに合わせて文献（図書，論文，インターネットなど）から情報を集めます。そして，文章やこれまで行われてきた研究を参考にしながら，現在の課題や状況を整理してみましょう。さらに，その情報をもとに自分の考え（議論）を展開していくことが大切です。ただし，本や論文から文章や情報を引用した場合には，必ずその文献を示す必要があります。そうしないと「盗作」になってしまいます。盗作は犯罪となりますので絶対にしてはいけません〈著作権法　第 32 条〉。

著作権法　第 32 条

　公表された著作物は，引用して利用することができる。この場合において，その引用は，公正な慣行に合致するものであり，かつ，報道，批評，研究その他の引用の目的上正当な範囲内で行われるものでなければならない。

著作権法第 32 条に違反しているレポートとは
- 大部分が引用で，自分のオリジナルの文章が少ない。
- どこが引用された部分なのかわからない。
- 脚注番号や参考文献リストがなく，出所がきちんと書かれていない。

2.4.2　引用した部分に脚注番号を挿入しましょう

　文献から文章を写したり，要約して書いた場合に，その部分がわかるように文章中に番号をつけます。この番号を脚注番号といいます。

1）直接引用：文献から文章を写した場合
短い引用文の場合

　1〜2 行くらいの短い文章を引用する場合は，引用した文章を「　　」で囲み，脚注番号を記載します。

例

― 本文 ―

　1986 年の『科学論と社会科学の間』の中でレンクは，「人間と社会は自然の制約（Bedingungen）と限界（Begrenzungen）に従属している。両者は決して純粋な〈精神存在〉（Geistwissen）ではない」[1] と述べている。ここからうかがえるように，レンクが考える人間とは周囲世界（Umwelt）の中で現実に生きる具体的存在としての人間であって，決して認識論的主体である精神としての人間ではない。

―文献リスト―

1）Lenk, H. Zwischen Wissenschaftstheorie und Sozialwissenschaft. Suhrkamp: Frankfurt, 1986. S.8.

長い引用文の場合

　直接引用の中でも 3 行以上を引用する場合，引用だけの独立した段落を設けて直接引用します。その際，次の点に注意して作成しましょう。
- 前後を 1 行ずつ空けること。
- 左右を 2 文字ずつ空けること。

● 引用文の最後に脚注または，（ ）で引用した文献（出典）[注2] を示すこと。

　主に，引用元の独自性が高い言葉を使っている場合です。要約して引用するよりもその著者のオリジナリティを正確に伝えることができるという考え方です。

例

― 本文 ―

　この前川の記述に表れた「体育」と「人間形成」との関係は，「『体育』によって『人間形成』を達成する」ということを意味している。しかしながら前川は，次の記述に示されるように，直接的に「人間形成」を達成するという立場をとるものではない。

□□□□□□□□□□□□□□□□□□ 1 行空ける □□□□□□□□□□□□□□□□□□ 2 字空ける

□□体育は運動を用いての人間形成をねらいとする教育作用であるとしてきた。この場合，□□
2字空ける　運動というものは，果たして人間形成に関係するものであろうか。もし形成にあずかると□□
すれば，主として，人間に対してどのような形成的なはたらきがあるか，またそれはど□□
□□の程度可能なものであるかを問題にしなければならない[1]。　　　　　　　　　　　□□

□□□□□□□□□□□□□□□□□□ 1 行空ける □□□□□□□□□□□□□□□□□□

　つまり前川は，以下の記述が示すように，「体育」あるいは運動によって獲得された「技術, 態度, 能力」を手段として「人間形成」を達成しようと主張するのである。

―文献リスト―

1）前川峯雄, 体育原理, 大修館, 1970, p.8.

2）間接引用：文献から文章を要約して書いた場合

　図書，論文などの内容を要約して書いた場合，その部分の出典を記載しなければなりません。要約した文章の最後または著者名に脚注番号を挿入します。また，本文中の資料名は『 』で囲みます。

例

― 本文 ―

　男性と女性が同じ条件でレジスタンストレーニングを行った場合，そのトレーニング効果は果たして同じなのだろうか。レジスタンストレーニングの効果を科学的に捉え，そのエビデンスづくりが始まったのは 20 世紀の中程である。ヘティンガーは，『アイソメトリックトレーニング』の中で，女性のトレーニング効果の可能性はどの年齢においても，男性よりも明らかに低いこと

注2）（ ）で引用した文献（出典）を示す場合「…問題にしなければならない[1]。」の 1）の箇所を（著者名, 出版年, 引用ページ）。と書きます。ここでは「…問題にしなければならない（前川, 1970, p.83）。」となります。

を報告している[1]。～中略～レジスタンストレーニングの効果を男女で比較した最初の研究は，1974 年に報告された Wilmore[2] の研究である。

脚注番号

脚注番号

―文献リスト―

1）Hettinger T. (1964) アイソメトリックトレーニング：筋力トレーニングの理論と実際：猪飼道夫，松井秀治訳，大修館書店：東京，p.73.

2）Wilmore J. (1974) Alterations in strength, body composition and anthropometric measurements consequent to a 10-week weight training program. Med Sci Sports, 6(2): 133-138.

2.4.3　文献リストを作成しましょう

　レポートの最後に文献リストを忘れずにつけましょう。本文中の脚注番号と文献リストの番号は必ず一致するようにします。文献リストの記載形式は，引用した文献の種類や言語によって異なります。担当教員から指示がなければ，基本的には以下のように示します。

1）図書

基本形

　著者名（出版年）書名（版表示 *）．発行所：発行地，引用ページ

＊初版は記入しなくてよい

和書

　1）中野昭一（2001）図説 運動・スポーツの功と罪（第 2 版）．医歯薬出版：東京，pp.229-233.

洋書

　2）William, D. McArdle., Frank, I. Katch., and Victor, L. Katch. (2007) Exercise Physiology: Nutrition, Energy, and Human Performance(6th ed.). Lippincott Williams & Wilkins: Baltimore, pp.210-227.

2）雑誌

基本形

　著者名（発行年）論文タイトル．雑誌名，巻（号）ページ

和雑誌

　3）近藤智靖・岡出美則・長谷川聖修・田附俊一・丸山真司（2013）ドイツとスイスにおける「動きのある学校」の理念の拡がりとその事例について．体育学研究．58（1）：343-360.

洋雑誌

　4）Wernbom, M., Augustsson, J., and Thomee, R. 2007　The influence of frequency, intensity, volume and mode of strength training on whole muscle cross-sectional area in humans. Sports Med., 37(3):225-264.

早期公開論文

　正式に発刊される前に Web ページなどで早期公開されている論文を引用する場合は，巻（号），ペー

ジの代わりに DOI（digital object identifier）^{注3）}を記載します。発行年は，早期公開年とします。

5) 角川隆明・高木英樹・仙石泰雄・椿本昇三（2012）平泳ぎ泳パフォーマンスと圧力分布から推定した足部流体力との関係．体育学研究，doi:10.5432/jjpehss.12003.

3）インターネット

基本形

　ホームページ名，URL，検索年月日

和文

6) 独立行政法人 国立健康・栄養研究所，改訂版「身体活動のメッツ（METs）表」，http://www0.nih.go.jp/eiken/programs/2011mets.pdf，（参照日 2012 年 1 月 21 日）

英文

7) World Health Organization. World Health Statistics 2012.
http://apps.who.int/iris/bitstream/10665/44844/1/9789241564441_eng.pdf,
(accessed 2013-07-22)

2.5　チェックリスト

　レポートを出す前には，次の項目にチェックマークをつけてから先生に提出をしてください。

項　目	内　容	チェック
レポートの提出にあたって注意すること	表紙には科目，担当教員，題目，提出日，学籍番号，氏名は書かれていますか。	
	左上をホチキス止めしていて，バラバラにならないようにしていますか。	
	指定された用紙や大きさ，分量で書いていますか。ルーズリーフを使ってはいけません。指定のない場合は A4 です。	
	指定された期日を守っていますか。やむをえない理由で提出できない場合には，事前に先生に相談しましたか。	
レポートの中身にかかわって注意すること	段落の最初は 1 文字空けましたか。メールのくせがついて左詰をしている人は NG ですよ。また，段落をつけてください。	
	間違った漢字や送り仮名を使わないように，辞書で言葉を調べましたか。	
	あわてて書くと意味がわからない文を書いてしまいがちです。提出前に声に出して読み直しましたか。	
	夜遅くにレポートを書くと，思い込みが強い文章になりがちです。その場合も含めて，一晩寝てから読み直しましたか。あるいは，友達などに読んでもらってチェックしましたか。	

注3） DOI とは電子文献に個別につけられるコードで，商品についているバーコードのようなものです。

索　引

大学体育・スポーツ学への招待 ワークブック──実践的な学びのために

2022 年 4 月 7 日　第 1 版　第 1 刷

編集者	関根	正美
	中里	浩一
	野井	真吾
	大石	健二
	鈴川	一宏
	小林	正利
発行者	長島	宏之
発行所	有限会社ナップ	

〒 111-0056　東京都台東区小島 1-7-13 NK ビル
TEL 03-5820-7522 ／ FAX 03-5820-7523
ホームページ　http://www.nap-ltd.co.jp/

印　刷　三報社印刷株式会社